موسوعة الحدائق النباتية

Encyclopedia of Botanical Gardens

بطاقة الكتاب

اسم الكتاب: موسوعة الحدائق النباتية
Encyclopedia of Botanical Gardens
المؤلف: الاستاذ الدكتور / هشام الطيب
التنسيق والإخراج الفني: سليل الفراعنة
تصميم الغلاف: إسلام عادل
المقاس: 17×24
الطبعة الأولى: 2023
رقم الإيداع: 2015/2023
الناشر: دار صيد الخاطر للنشر والتوزيع

المدير العام: أحمد فؤاد
للتواصل: 0109 076 7919
العنوان: ميدان الساحة – الدقي – الجيزة

موسوعة الحدائق النباتية

Encyclopedia of Botanical Gardens

اعداد وتأليف

ا.د/ هشام الطيب

استاذ الحدائق النباتية

1445هـ - 2023م

While every precaution has been taken in the preparation of this book, the publisher assumes no responsibility for errors or omissions, or for damages resulting from the use of the information contained herein.

موسوعة الحدائق النباتية

First edition. August 10, 2024.

Copyright © 2024 هشام الطيب.

Written by هشام الطيب.

المحتويات

___________ المحتويات ___________

المحتويات

تقديم

بسم الله الرحمن الرحيم

سمح أَمَّنْ خَلَقَ ٱلسَّمَٰوَٰتِ وَٱلْأَرْضَ وَأَنزَلَ لَكُم مِّنَ ٱلسَّمَاءِ مَاءً فَأَنۢبَتْنَا بِهِۦ حَدَآئِقَ ذَاتَ بَهْجَةٍ مَّا كَانَ لَكُمْ أَن تُنۢبِتُوا۟ شَجَرَهَآ أَءِلَٰهٌ مَّعَ ٱللَّهِ بَلْ هُمْ قَوْمٌ يَعْدِلُونَ ٦٠سجى

سجدالنَّمْل : تجمتمدسحج

يسعدنى ان اقدم لجميع الاحباب من المختصين بهذا التخصص البديع من علوم تصميم وصيانة الحدائق.. هذا المؤلف " موسوعة الحدائق النباتية " تصميم وصيانة ..

وهو عبارة عن خلاصة خبراتى العملية و الادارية فى مجال ادارة الحدائق النباتية والتى استمرت لاكثر من 35 عاما من خلال العمل فى:

- حديقة قصر المنتزة بالاسكندرية
- حدائق انطونيادس والنزهه والورد بالاسكندرية وادارتها
- الحديقة النباتية باسوان " جزيرة النباتات " وادارتها

وايضا من خلال عملي كمحاضر دولي ومدرب معتمد لالقاء الدورات التدريبية فى مجال الحدائق النباتية لعدد من الدول العربية والاجنبية بالعالم لعدد من المدن مثل :

- داخل مصر فى مدن الاسكندرية والقاهرة وبورسعيد والاقصر واسوان وغيرها بجمهورية مصر العربية.
- صلالة ومسقط وابراء فى سلطنة عمان
- دبى فى الامارات العربية المتحدة
- الدوحة فى دولة قطر
- مكة المكرمة والرياض فى المملكة العربية السعودية
- ماليزيا فى شرق اسيا
- هولندا فى الاتحاد الاوروبى
- الاكوادور فى امريكا الجنوبية

وكل هذه المدن وغيرها مما اكتسبت فيها الخبرات العملية و الادارية فى تصميم وصيانة الحدائق والعمل بها فكانت لى من اجمل فترات عملى بالمجال وساعدتنى على اخراج هذا المؤلف الشامل عن الحدائق النباتية.

لذا .. اضع بين ايديكم هذه الموسوعه الشاملة من سبع ابواب وادعو الله عز وجل ان تكون مستوفاه. وان شاء الله يستكمل بها كل موضوعات جديدة بالمجال فى طبعه

جديدة او فى طبعات اخرى تالية من هذه الموسوعة لاضافة بعض الابواب والفصول عن حدائق نباتية حديثة مثل حديقة الملك عبد الله النباتية بالرياض والتى عملت بها كاستشارى وقمت بدراسة كافة النباتات المنزرعة بها لعدد 1750 نوع نباتى وهى النباتات التى ستزرع بالحديقة من جميع انحاء العالم لتصبح اكبر حديقة نباتية بالشرق الاوسط .

والموسوعه شاملة تحتوى على تعريفات الحديقة النباتية والمكونات مثل المعشبة والمشاتل وبنك البذور وطرز تصميم الحدائق المختلفة وكذلك طرق الصيانة سواء للعناصر النباتية وايضا البنائية كما تشمل نماذج لاشهر واكبر الحدائق النباتية فى مصر و بالعالم وكذلك التنوع النباتى بالحدائق.

كما اتقدم بخالص الشكر والتقدير للزملاء الافاضل

الاستاذ الدكتور/ السيد حسن مدير معهد بحوث البساتين الاسبق

الاستاذ الدكتور/ عبد العزيز الطويل وكيل معهد بحوث البساتين للارشاد والتدريب السابق

على مجهوداتهم الطيبة وحيث كانا هما الحافز لى فى اخراج هذه الموسوعه للنور ونشرها وحتى تكون لنا صدقة علم جارية ان شاء الله فلهم منى كل الشكر والتقدير والامتنان.

السادة الافاضل اتشرف ان اقدم لكم موسوعه الحدائق النباتية متمنيا لكم كل الخير والتوفيق والسداد وان يكون عملا لائقا ويكون لى فى ميزان حسناتى اللهم امين يارب العالمين.

مع خالص تحياتى وتقديرى
المؤلف ا.د/ هشام الطيب
استاذ الحدائق النباتية
2023م - 1445 هـ

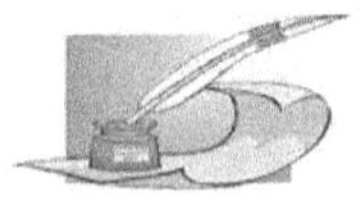

الباب الاول

- مقدمة
- تعريف الحديقة
- مفهوم الحديقة
- اهمية ومميزات الحديقة النباتية
- وظائف الحديقة النباتية
- مكونات الحديقة النباتية:

  – المعشبة Herbarium وعالم النبات

  – معمل زراعة الانسجة بالحديقة النباتية

  – بنك البذور

  – المتحف النباتى

  – المكتبة

  – المشاتل

  –

مقدمة

لقد تعرف الإنسان قديماً على الاشجار بالفطرة وكانت القبائل الرحل تتجمع في المناطق التى تكثر فيها الفاكهة البرية حيث تمضى بها وقتاً كافياً حتى يتسنى جنيها قبل رحيلها. وبعد ذلك بدأ الإنسان في زراعة الاشجار.

وتدل الوثائق الموجودة في المتاحف وعلى جدران معابد قدماء المصريين أنهم أقاموا الحدائق والبساتين. فقد زرعوا العنب وعرفوا عصره وتخميره ثم حفظه، كما استعمل قدماء المصريين زيت الزيتون في الغذاء والطب والاضاءة وقد عثر على أفرع من غصون الزيتون في مقبرة توت عنخ آمون. كما زرعوا نخيل البلح والدوم والجميز، كما وجد النرنج في مقابر القدماء المصريين.

وقد اطلقت الامبراطورية الرومانية لفظ Hortus على الحديقة واشتق منها لفظ Horticulture فيما بعد وهو علم البساتين.

في سنة 1907 أنشأت جمعية فلاحة البساتين وإهتمت بإكثار الفاكهة والخضر وأشجار الزينة وكان نواة لقسم البساتين بوزارة الزراعة التى أنشأت عام 1924 والتى عملت على نشر زراعة الحاصلات البستانية واستيراد الأصناف المختلفة.

ولقد زاد الاهتمام بزراعة الحاصلات البستانية المختلفة وارتفع شأنها في نهاية القرن الماضى حيث أصبحت من ضمن العلوم التطبيقية للنتائج المتحصل عليها من علوم النبات والوراثة والكيمياء والأراضى وغيرها وعموما يضم علم البساتين ستة فروع رئيسية يبحث كل منها في موضوعات خاصة:

1- زراعة الفاكهة fruit growing ويبحث في زراعة أشجار الفاكهة وطرق تكاثرها وخدماتها.

2- زراعة الخضر Truck crops or vegetable crops or floriculture ويبحث في زراعة نباتات الخضر على اختلاف أنواعها وطرق تكاثرها وانتاجها.

3- زراعة الزهور ونباتات الزينة Floriculture and ornamental plants وتشتمل زراعة نباتات الزينة سواء الزراعة لجمال أزهارها وأوراقها وطرق تكاثرها.

4- تخطيط وتنسيق الحدائق Landscape Gardening وتشمل دراسة وتنسيق الحدائق وزراعة المسطحات الخضراء.

5- زراعة النباتات الطبية والعطرية Perfume and Drug plant Medicinal وتشمل زراعة الحاصلات البستانية المنتجة للمركبات الطبية والعطرية وطرق تكاثرها وطرق استخلاص المادة الفعالة منها.

6- زراعة الغابات Forestry ويشمل زراعة الأشجار بقصد الحصول على أخشابها.

ونحن في هذا الموضوع نتناول بالتفصيل تخطيط وتنسيق الحدائق وزراعة المسطحات الخضراء Landscapes Gardening كأحد افرع علم البساتين الهامة بالتعرف على انواع الحدائق وعناصرها وطرز تصميمها وصيانتها والتسلسل التاريخى لها ودورها في حفظ التوع البيولوجى.

تعريف الحديقة (الحدائق)

الحديقة هى مساحة من الكساء الأخضر مخططة عادة ما تكون خارج جدران الأبنية، وتكون في الغالب بغرض الاستمتاع بجمال الطبيعة (صورة مصغرة من الطبيعة). قد تحتوى الحديقة على خامات ومواد طبيعية أو على تلك التى تكون من صنع الإنسان.

فتعرف الحديقة بانها مساحة من الأرض مزروعة بصورة طبيعية أو من صنع البشر بمختلف أنواع النباتات من الأزهار إلى الشجيرات والأشجار الباسقة. وتكون عادة منسقة الشكل ومهيأة لاستقبال الناس لممارسة أي نشاط يحبونه في الهواء الطلق. سواء للتنزه أو التريض أو للجلوس تحت ظل الأشجار للقراءة والتأمل.

أما مصطلح (Gardening) تفسيره القيام بأعمال الحدائق من زراعة وصيانة النباتات أوالحديقة بشكل عام وقد يقوم بها شخص هاوٍ أو متخصص.

يشير مصطلح الحديقة في اللغة الإنجليزية البريطانية إلى المساحة المغلقة والتى ما تكون عادة لأرض مجاورة أو ملحقة بمبنى.

كما تعتبر الحدائق والمنتزهات العامة من أساسيات تخطيط المدن الحديثة والتي يعمل على إنشائها لتكون مرافق عامة للمدن والقرى للنزهة وقضاء أيام للراحة والإجازة للسكان والترفيه عنهم. ويخصص في هذه الحدائق أو المنتزهات أماكن

لممارسة بعض الألعاب الرياضية مثل المشي والجري وأماكن للعب الأطفال ومناطق للجلوس والاستراحات وغيرها من وسائل الترفيه حيث في كثير من الحدائق العامة ينشئون فيها ملاعب رياضية ومسارح ومسابح وبحيرات صناعية وطبيعية. وفي بعضها يقيمون حديقة للحيوانات. وعادة تكون النباتات محمية في هذه الحدائق.

الحدائق بأشجارها وشجيراتها وأزهارها ومسطحاتها الخضراء تمثل صورة حضارية للمدن فالخضرة تؤدي إلى حماية البيئة من التلوث مما يؤثر على الناحية الصحية للمواطنين وكذلك توفير التظليل ورفع رطوبة الجو وتنقيته وتقليل الضوضاء وتعديل الحرارة بجانب أنها تؤدي وظائف تخطيطية حيث تعمل على تحديد المدن والمناطق فالحدائق العامة أصبحت جزءَ أساسياً يتضمنه التخطيط المديني في تصميمهم لأحياء المدن، ذلك أن أكثر سكان المدينة يقطنون في شقق سكنية ويحتاجون للانطلاق في متنفسات تضعها بلديات المدن تحت تصرفهم. وكثير من سكان البيوت المستقلة ينشئون حدائقهم الخاصة بالصورة التي تناسبهم.

مفهوم الحدائق

مما لا شك فيه أن الحديقة ضرورة للإنسان وقد ارتبطت نشأة الحديقة بنشأة الإنسان , فالحديقة بمفهومها الواسع ترتبط بالطبيعة التي نشأ فيها الإنسان وأستأنس بعناصرها واستمد من ملاحظتها كثيراً من أفكاره وكثيراً من الخامات والمواد التي صنع منها أدواته وسكنه البدائي البسيط , فالمفهوم الواسع للحديقة هو البيئة الخضراء الأولية التي أحاطت بالإنسان في نشأته الأولى... وذلك عبر عنه بتراك Petrach الإيطالي بقوله " أن الحديقة هي الموطن الصحيح للإنسان " .

فإذا كانت الحديقة في مفهومها العام هي البيئة الخضراء باتساعها ورحابتها , فإن اقتطاع الإنسان لمنطقة فيها كان بمثابة نشأة لمفهوم الحديقة في الفكر الإنساني. لقد تعددت صور ومظاهر الحدائق بعد ذلك عبر العصور , واختلفت نظرة الإنسان للحديقة من مكان لآخر ومن زمان لآخر , وظل الدافع النفسي والحاجة إلى الحديقة مظهراً من مظاهر السلوك الإنساني عبر المكان والزمان.

ولهذا لم يكن مفهوم الحديقة مقتصراً علي البيئة الطبيعية , بل تحول وتغير لكي تصبح الحديقة العلاقة بين الموجودات الخضراء والفكر الإنساني , فالحديقة هي مكان به نباتات وأشجار حاول الإنسان أن يتدخل في ذراعتها ورعايتها وتنظيمها وتنسيقها فكانت مظهراً للتوازن بين فعل الطبيعة والفعل الإنساني.

ولقد ارتبطت الحديقة عبر العصور بالحياة الاقتصادية والاجتماعية والثقافية والدينية للإنسان وتعددت مفاهيم الإنسان حول الحديقة، ويرى " محمود الغيطاني " أن الحاجة الاقتصادية اقتضت أن تكون الحديقة مكاناً قريباً من الإنسان , بزرعه ليوفر لنفسه الغذاء. وإن ارتباط الحديقة بالمعابد والمقابر كان مظهراً من مظاهر ارتباط الحديقة بالدين ويلخص هذه الرؤية قائلاً " أصبحت الحديقة مكاناً يجمع بين الدافع الروحي والإنسان والحيوية بهذا يتبين أن الحديقة بمفهومها المعاصر هي علاقة بين الطبيعة والفكر الإنساني وهي انعكاس لرغبات وأفكار المجتمع الذي تنشأ من أجله " .

لقد تعددت توظيفات الإنسان للحديقة , فارتبطت تارة بالمنزل وتارة أخرى بالمصدر ومرة ثالثة بالشكل الجمالي للمدن في العصور الحديثة , ولم يكن اتخاذها لتلك الوظائف وليداً للحظة واحدة أو عصر واحد , إنما جاء نتيجة لتطور الإنسان ومصاحباً له مما يستلزم إلقاء نظرة علي التطور التاريخي للحدائق.

(أتجه الباحثون إلي تقسيم أنواع الحدائق في اتجاهات مختلفة فمنهم من صنفها إلي نوعين حدائق عامة وحدائق خاصة) ثم قسم الحدائق العامة إلي قسمين , عامة وعامة ذات طبيعة خاصة , ثم قسم الخاصة إلي حدائق منزلية وأخرى ذات طبيعة خاصة. واتجه آخرون لتقسيم الحدائق تبعاً لملكيتها وحق ارتيادها إلي أربعة أقسام رئيسية هي: عامة منها حدائق الميادين وحدائق الحيوان أو النباتات وما شابهها , وقسم ثالث حدائق عامة ذات صفات خاصة , بينما الرابع حدائق ذات مميزات خاصة.

صنف الغيطاني في تقسيمه للحدائق (إلي تقسيمها لثلاث أقسام هي الحدائق الخاصة ثم الحدائق العامة ثم الحدائق ذات الصبغة الخاصة).

وجاء تصنيف آخر (صنف الحدائق قسمين: خاصة وعامة إلي عديد من الأنواع منها الميادين والمتنزهات العامة وحدائق المباني والمنشآت الكبيرة كالجامعات والمستشفيات والمدارس والحدائق العلمية مثل حدائق الحيوان والأسماك والحدائق المتحفية التي صممت تبعاً لطراز معين كالفرعوني أو الإسلامي علي سبيل المثال).

أهمية ومميزات الحدائق

يوجد العديد من أغراض استخدام المساحات المخصصة للحدائق بعد ان أصبحت الحدائق العامة جزءَ أساسياً يتضمنه التخطيط المديني في تصميمهم لأحياء المدن، وإذا كان الغرض الأساسى من إنشاء الحدائق هو الاستمتاع المصغر بالطبيعة، فهناك الأغراض الأخرى التى لا تقل أهمية عن الغوص في الطبيعة والتى تتصل بشكل مباشر بها ألا وهو إضفاء الجمال والزينة، أو بغرض بعيد كل البعد عن ذلك "الغرض الاستهلاكى والإنتاجى" أى من أجل زراعة الأطعمة المختلفة والأعشاب .. وقد يجتمع الغرضين سوياً.

فالحديقة لها استخدام جمالي ووظيفي واستجمامي يتمثل في الاتى:

التعاون مع الطبيعة المتمثل في زراعة النبات.

ملاحظة الطبيعة وتأملها، من:

أ-   ملاحظة الطيور والحشرات.

ب-   ملاحظة تغيير فصول السنة الأربعة.

الاستجمام:

أ-   تناول الوجبات المختلفة مع أفراد العائلة.

ب-   مكان للعب الأطفال.

ج- ممارسة الهوايات المختلفة.

د- ممارسة العمل من إجراء الصيانة لها أثناء أوقات الفراغ.

هـ- التدفئة في أيام الشتاء في الشمس.

و- او الهروب من حرارة الشمس في أيام الصيف الحارة تحت مظلة الخضرة والأشجار.

إنتاج الأطعمة من الأعشاب والخضراوات للطهي.

استخدام الزهور بوضعها داخل المنزل وذلك من أجل الجمال.

الحديقة النباتية

تؤدى دور مهم في علم تقسيم النبات ومدى التقدم الزراعى في اى دولة فهى متحف حى يعكس المفاهيم العلمية والثقافية والتربوية والتعليمية لحياة النبات المختلفة لحفظ وصون الانواع المهددة بالانقراض.

الحدائقُ النباتيةُ رباطٌ قويٌّ بين الإنسان، وما يحيطُ به من عالم يعيش فيه.

وهي مقياس للتقدّم الحضاريّ والاقتصاديّ للشعوب، وأصبحت ضرورةَ من ضرورات الحياةِ في العصرِ الحديث، لذلك أصبح فَنُّ إنشاء وتنسيق الحدائقِ النباتيةِ علماً قائماً بذاته. وتختلف الحدائقُ النباتيةُ في طرازِها بالنسبةِ للعصر التـاريخي، والبلد الموجـودة فيه.

وأنواعُ الحدائقِ النباتيةِ كثيرةٌ وتُقسمُ تِبعاً للملكية وحقّ الارتياد.

و الحدائق النباتيةِ نوعٌ عالي التخصص، يُنشأ لأغراض عِلميةٍ بحْتةٍ. ويحتوي هذا النوع على أكبر عددٍ من الأنواع النباتية المحلية، أو التي تَمّ إدخالُها من أماكن مختلفة في العالم، وتُقام هذه الحدائقُ أساساً لخدمة العِلم (علْم النبات) ويقصدها الدارسون لتعرُّفِ أنواعِها. ومعرفة صفاتها وطبائعها، وأسمائها العلميةِ باللغةِ اللاتينية.

ويُوجد في هذا النوع من الحدائق مختبراتٌ علميةٌ مجهّزة بالمعدات اللازمة لإجراء البحوث، وفيها مكتبتها العلمية المتخصصة، إضافة إلى منشآتٍ وتجهيزاتٍ كثيرة لمساعدة الدارسين والباحثين.

الحديقة النباتية تضم اكبر مجموعه من انواع واصناف النباتات المحلية والمستوردة والموزعه حسب الفصيلة التى تنتمى اليها ويزود كل نموذج نباتى بلوحه يكتب عليها الاسم العلمى للنبات وفصيلته التى ينتسب اليها مع تحديد موطنه الاصلى.

الحديقة النباتية هي مركز لكافة الابحاث العلمية في مجالات الزراعة والطب والصيدلية والهندسة والعلوم.

الحديقة النباتية.. تعتبر بنك جينات مفتوح تسهل فيها الحصول على بذور الاصناف النباتية المنزرعه والتبادل العلمى مع الحدائق النباتية المناظرة في مختلف دول

العالم، وايضا استقبال طلاب الكليات المتخصصة في العلوم الزراعية بالاضافة الى المهتمين بطرز التنسيق والمناظر الطبيعية لزيادة الوعى الزراعى والبيئى لديهم، واقامة كافة الفعاليات العلمية والثقافية.

بالاضافة الى نشر المعرفة والمعلومات حول النباتات وزيادة دور البحث العلمى للمحاصيل البستانية والنباتات ذات الصلة والمساهمه في الحفاظ على النباتات والبيئة.

ولذلك فهي تُعتبرُ مؤسسات علميةٍ بحدِّ ذاتها. ويصل عددُ الحدائقِ النباتية من هذا النوع إلى حوالي 800 حديقةٍ مسجلة بالفهارس في مختلف أنحاء العالم.

ومن أمثلة هذه الحدائق الشهيرة، حديقة جامعة اكسفورد بإنجلترا، التي تمّ إنشاؤها سنة 1921م، وحديقة جامعة كمبريدج (انجلترا – سنة 1927م)، وحديقة جامعة موسكو (روسيا – 1707م)، وحديقة جامعة مدريد (إسبانيا – 1755م).

وحديقة بودابست (المجر – 1771م)، وحديقة كلكتا (الهند – 1787م)، وحديقة كيو (انجلترا-1841م)، وحديقة نيويورك (1872م). والحديقة النباتية باسوان (1928م).

الحديقة النباتية Botanical Garden واهميتها:

الحدائق النباتية ليست مجرد حدائق بالمعنى المتداول لهذا اللفظ بل هى مؤسسات علمية نباتية تمثل فيها الحديقة جزءا يسيرا بجانب الصوب والمعشبة والمكتبة ومعامل البحوث وايضا تؤدى الحديقة النباتية من قديم الازل دورا رئيسيا نحو علم تقسيم النباتات حيث انها تعتبر مؤسسات علمية نباتية تعكس مدى التقدم الزراعى في اى دولة حيث تضم العائلات النباتية المختلفة التى تنمو بالمنطقة المناخية الموجود بها الحديقة وجلب الانواع الجديدة واقلمتها.

ومن المعروف ان جميع جامعات العالم حاليا يتبعها حدائق نباتية خاصة بكل منها ومسجل بالفهارس النباتية حاليا نحو 800 حديقة نباتية.

ومن اهم وظائف الحديقة النباتية:

1- التعريف بالنباتات المختلفة وتصنيفها العلمى.

2- اكتشاف نباتات المناطق الطبيعية المجهولة.

3- استزراع الاصناف الجديدة من النباتات.

4- اجراء البحوث العلمية في المجالات العديدة المتعلقة بالنبات كالتقسيم والتربية وغيرهما.

5- العناية بالمعشبة الملحقة بها والنهوض بها بصورة مستمرة.

6- العناية بالمكتبة الملحقة بها وتزويدها بما يستجد من معرفة في هذا المجال.

7- العناية بمعامل البحوث المختلفة الملحقة بها وتجهيزها باحدث الوسائل العلمية.

8- العناية بالنماذج الممثلة للملكة النباتية جميعا سواء كانت تنمو في المناطق القطبية او الاستوائية وذلك بزراعتها خارج او داخل الصوبات.

9- المحافظة على بعض المساحات الطبيعية للدراسات البيئية.

10- تنظيم المعلومات المختلفة المتحصل عليها من مختلف علوم النبات.

11- تأسيس وصيانة والمحافظة على مستودع الجينات **Gene Pool** للمحافظة على السلالات في حالة نقية بانشاء بنك الجينات.

12- للحدائق خدمات جليلة في كافة الانشطة الاجتماعية والثقافية والاقتصادية.

وبصفة عامة فالحدائق النباتية بمصر حيث توجد اربعه حدائق نباتية مسجلة كحدائق نباتية هى (حديقة الاورمان / جزيرة النباتات بأسوان / الحديقة النباتية بقصر القبة / وحديقة انطونيادس بالاسكندرية)، قد صدر القرار الجمهوري رقم (112) لسنة1986 بتبعيتها لقسم بحوث الحدائق النباتية (معهد بحوث البساتين) بل ومن قبل هذا القرار فان هذه الحدائق كانت تخضع لاشراف مصلحة البساتين والتي أصبحت فيما بعد معهد بحوث البساتين.. منذ أن آلت هذه الحدائق الي وزارة الزراعة اعوام 1917 الاورمان و1928 جزيرة النباتات بأسوان و1960 الحديقة النباتية بقصر القبة و1986 حديقة انطونيادس بالاسكندرية.. وخلال هذه الفترة تمتعت تلك الحدائق بسمعة طيبة وشهرة عالمية حيث كان يشرف عليها مجموعة من الباحثين المتخصصين من ذوي الخبرة في مجال ادارة وصيانة الحدائق النباتية.

بالاضافة الى التطلع لانضمام هذه الحدائق في الهيئة العالمية المعنية بالحدائق النباتية وهى:

الهيئة الدولية لحفظ النباتات **Botanic Gardens Conservation International (BGCI)**

حيث ان الحدائق النباتية لبنة اساسية لمتاحف التاريخ الطبيعى نظرا لاحتياجات المجموعة المرجعية المعشبية لامدادها باستمرار بالعينات الغضة التى لايمكن الاستغناء عنها، كما ان مجالات البحوث العلمية الحديثة تتطلب توافر عينات من البراعم وحبوب اللقاح والسوق والاوراق والبراعم الغضة وكذلك الثمار في مراحل تكوين اجنتها حتى تكوين البذور، فلابد لنا من الاهتمام والمحافظة على الحدائق النباتية الكبرى بمصر لما تحتويه من تنوع في الاصناف والانواع والاجناس والفصائل النباتية وعدم اعتبارها مجرد متنزهات عامة ليس لها صبغة علمية.

مكونات الحديقة النباتية

الحدائق النباتية تحتوى على العديد من المكونات التى تميزها ومنها:
- مجموعه النباتات الحية

- مجموعه النباتات المجففة فيما يعرف بالمعشبة النباتية
- المشتل وملحقاته بجانب معمل زراعة الانسجة
- مكتب تبادل البذور
- مكتب الرسم والتصميم
- مبانى الادارة والمخازن
- قاعة المحاضرات والندوات والعروض العلمية
- المكتبة
- العناصر الانشائية الخاصة بخدمات الحديقة والزائرين

كتابة الاسم العلمى على نباتات الحدائق النباتية

- المنشآت الأصطناعية: تصمم وتنفذ منشآت توافق حاجة الأنواع والأصناف النباتية خاصة لتلك المحبة للظل أو لحاجتها للنمو في برك أو انهار أو بحيرات اصطناعية وغيرها من المنشآت.

- منشآت الأكثار: يلحق بالحديقة النباتية منشآت خاصة بالأكثار كالبيوت الزجاجية والبلاستيكية أو الخشبية. يتم اكثار النباتات فىها لضمان تجديدها باستمرار.

- المتحف: يلحق في كل حديقة نباتية متحفا يَضم نماذج مجففه ومصنفه تصنيفا عِلميا لكافة الغطاء النباتي. ويجهز المتحف الزوار بالهدايا التذكارية وخرائط استدلال ومعلومات استرشادية.

- وحدة زراعة نسيجية: تنشأ في الحدائق النباتية حاليا وَحدة زراعة نسيجية ذات كادر متخصص يقوم بأكثار النباتات النادره نسيجيا خَاصة المهدده بالأنقراض.

المعشبة Herbarium

المعشبة هي مجموعة من نماذج الأعشاب المجفَّفة مرتبة بطريقة خاصة.

تقوم المْعْشَبة بوظيفة مهمة في دراسة النباتات؛ فهي تقدِّم طريقة ميسرة لفحص العديد من أنواع النباتات المختلفة أو الأمثلة العديدة لنوع واحد معين. وتوفر المعشبة سجلاً قيّمًا ودائماً لحياة النبات.

المعشبة وعالم النبات :

هناك شبه إجماع بأن المعشبات هي أول المعامل النباتية التى عرفها الإنسان، بعد مرحلة الجمع العشوائي من البراري والحدائق، فقد كان لزاماً عليه أن يفكر في المكان الذي يحفظ فيه العينات التي يجمعها بطريقة تسهل عليه الرجوع إليها بأسرع وأيسر جهد، ومع نجاحه في إيجاد ذلك المكان بمواصفاته الممكنة يمكننا أن نقول ان ذلك كان بداية للبحث العلمي النباتي (التقليدي) الذي بدء بالفعل في أروقة المعشبات، وحوانيت العشابين، عندما كان النبات (العشب) هو المصدر الرئيسي في الممارسات العلاجية، واقترن الطب منذ قديم الزمان عند قدماء المصريين والأغريق والعرب والهنود والصينيين بالتداوي بالأعشاب،

وكانت المعشبة آنذاك أشبه بالصيدلية والعيادة والمعمل في آن واحد، يختلف إليها الأطباء والعشابون والمرضى، فلم تكن الصيدليات في عهودها الأولى سوى حوانيت تبيع أنواعاً كثيرة من الأعشاب الطبية أو أوراقها وزهورها والبذور والثمار والجذور في صورتها الطبيعية أو على هيئة مسحوق أو مغلي، وتطور دورها عبر العصور وتزايدت مكانتها بين المهتمين من الدارسين والبحاث من العشابين Herbalists إبان عصر النهضة، حتى غدت مركزاً علمياً معني بكافة نواحي المعرفة النباتية قبل أن تتمايز التخصصات الفرعية، ويعتبر لفظ أو مصطلح المعشبةHerbarium مصطلحاً له دلالته الطبية فقد أستعمل قديماً بمعنى كتاب النباتات الطبية، وكان العالم السويدي الشهير لينيس Linnaeus أول من قام بإستخدام هذا المصطلح بمعناه الحالي بينما يعد العالم الإيطالي جيني Ghini هو أول من قام بإعداد العينات المعشبية على الهيئة التي نعرفها، ومن ثم يسرت هذه الطريقة على القائمين بالتصنيف والتبويب البدء في أهم عملية علمية.

دخل المنهج العلمي من خلالها إلى عالم المعرفة، ولتنتقل معه البشرية لأهم مرحلة من مراحل تطورها، لحفظ التراث الطبيعي النباتي.

متحف الشارقة للتاريخ الطبيعي والنباتي ينشىء مختبر -المعشبة

معشبية ليسهل الوصول إليها ومحفوظة بطريقة علمية.

معمل زراعة الانسجة بالحديقة النباتية

يمكن تعريف زراعة الأنسجة النباتية بأنه علم يتألف من عدد من الطرق المختلفة لإنماء الأعضاء النباتية أو الأنسجة أو الخلايا على بيئات صناعية أمكن تركيب محتوياتها في المعمل ويتم النمو في ظروف متحكم فيها وقد شغل هذا العلم الجديد العديد من العلماء والباحثين في العالم وأجريت العديد من الأبحاث الأكاديمية كانت

من نتيجتها زيادة الفهم عن كيفية تمييز وكشف وتكوين الأعضاء أو الأجزاء النباتية المفصولة والمنماة في البيئات الصناعية وأدت أيضاً إلى ابتكار العديد من الطرق الحديثة في هذا المجال وأمكن توجيه تلك الأبحاث الأكاديمية لخدمة النواحي التطبيقية في سبيل تطوير الإنتاج الزراعي والتغلب على العديد من المشاكل.

ويعتبر تكنيك زراعة الأنسجة النباتية من الطرق الهامة لحفظ الأصول الوراثية حتى يكون تحت يد المربى السلالات والأصناف والأنواع (كبنك للجينات) والتى قد يحتاج اليها المربى في برامج التربية قبل أن تتدهور أو تنقرض نتيجة تعرضها لظروف غير مناسبة. وهو الغرض من الاستخدام في الحدائق النباتية.

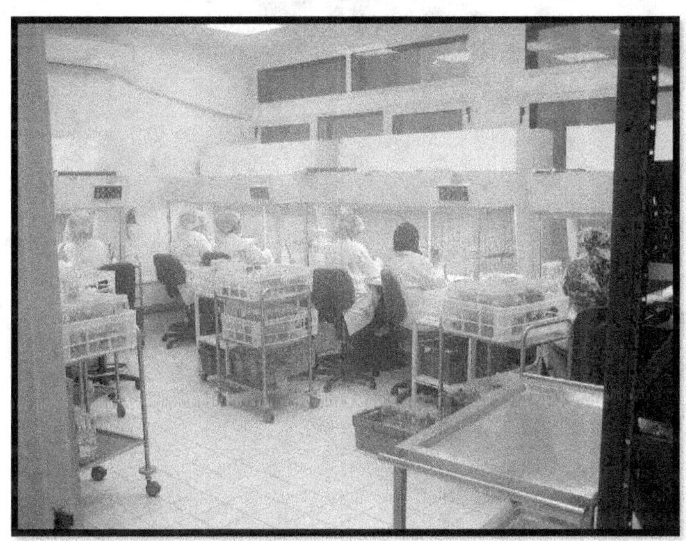

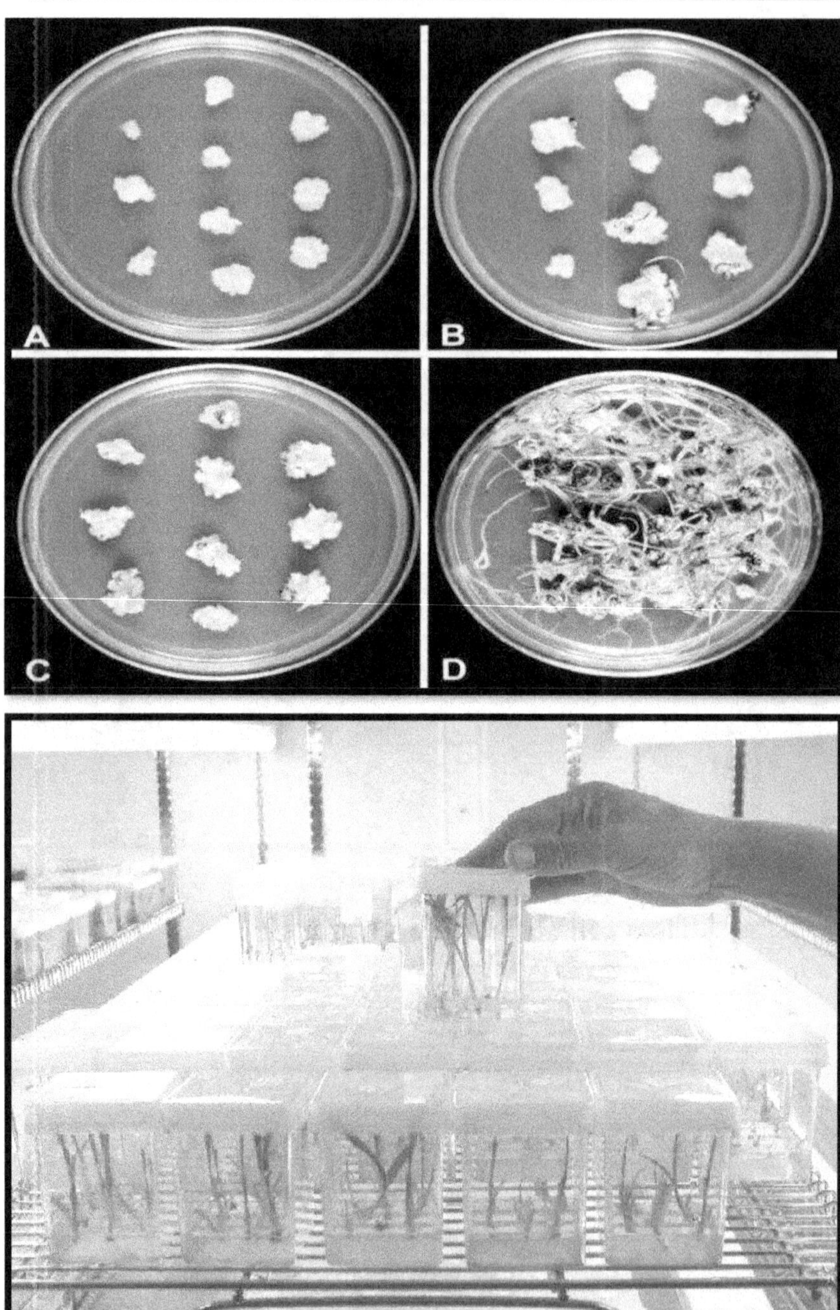

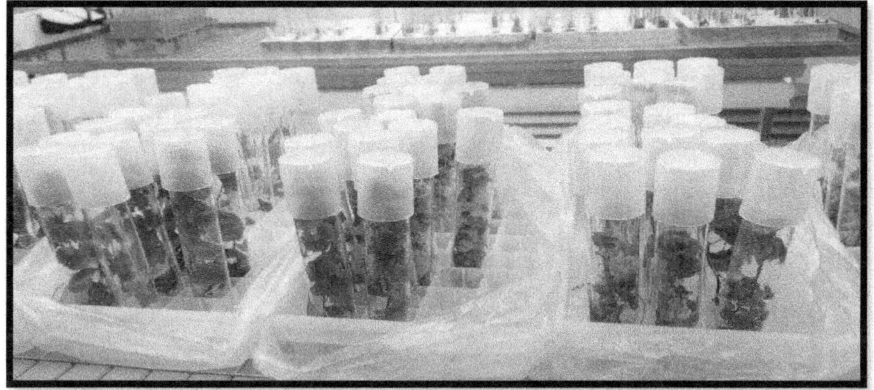

المتحف النباتى

المتحف النباتى هو عبارة عن عرض لبعض العينات المعشبية المرجعية الجافة (والخاصة بمعشبة الحديقة) لبعض الأنواع النباتية الموجودة في الحديقة مع عرض الثمار والبذور الخاصة بهذه الأنواع. مع بيان يوضح بيانات هذا النوع النباتى، وتشمل البيانات الأسم العلمى للنبات والأسم الشائع بالعربى والأنجليزى والعائلة النباتية والموطن الأصلى بالإضافة إلى الأهمية الأقتصادية للنبات، باللغة العربية والإنجليزية.

المكتبة

تحتوى على مئات من الكتب المتنوعة في مجالات العلوم الزراعية عبارة عن كتب مطبوعة ومجلات ورسائل ماجستير ودكتوراه ونشرات زراعية.

المشاتل

تحتوى الحديقة على منطقة المشاتل والصوب للاكثار والمحافظة على الانواع النباتية والاقلمة لها بظروف بيئية مناسبة.

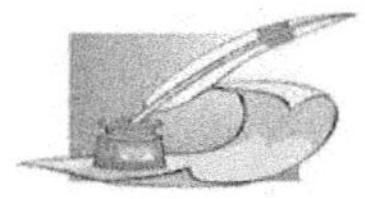

الباب الثانى

أهم الحدائق النباتية في مصر

- حديقة الأورمان النباتية Orman Botanic Garden
- حديقة قصر القبة النباتية Qubba Botanic Garden
- حدائق انطونيادس والنزهة والورد بالاسكندرية
    - حديقة انطونيادس
    - حديقة النزهة
    - حديقة الورد
- الحديقة النباتية باسوان ASWAN BOTANICAL GARDEN
- حديقة الشلالات
- حديقة الزهرية

ولاخذ فكرة مبسطة عن هذه الحدائق النباتية الاربعه والتى تعتبر من اهم الحدائق بمصر:

أهم الحدائق النباتية في مصر

حديقة الأورمان النباتية Orman Botanic Garden

منها (30 فدان) وضم الى حديقه الحيوان فاصبحت مساحتها 28 فدان فقط وهى المساحة الحالية. وكانت فكرة إنشائها ترجع إلى الخديوي إسماعيل عندما قام بزيارة إلى غابات بولونيا بباريس خلال إحدى زياراته حيث دفعه حبه الشديد للجمال إلى قرار إنشاء حديقة الأورمان بالقاهرة لنقل ما شاهده في غابات بولونيا بمساعدة خبير فرنسي ومزارع مصري، وكانت الحديقة جزءاً من قصر الخديوى الذى عرف آنذاك بسراى الجيزة وكانت تسمى بحدائق النباتات بالجيزة، ولشغف الخديوى بالجمال وحبه للحدائق فقد أنشأها لغايته الخاصة، وجلب إليها من مختلف أنحاء العالم العديد من الأشجار والشجيرات والأزهار النادرة.

قام بتصميم الحديقة على الطراز الطبيعى مهندسون فرنسيون وأشرف على تنفيذها المهندس الفرنسي ج. دليشفاليرى ومعه كبير البستانيين المصريين السيد / ابراهيم حمودة في ذلك الوقت، وأحتوى التصميم ثلاث أجزاء :

1- جزء الأورمان.
2- جزء الحرملك ويقع الآن في الجزء الغربى من حديقة الحيوان.

3- جزء السلاملك ويقع الآن في الجزء القبلى من حديقة الحيوان.

ولقد تم فصل كلا من الجزئين الغربى والقبلى عن الحديقة الأم في عامى 1890، 1934م على الترتيب ونتج عنهما حديقة الحيوان الحالية ومساحتها 80 فدان وتبقى 28 فدان تمثل الحديقة.

كما عرفت حديقة الأورمان بحديقة الأمير حسين كمال إذ أنها كانت جزءاً من حديقة قصر المير، ويقول دليشفاليرى في كتابة عن حدائق القاهرة ومنتزهاتها أن لسمو الأمير حديقة بقصره الرفيع بالجيزة تحوى أبدع مجموعة من الأشجار الأجنبية ونباتات الزينة وكانت أجمل مجموعة أشجار بمصر خصص جانب كبير منها لزراعة شتى الفاكهة والخضر، وأفرد جانب لايقل أهمية عن سابقة لصفوف الأزهار التى حازت الجوائز الأولى في معارض فلاحة البساتين العديدة التى أقامتها بمصر جمعية فلاحة البساتين تحت الرئاسة الفعلية للكونترا اميدال بلومفيلد في القاهرة والإسكندرية لقد ظلت حديقة الأورمان من أجمل منتزهات القاهرة بمسطحاتها الخضراء وأشجارها الياسعة علاوة على كونها حديقة نباتية.

وتتميز حديقة الأورمان بأن بها 20 ألف نبات تتباين ارتفاعاتها بين 30 متراً للأشجار والنخيل وسنتيمترات قليلة للنباتات الصغيرة

الموقع

تقع حديقة الأورمان في محافظة الجيزة غرب نهر النيل وشرق جامعة القاهرة وشمال حديقة الحيوان بالجيزة وجنوب كلية الفنون التطبيقية والسفارة التشيكية بالقاهرة. وكان يطلق عليها في البداية (حديقة الليمون) حيث أنشئت لإمداد القصور الملكية بشتلات الموالح، واحتوت على 100 ألف شتلة ليمون وبرتقال ويوسفي حتى قرر الخديوي إسماعيل نقل غابات بولونيا إلى مصر، فتم استقطاع أرض الموالح من الخاصة الملكية واستعان بخبير فرنسي هو (شفيرلي) والمزارع المصري (إبراهيم حمودة) في زراعة الحديقة التي صممت على الطراز الفرنسي الذي يتميز بالتصميم الهندسي المنتظم

سر التسمية بالأرومان

ويشير إلى أن كلمة (الأورمان) تركية ومعناها (الغابة) أو الأحراش. وكانت حديقة الأورمان جزءاً من حديقة الحيوان، وهي الآن تمتد في أربعة حدائق صغيرة هي: حديقة الصبار، وحديقة الورد، وربع النخيل وحديقة عصفور الجنة، مع بحيرة الحديقة المسكونة بزهرة اللوتس التي هي أقدم زهرة في العالم. وللحديقة بابان أحدهما يسمى باب النهضة لوقوعه أمام تمثال نهضة مصر، والثاني باب البرنسيسات حيث كان يرتاده حريم السلطان من اتجاه حي الدقي.

كنوز حديقة الأرومان

تحتوي الحديقة على 108 من أنواع نباتات الصبار على مساحة فدانين بعضها له فوائد طبية، كما أنها تحتوي على أندر أنواع الورود التي جلبت من هولندا وفرنسا

وإنجلترا، كما أن بها 33 صنفاً من أصناف النخيل أندرها (ذيل السمكة) لتشابه ورقتها مع ذيل السمكة، وهذه الأنواع النادرة من الزهور والنخيل والصبار لا تقدر بثمن في هذا الوقت الحاضر لندرة أنواعها وتاريخها الزمني الذي يبلغ حوالي 125 عاماً.

وتضم حديقة الاورمان مجموعة نباتية قيمة يبلغ عدد انواعها 215 نوعا تتبع 143 جنسا تشملها 57 فصيلة ويبلغ عدد الاشجار المعمرة النادرة 84 نوعا والنادرة جدا 17 نوعا من الاهمية المحافظة على هذه الانواع وحمايتها من التدهور والانقراض وبالاضافة لعدد من النباتات الصبارية 98 نوعا يشملها 33 جنسا تضمها 9 فصائل مختلفة.

أقسام حديقة الأرومان

تشمل أقسام الحديقة النباتية بالأورمان على الأقسام الآتية: -

1- قسم المعشبة النباتية The herbarium

وكلمة معشبة مصطلح معترف عليه معناه مجموعة نماذج نباتية مجففة ومعاملة بمحلول سام لحفظها من الحشرات وهذه المجموعة يتم حفظها بدواليب خاصة ومرتبة بأحد نظم التصنيف في تتابع تصنيفى يسهل الرجوع إليه وقت الحاجة ويطلق عليها العينات المرجعية وهى بمثابة أساسية حيث تمثل كل عينة نباتية ببعض المعلومات التى تفيد الباحث مثل:

الأسم العملى ـ الفصيلة ـ تاريخ التزهير ـ تاريخ الإثمار ـ مكان جمع العينة ـ وأية بيانات اخرى يمكن الأستفادة منها.

وقد قام بتاسيسها سنة 1964 كلا من الخبير النباتى محمد درار مدير الحديقة في ذلك الوقت، العالمة السويدية الدكتورة / فيفى تاكهولم Vivi Tackholm أستاذة النبات بكلية علوم القاهرة

محتويات المعشبة

- نباتات برية: ألفى عينة نباتية وجففت وحفظت بالمعشبة .
- نباتات منزرعة: ألف عينة نباتية جمعت من معظم الحدائق المصرية، وحوالى مائتى عينة جمعت من قصر القبة وجزيرة النباتات بأسوان.

عدد إثنين دولاب من قصر محمد على يحتويان على 1400 عينة نباتية جمعت من صحارى مصر وجبل علبة وشبه جزيرة سيناء، فتحتوى على معظم فلوراً مصر البرية، وقد عرفت بواسطة الخبير / يوسف شبتاى خبير الملك السابق فاروق، وقد نشر عنها العالم هيجل 1980 بحثاً يشيد فيه بطريقة الحفظ لهذه العينات، وقد رسم الفنان الراحل / جميل إبراهيم 220 عينة نباتية ملونة من العينات المنزرعة توضح أدق التفاصيل للأعضاء النباتية كالزهرة والثمرة والسوق والأوراق.

2- قسم تبادل البذور

يقوم القسم بإرسال قائمة بالبذور التابعة للعائلات النباتية المختلفة والتى يتم جمعها تحت ظروفنا المحلية إلى عدد من الحدائق النباتية العالمية والتى تمدنا أيضاً بقوائم البذور التابعة للعائلات النباتية الموجودة فيها أى يتم تبادل البذور المطلوبة لزراعتها تحت ظروفنا المناخية والعمل على أقلمتها حتى تنجح في زراعتها، وقد أنشأهذا القسم المرحوم الأستاذ / محمد درار وأشرفت عليه **فيفى تاكهولم** (1953)

3- قسم الرسم والتصميم

ويختص بعمل خرائط ورسومات للحدائق سواء المنزلية أو للهيئات وتنفيذها بدون مقابل لمن يطلبها عن طريق رسمى.

4- حديقة النباتات الصبارية والعصارية

ومساحتها حوالى فدان ونصف الفدان وتحتوى على مجموعة نادرة من النباتات الشوكية والعصارية والتى تم جمعها من أنحاء العالم، كما تم أقلمتها بالحديقة وتشمل:

أ- النباتات الصبارية الشوكية Cactus plants وتنمو هذه النباتات بريا في صحارى ولايات أمريكة المختلفة.

ب- النباتات العصارية Succulents plants وتمتاز هذه المجموعة من النباتات بتخزين المياه في أعضائها المختلفة نظراً لنموها في مناطق لايتوافر فيها الماء .

5- البركة المائية

كانت عبارة عن مجرى مائى يستخدم لرى الحديقة، وكان يتنزه فيها الأمير/ حسين كامل بقارية وسط الحديقة، ثم زراعة البركة بالنباتات المائية والنصف مائية مثل اللوتس والبشنين والأيريس الكاذب والهيديكيم والسيرس، وتنمو في البركة منذ حوالى 50 عام شجيرة شوكية ذات أزهار صفراء فراشية موطنها الأصلى أفريقيا الإستوائية ويعرف خشبها بإسم Ambatch وميزته أنه أخف من الفلين حيث يصنع منه قوارب الصيد.

6- حديقة الورد

وهى هندسية الطراز مساحتها حوالى فدانين تضم العديد من سلالات الورد المختلفة من هجين الشاى وتعتبر أكبر حديقة للورد في جمهورية مصر العربية.

7- المشتل والصوبة الزجاجية

وتستخدم في إكثار النباتات بالحديقة وتربيتها للزراعة داخل الحديقة أو بيعها للجمهور بثمن رمزى مساهمة من الحديقة في أمداد روادها ومحبى النباتات بما يحتاجونه من شتلات أو نباتات مختلفة.

حديقة قصر القبة النباتية Qubba Botanic Garden

قسمت حسب تقسيم هاتشنسن العلمى (هاتشنسون) نسبة إلى عالم النباتات الألماني العالمي، وصممها المهندس سليم صالح الذى كان يعمل مديرًا لحديقة الأورمان، وأشرف على توزيع الأشجار بها الدكتور محمد ضرار، أحد أشهر علماء النباتات في العالم وقتها، والحديقة مقامة على مساحة 124 فدائًا وبها عدة عائلات نباتية، فضلًا عن حديقة صبارية تحتوى على العديد من النباتات الشوكية والعصارية، علاوة على حديقة هندسية الطراز لأصناف الورود النادرة." وهى تضم 72 فصيلة نباتية تشتمل على 600 نوعا من نباتات ذوات الفلقة الواحدة وذوات الفلقتين ومعراة البذور.

حدائق انطونيادس والنزهة والورد بالاسكندرية
حديقة أنطونيادس

تقع حديقة انطونيادس متاخمة لحدائق النزهة بمنطقة سموحه شرق الاسكندرية الى جوار ترعة المحمودية وتبلغ مساحتها حوالى 45 فدان.

هذة الحدائق تقع بضاحية اليوزيسى القديمة التى أقامها بطليموس الثانى لإقامة شعائر عبادة ألهة القمح والحصاد؛ وابنتها بريسفونى وكانت تلك الضاحية مسرحا لأعياد الألهتين وكانت وفود العالم القديم وفى مقدمتها بلاد الإغريق تأتى للإحتفال بهذة الأعياد. وكانت إحدى الضواحي السكنية التى أقام بها كاليماكوس (310-240 ق.م.) كبير أمناء مكتبة الإسكندرية القديمة في ذاك الوقت.

كانت حدائق أنطونيادس وحديقة الحيوان مملوكة لأحد الاغريق الأثرياء ويسمى "باسترية" وظلت الحدائق إلى عهد قريب بإسم حدائق "باسترية" ثم قام "محمد على" بشراء هذة الأرض عند بدء نهضة المنطقة بشق ترعة المحمودية؛ وفى عهد الخديو "إسماعيل" اشترى هذة الأرض سير " جون أنطونيادس".

في عام 1860 ميلادية عهد سير " جون أنطونيادس" وهو تاجر يونانى إلى الفنان "بول ريتشارد" بإنشاء الحدائق على غرار قصر فرساى بباريس فأصبحت صورة مصغرة للفرساى وتبلغ مساحته حوالى 45 فدانا وظل أنطونيادس بالقصر الى أن توفى عام 1895 ميلادية وآلت الحدائق والقصر بالميراث الى ابنه " أنطونى " الذى نفذ وصية والده بإهداء القصر والحدائق الى بلدية الإسكندرية عام 1918م. شريطة ان يخلد اسم والده. وقد خصصت الحديقة لعظمة السلطان فؤاد، ولقد استهوت هذه الحدائق السلطان " أحمد فؤاد الأول,, فكان يخصص ثلاثة أيام لزيارته للحدائق والاستمتاع بها وضيوفه خاصة ملوك العالم. ويسمح للشعب بدخولها باقى أيام الأسبوع.

ثم فتحت للجمهور بعد قيام الثورة وكان يقام بها معارض زهور الربيع السنوية حتى عام 1967 حيث صارت موقعا عسكريا للقوات البحرية ثم اعيد فتحها عام 1974 للجمهور وفى مارس 1986 وبصدور القرار الجمهورى رقم 112 والذى يقضى بنقل تبعية الحدائق ومايتبعها من مشاتل وخلافه من محافظة الاسكندرية الى وزارة الزراعة – معهد بحوث البساتين والتى قامت بتطويرها تطويرا كبيرا.

كما ان معهد بحوث البساتين اقام مبنى بحثى متخصص يضم ثلاثة اقسام بحثية هم:

- قسم بحوث الحدائق النباتية
- قسم بحوث الزينة
- قسم بحوث الاشجار الخشبية

لكى يقوم الباحثين المختصين بهذه الاقسام بالدراسات البحثية مستعنين بهذه الحديقة النباتية الفريدة وما تحتوية من مجاميع نباتية والعمل بالتالى على تطوير الحديقة.

وتتنوع هذه الحدائق الى الأنواع التالية:

وجدير بالذكر ان حديقة انطونيادس تجمع طرزا حدائقية عديدة تتمثل فى:

الطراز العربى الاندلسى / الطراز الهندسى المتناظر / الطراز الرومانى والاغريقى / الطراز الايطالى / الطراز الفرنسى / الطراز الطبيعى. وفيما يلى أسلوب تنسيق حديقة أنطونيادس:

الطراز العربى الاندلسى:

ويمتاز بطرازه الهندسى حيث تحيط بالحديقة الاندلسية الأسوار العالية لحجب المناظر الداخلية ولذلك روعى فى التصميم النافورات والفسقيات التى استخدمت فى تجميلها الفسيفساء.

الطراز الهندسى المتناظر:

وتمتاز خطوط هذا الطراز بالاستقامة سواء فى الطرقات أو المشايات أو الأسوار أو اسيجة الزينة أو الأحواض.. كما تقلم وتقص الأشجار بطريقة هندسية (مخروطية ـ هرمية ـ مربعة ـ مستطيلة ـ دائرية) وتوزيع الأنواع والأشكال والمواقع للنماذج النباتية الفردية فى تماثل دقيق (هندسى متماثل) وتقام مجرات الزهور أو الأحواض أو النافورات أو التماثيل كعنصر وسطى مركزى رئيسى.

الطراز الرومانى والاغريقى:

ويمتاز هذا الطراز بسيادة فن العمارة والنحت على فن التنسيق بالنباتات ويكثر استخدام الفسقيات والنافورات (توجد سبع نافورات موزعه على أنحاء الحدائق) وسط المسطحات الخضراء.

الطراز الايطالى:

يسود فى هذا الطراز الفن المعمارى.. لذا تصمم الحدائق من عدة مستويات فى مناسيب مختلفة على هيئة شرفات (تراسات) مع استخدام النباتات ذات الإشكال الهندسية كما يسود استخدام التماثيل (يوجد بالحدائق 17 تمثالا من المرمر الخالص) والمجسمات لاستكمال عناصر التصميمات الهندسية.

الطراز الطبيعى:

يسود فى هذا الطراز الخطوط المنحنية غير المعقدة، وقد تستخدم المستقيمة بدون تماثيل هندسية وهو يحاكى الطبيعة دون زخرف أو تعقيد.. وتزرع الأشجار والشجيرات فى شكل متقارب أو متباعد وسط المسطحات الخضراء.

ومن الاهمية التاريخية ايضا لحدائق انطونيادس معاصرة الحدائق لاحداث تاريخية ووطنية منها:

- توقيع اتفاقية الجلاء سنه 1936 بين جكومة الوفد النحاس باشا وحكومة الانجليز بقصر انطونيادس وقد غرست شجرة رائعة بمدخل القصر بهذه المناسبة سميت بشجرة المعاهدة.

- عقد اول اجتماع للجنة غوث اللاجئين.

- عقد اول لجنة للاولمبياد في مصر.

- قضى شاه ايران عند زواجه بالاميرة فوزية شهر العسل بقصر انطونيادس.

- أقام بالقصر في عهد الملك فؤاد الكثير من ملوك أوربا مثل ملك ايطاليا '' لامبرتو '' وملك بلجيكا وملك رومانيا '' زوغو '' واخرون في عهد فاروق وعهد الثورة بعد ذلك.

وتضم حدائق انطونيادس مجموعة كبيرة من التحف الاثرية النادرة التى تحتاج الى توصيف وتعريف وتصنيف وتوثيق ومن هذه التحف مايلى:

- **<u>قصر انطونيادس:</u>**

الأول مكان للنوم خاص بالملك والأخر خاص بالملكة يتوسطهما قاعة لتناول طعام الإفطار وملحق بكل مكان خاص منهما غرفة لتغير الملابس.. كما يضم هذا الجناح من الجهة القبلية أربعة غرف للأميرات يمكن من خلالها مشاهدة تمثال '' فينوس ''

الذى ثبتت بإحدى يديه مرآة عاكسة تعكس ضوء الشمس عند الشروق لتضيئ غرف الأميرات.. أما الجناح الأخر فهو مخصص لنوم الضيوف.. وكان يزين أركان الواجهة الأمامية سطح القصر أربعة تماثيل من الرخام المرمرتمثل الفصول الأربعة.. ويطل القصر من الجهة الشمالية على الحديقة الأمامية من خلال تراس كبير حيث يشاهد منه جانب كبير من الحدائق وكذلك الصوبة الملكية.. كما يطل القصر من الجهة الجنوبية من خلال تراسه على الحديقة {حديقة الشاى} وللقصر مدخل من الجنوبية يزدان جانباه بأسدين مصنوعين من المرمر الخالص.

ويحتوى القصر على مجموعة كبيرة من اللوحات الفنية الفخمة الملونة الزيتية ومنها ما يعبر عن حفل افتتاح قناة السويس ويحتوى على قطع خشبية من الاثاث النادر الجديرة بالاهتمام وقاعات فسيحة غطيت حوائطها باجود انواع الاخشاب وزينت سقوفها بابدع الزخارف.

- **مجموعة التماثيل المرمرية:**

تضم حدائق أنطونيادس مجموعة من التماثيل المرمرية يصل عددها الى سبعة عشر تمثالا وتتضمن تحف فنية من التماثيل التى تمثل أرباب أساطير الإغريق مثل '' آلهة الجمال فينوس، افروديت، وابنها " كيوبيد" اله الحب.

شكل مربع يعلو لعدة مستويات ينتهى بقبة علوية مربعة.. أما الجزء الأوسط فيمتد ليربط بين الجزئين الامامى والخلفى وجميع الجوانب والأسقف مكسوة بالزجاج.

- **<u>الصوبتان الغاطستان</u>**

من ضمن منشات حدائق انطونيادس صوبتان دون مستوى الارض من نوع الصوب المائلة على الجدار leant-to وهى من الصوب الهامة والمهيئة بهذا الطراز لاتمام عمليات الاكثار وتربية النباتات الاستوائية.

- **<u>مبنى الابحاث</u>**

يضم المبنى ثلاثة اقسام بحثية لمجال النشاط البحثى والعلمى وللربط بين البحث والانتاج حيث تمثل البحوث التطبيقية دورا هاما في رقى الحديقة كحديقة نباتية علمية لتضارع في مثيلاتها الحدائق العالمية ولوضع استراتيجية النهوض بالحدائق وتشجيع التبادل لجلب نباتات جديدة لاثراء المجموعة النباتية.

حديقة النزهه

على الحديقة عهد قسمت فيه الى قطاعات تملك قياصرة العالم بعض منها مثل قيصر النمسا ـ وروسيا.

وقد عاد الاهتمام بالحدائق منذ عهد محمد على.. ثم جاء الخديوى إسماعيل فضاعف اهتمامـه بهـا ليجعل منهـا متنزهـات يحـاكى غابـات بولونيا في بـاريس لتصبح الإسكندرية قطعة من أوربا.. كما أمر بتجديد وتجميل الحدائق واستجلاب الأشجار النادرة ونخيل الزينـة وإعادة زراعـة مسطحاتهـا الخضـراء حتى استعادت رونقها واشتهرت الحدائق بغابات الصنوبر التى أنشاها الخديوى توفيق لولعه بصيد الطيور فيها.

وأصبحت حدائق النزهة منذ عهد الخديوى إسماعيل والخديوي توفيق من اشهر مزارات الإسكندرية صيفا وشتاء يؤمها العائلات للترويح عن أطفالها ومختلف أجيالها مع تنمية وعيهم الثقافى والحضارى والبيئى، ولقد قال عنها الأديب '' أميل لودفيج '' (الإسكندرية ملكة البحر المتوسط.. وحديقة النزهة تـاج من الزمـرد يـزين هامتها).

وللحديقة مدخلان رئيسيان احدهما من الجهة الشمالية وهو مدخل سموحة والاخر من الجهة الجنوبية وهو مدخل المحمودية ويتميز المدخل الجنوبى بوجود **بوابة اثرية** شيدت من الرخام ويعلو كل كتف منها اسد متقن الصنع من المرمر الخالص والبوابة من الحديد المتقن المشغول يزينها التاج الملكى والبيادق وهذه البوابة مهداه من معالى

محمد محمود مختار باشا الذى كان يشغل مدير عام بلدية الاسكندرية وتم انشاء البوابة عام 1929.

حديقة الورد

انشا هذه الحديقة المهندس الفرنسى ديشون عام 1928. كما اشرف على ادارتها المهندس الفرنسى ديشار. والحديقة على مساحة خمسة افدنة وهى من نوع الحدائق الغاطسة والتى تنتهى عند اقل مستوى للحديقة بنافورة يتوسطها تمثال بديع يعد مركزا للتصميم كله.

وحديقة الورد مصممة على هيئة مدرجات على اربعة مستويات وتحيط بها من الخارج برجولات وهذا التصميم يجعل من حديقة الورد تحفة فنية معمارية فريدة بمصر يصعب تكرارها.

وبالحديقة عدد كبير من اصناف الورد لاكثر من 30 صنفا. وبمدخل الحديقة شرفة تعد اعلى مستوى يمكن من خلالها رؤية التصميم الكامل للحديقة كبانوراما ولوحة فنية خالدة. وهذا التصميم الفريد يجعل من الحديقة قطعة فنية يصعب تكرارها.

ان حدائق انطونيادس والنزهة والورد (والحيوان) بمساحة 150 فدان تعتبر اكبر حدائق مصر النباتية ولها اهمية كبرى علمية ونباتية وتاريخية لايمكن اهمالها فلن يجود الزمان بمثلها.

LORD KITCHENER. مقر قيادته اثناء مقاومه الثوره المهدية في السودان وفى عام 1928 اصبحت تابعة لوزاره الزراعة كمركز لزراعة النباتات الاستوائية وشبه الاستوائية، الجزيرة مساحتها 17 فدان تقريبا مقسمة الى 27 حوض.

تقع الحديقة النباتية في جزيرة رائعة وسط النيل بمدينة أسوان تحيط بها المياه من كل مكان، لذا يطلق عليها "جزيرة النباتات"، وهى تكونت طبيعيا من ترسيب الطمى على الصخور الموجودة أصلاً في مجرى النيل، ويعد موقعها متفرد على مستوى العالم وتتجمع فيه 3 عناصر للجمال لا توجد في أى مكان آخر على مستوى العالم، وهى طلتها على الجبل الغربى الغنى بالكنوز الفرعونية والذى يبدأ بمقابر النبلاء للفراعنة وقبة ابو الهوا شمال وينتهى بمقبرة اغاخان جنوبا بارتفاع قدره 50 متراً فوق سطح المياه وبطول 1,5 كم على نهر النيل مباشرة، ويوجد بالشرق منها جزيرة أخرى أكبر تسمى جزيرة إليفنتين (المعروفة بجزيرة أسوان) المقام عليها متحف الاثار وفندق موفنبيك (أوبروى سابقا)، فالجزيرة ذات شكل بيضاوى مستطيل، مساحتها حوالى 18 فدان، طولها يصل الى 700 متر، أقصى عرض لها حوالى 115متر. والحديقة مقسمة الى 27حوض رئيسى بواسطة 3 ممرات طولية و9 ممرات عرضية، والممرات مرصوفة ببلاط من الجرانيت الأحمر الوردى اللون. وللجزيرة ثلاث مراسى موجودة بالجهة الشرقية منها.

تاريخ الحديقة
عبقرية التاريخ لهذا المكان والذى يعود تاريخه إلى نهاية القرن الـ19، بداءت حيث كانت أرض الجزيرة سابقا تزرع ببعض الأعلاف الخضراء بواسطة بعض الأفراد النوبيين وكانت تسمى بالنوبى 'جت نارتى ' أي جزيرة النطرون، وكانت تروى بواسطة ساقيتين احداهما في الجهة الشمالية والأخرى في الجهة الجنوبية من الجزيرة.

في عام 1898م اتخذها المعتمد البريطاني اللورد كيتشنر قائد قوات الحملة الانجليزية، معسكرا ومقرا لقيادته لاخماد الثورة المهدية في الجنوب (السودان)، بتخصيص مكان هذه الحديقة ليصبح مقراً لقيادة هذه الحملة، نظراً لموقعها الاستراتيجى الهام من الناحية العسكرية.

فسميت 'بجزيرة السيردار' ، وبعد رحيله عنها وجلاء الانجليز أخذتها وزارة الأشغال العمومية آنذاك (وزارة الرى حاليا) وحولتها الى حديقة عامة.

في عام 1928م وفي عهد الملك فؤاد الأول انضمت الحديقة إلى وزارة الزراعة وعرفت باسم ' جزيرة الملك'، وأسندت إدارتها إلى مصلحة البساتين التابعة للوزارة، وحينما وجد المسئولون في مصلحة البساتين هذا التنوع النباتى الغريب فكروا في أن

تكون هذه الجزيرة كتجربة بحثية لمعرفة مدى تأقلم الأنواع النباتية على هذا الجو شديد الحرارة في الصيف، وبدأوا في إرسال البعثات لجلب النباتات الأستوائية وتحت الأستوئية لأنها تعتبر بيئة جيدة لهذه النباتات بدلا من زراعتها في وجه بحرى داخل الصوب الدافئة المكلفة. وزراعتها بالحديقة واستمر الحفاظ على هذه النباتات من وقتها حتى الآن.

أهمية حديقة اسوان النباتية

تعتبر الحديقة متحفا طبيعيا ينمو فيها العديد من النباتات الأستوائية وتحت الأستوئية، وبها العديد من ألأنواع النباتية التى لامثيل لها في حدائق أخرى في مصر، كما أنها تعد أحد المعالم السياحية والمزارات الهامة في أسوان بسبب موقعها المتميز الفريد (كجزيرة وسط النيل يجاورها جبل غنى بالأثار الفرعونية) مع تعدد وتنوع نباتاتها التى تجذب إليها الزائرين، وكذلك هى حديقة بحثية، كما أنها أيضاً تعتبر حديقة عامة للمصريين والأجانب.

تحتوى الحديقة حالياً على 740 نوع نباتى من الأنواع النباتية المعمرة، وتنتمى هذه الأنواع إلى أكثر من 439 جنس وحوالى 114 عائلة نباتية. وهى تضم العديد من الانواع النادرة الغير موجودة بأى حديقة أخرى في مصر. وقد تجمعت نباتات الحديقة من ثلاث مصادر رئيسية، أولا بعض النباتات التى كانت موجودة أصلا في الجزيرة والتى زرعها سابقاً بعض الأهالى مثل الجميز ونخيل البلح والدوم والسنط والفيكس نتيدا، وأيضاً النباتات التى جلبت من الخارج عن طريق بعثات وزارة الزراعة، بالإضافة إلى النباتات التي جمعت من عمليات التبادل مع بعض الحدائق المصرية الأخرى.

- <u>أشجار الفاكهة الاستوائية</u>: الكازميرو، والباباظ، والجاك فروت، والبشملة وتلك الأنواع غير موجودة في الأسواق المصرية.

- <u>مجموعة النباتات الطبية والعطرية</u>: الزنجبيل، وحشيشة الليمون، والبردقوش، والدوم، والكركدية، والقرنفل، والخروب، والتمر الهندي، وحصى اللبان، والجاتروفا، والسواك، والحناء.

- <u>مجموعة نباتات التوابل</u> منها: الشطة، والفلفل الأسمر، وبها أيضا نباتات الألياف.

- <u>مجموعة نباتات الزينة</u> والتي منها: نباتات مزهرة (الوينكا روزا- الجارونيا- الجريبيرا)، نباتات داخلية (الكروتن- الدراسينا- القشطة)، الشجيرات المزهرة ونباتات الزينة (الورد- الفل)، نباتات المتسلقات (الفضية- الجهنمية).

- <u>النباتات الزيتية</u> ومنها: نخيل الزيت، الزيتون، نخيل جوز الهند.

- <u>مجموعة النخيل</u> ومنها: الدوم، جوز الهند، البلح، النخيل السكري، نخيل الزيت، الدوليب، السابال، السيكاس، الملوكي، الرأيس

المعشبة

المعشبة عبارة عن مجموعة من العينات النباتية المرجعية الجافة، جرى تجفيفها وتثبيتها علي ألواح ورقية مقواه، كتب عليها كافة المعلومات الخاصة بالعينة على بطاقة ورقية تسمى بطاقة التعريف التى تلصق أسفل اللوح الورقى.

و العينات مرتبة على حسب الترتيب الأبجدى للعائلات النباتية، وكل عائلة تضم تحتها ترتيب أسماء الأجناس والأنواع أبجدياً، وهذا الترتيب مرتبط بتحديث نظام Angiosperm phylogeny group (APG system) على موقع Grin taxonomy website بشبكة المعلومات الدولية، والذى يقدم أحدث وضع تصنيفى للأنواع النباتية.

ومعشبة الحديقة النباتية بأسوان تحتوى على حوالي 1500 عينة نباتية، عبارة عن 106 عائلة، 369 جنس، 539 نوع.

<u>**المتحف النباتى**</u>

المتحف النباتى الموجود في الحديقة النباتية بأسوان هو عبارة عن عرض لبعض العينات المعشبية المرجعية الجافة (والخاصة بمعشبة الحديقة) لبعض الأنواع النباتية الموجودة في الحديقة مع عرض الثمار والبذور الخاصة بهذه الأنواع، مع وجود رسم مجسم (ماكيت) للجزيرة بأكملها.

يشمل المتحف عرض للعينات المعشبية بحيث كل عينة موضوعة داخل برواز خشبى. أما الثمار والبذور الخاصة بنوع العينات المعشبية فتوضع أسفل البرواز الخشبى مباشرةً في صندوق زجاجى شفاف مع بيان يوضحح بيانات هذا النوع النباتى، وتشمل البيانات الأسم العلمى للنبات والأسم الشائع بالعربى والأنجليزى والعائلة النباتية والموطن الأصلى بالإضافة إلى الأهمية الأقتصادية للنبات، باللغة العربية والإنجليزية.

يحتوى المتحف النباتى (العرض المعشبى) على 99 عينة معشبية لـ 93 نوع نباتى تنتمى إلى 85 جنس و42 عائلة. وبجوار كل عينة عرض للثمار والبذور الخاصة بالعينة وبيانات وافرة عنها.

<u>**بنك البذور**</u>

تحتوى الحديقة النباتية بأسوان على بنك بذور، كانت بداية إنشاءه مع بداية إنشاء المعشبة في عام 1995، وهو يشمل ثمار وبذور كل الأنواع المثمرة داخل الحديقة، وأسمائها مرتبة بالتسلسل على حسب الرقم الكودى الخاص بكل عينة معشبية ليسهل الوصول إليها.

ويوجد حالياً ببنك البذور حوالى 300 نوع ثمار وبذور من نباتات الحديقة النباتية محفوظة بطريقة علمية، وهذا الكم ليس له مثيل في المعشبات المصرية.

<u>**المكتبة**</u>

تحتوى على مئات من الكتب المتنوعة في مجالات العلوم الزراعية عبارة عن كتب مطبوعة ومجلات ورسائل ماجستير ودكتوراه ونشرات زراعية.

<u>**المشاتل**</u>

تحتوى الحديقة على عدد اربعة صوبات للاكثار وتربية النباتات النادرة منهم صوبة خشبية وعدد 3 صوب سيران.

معمل زراعة الانسجة

يوجد بالحديقة مبنى مجهز لمعمل زراعة الانسجة عبارة عن عدد ثلاثة غرف معملية
.

* * *

حديقة الشلالات بالاسكندرية

تعد حدائق الشلالات من أهم معالم الإسكندرية التي ما تزال شاهدة على حضارة وتاريخ المدينة الساحلية. فقديمًا بناها مصمم الحدائق الأمريكي الشهير ''فريدريك لو أولمستد'' عام 1899، الذي تبنى أسلوب تحويل المواقع المستوية إلى مواقع حافلة بالتضاريس الطبيعية من بحيرات وهضاب وقنوات مياه.

حدائق الشلالات أحد الحدائق الشهيرة والكبيرة التي تقع في مدينة الإسكندرية في مصر بالحي اللاتيني أرقي أحياء الأسكندرية قرب منطقة باب شرق وتشغل مساحة 8 أفدنة تقريبا وتتميز بالمدرجات المختلفة الإرتفاعات كما تضم بحيرات صناعية وشلالات مائية صناعية كما أنها تشمل بقايا أبراج وسور الإسكندرية القديم وبها أيضا صهريج تحت الأرض يعتبر هو الصهريج الوحيد الذي مايزال يحتفظ بحالته المعمارية دون أن يطرأ عليه أي تغيير وتبلغ مساحته نحو 200 مترمربع ويضم ثلاثة طوابق تحت الأرض وبه مجموعة نادرة من الأعمدة والتيجان المتنوعة وكانت الإسكندرية تعتمد في تغذيتها بالمياه العذبة على تخزين المياه في مثل هذه الصهاريج التي كانت تبني تحت الأرض.

وفي واقع الأمر فإن التاريخ يقول إن حدائق الشلالات من أهم المعالم الحضارية والتاريخية بمدينة الاسكندرية فقد أنشئت منذ نحو مائة عام وكانت مساحتها حينذاك حوالي 40 فدانا منها 22 فدانا في الشلالات البحرية و18 فدانا في الشلالات القبلية وبها الأبراج الأثرية لسور الإسكندرية وهو من معالم العمارة الحربية النادرة وقد صممت هذه الحدائق طبقا لفكر مخطط الحدائق الأميريكي الشهير فريدريك لو أولمستد الذي تبنى أسلوب تحويل المواقع المستوية إلي مواقع حافلة بالتضاريس الطبيعية من بحيرات وهضاب وقنوات وإستغلال القيمة الجمالية للمياه الساكنة والمتحركة حيث تشتمل الحدائق علي شلال رئيسي من ثلاث اجنحة من المياه إلي قناة مكشوفة تصل إلي ثلاثة بحيرات متتالية أهمها البحيرة الرئيسية التي تقع أمام الكازينو حاليا وبها كشك البجع الشهير كما أن الحديقة زاخرة بمجموعة من الأشجار العتيقة والنباتات النادرة وتعتبر حديقة متحفية لكونها تشمل مزيجا ما بين النباتات النادرة والمميزة والآثار القديمة التي تدل علي عراقة المنطقة حيث أن الحديقة توجد بها أشجار الفيكاس والتين البنغالي وهي أشجار معمرة يزيد عمر كل منها علي المائة عام وذلك يؤكده حجم الأشجار العملاقة والتي يزيد قطرها علي الستة أمتار.

وقد أعلن منذ فترة قريبة عن تحويل الحديقة إلي مركز ثقافي ولذلك قسمت الحديقة الي 5 مناطق تحمل أسماء عدد من أعلام الفن والثقافة بالإسكندرية هم سيد درويش وبيرم التونسى ويوسف عز الدين عيسى وأحمد عثمان وسيف وانلى كما تم بناء

مسرح صيفي للثقافة الجماهيرية بالحديقة لتقديم عروض فنية عليه خلال فصل الصيف من كل عام.

وعلى الرغم من أن سور الإسكندرية القديم وأبراجه قد مر علي تشييدهم آلاف السنين فما يزالا صامدين في وجه التاريخ ليشهد على عمر المدينة الساحلية التي لقبت بعروس البحر الأبيض المتوسط حيث ما زالت هناك أجزاء من جدران السور صمدت أمام حروب الطبيعة ولم تستطع عوامل التعرية والترسيب ان تمحيها يشاهدها المارة في وسط الإسكندرية وبين الأشجار العتيقة بحدائق الشلالات وكثيرا ما يمر أهالي الثغر بجوار هذه الجدران ولكنهم قد لا يعرفون أنهم يمرون بالقرب من جزء هام من تاريخ مدينتهم وأن هذه الأحجار كانت تصد غزوات الأعداء منذ إنشاء الإسكندرية ويعتبر هذا السور أحد أهم المعالم الأثرية لهذه المدينة التي أنشأها الإسكندر الأكبر عام 332 ق.م وأحاطها بسور ضخم ذو أبراج وحصون وأبواب للدفاع عنها وأتم هذا السور خلفاؤه من البطالمة ومن بعدهم زاد الرومان في تحصينه وبعد فتح عمرو بن العاص مصر في عام 21 هجرية الموافق عام 642م وبعد محاولة إحتلال الإمبراطورية الشرقية للإسكندرية عام 645 م في بداية فترة خلافة عثمان بن عفان تم هدم جزء من أسوارها حتى لا تحتاج المدينة بعد ذلك إلي حصار طويل وقد تم ترميم هذا السور في عصور الدولة الطولونية ثم في العصر الفاطمي ثم في العصر الأيوبي حيث إهتم بهاء الدين قراقوش بزيادة تحصين أسوار المدينة وإعادة بناء المتهدم منها في كثير من الأماكن وزيادة عدد أبراجها وتحصيناتها ثم في بداية عصر المماليك في زمن السلطان الظاهر بيبرس تمت تقوية السور وأبراجه وصيانتها وأيضا تم نفس العمل في عهد السلطان الناصر محمد بن قلاوون ومن بعده تكرر في عصر السلطان الأشرف شعبان وأيضا في عهد السلطان قايتباى والذى أضاف إلي تحصينات الإسكندرية قلعته المعروفة بإسمه التي بنيت علي شبه جزيرة فاروس في مكان منارة الإسكندرية التي كانت قد إنهارت بسبب زلزال مدمر إلى أن إندثرت أجزاء كبيرة من هذا السور في عهد محمد علي باشا نتيجة للتوسعات التي تمت في عهده بمدينة الإسكندرية وأيضا نتيجة القصف المدفعي الذى تعرضت له الإسكندرية في شهر يوليو عام 1882م من سفن الأسطول البريطاني وهو الأمر الذى إنتهى بالإحتلال البريطاني لمصر في نفس العام.

وفي الوقت الحالي بعد دراسة نتائج الفحوص والتحليل لعينات من بقايا جدران السور وجد نخور وتفتت وتقشر وشروخ كبيرة ودقيقة بجميع قطع الأحجار المكونة للسور والمونة الرابطة للأحجار ولذلك فإن المتبقي من السور والبرج الغربي والذي كان يبلغ طوله حوالي 20 قدم ويتكون من خمسة حجرات كانت تستخدم في الماضي لتخزين الذخائر والدفاع عن المدينة من الجهة الغربية في حالة تهالك شبه تام ويحتاج الأمر للتدخل السريع كما أن البيئة الساحلية لمدينة الإسكندرية والمجموع الخضري المحيط بالأثر والبحيرة الصناعية الموجودة بحديقة الشلالات والأمطار الغزيرة التي تسقط علي مدينة الإسكندرية في فصل الشتاء تمثل أشد عوامل الفتك والتلف التي تتجمع وتقع مؤثرة علي أثر واحد مما يجعله قابل للتصدع والتساقط خاصة إذا تأثر بزيادة الإهتزازات الواقعة عليه أو يحدث أحد الزلازل التي يكون لها تأثير ضار جدا

عليه وعلي ذلك فإنه يلزم حقن الشقوق والفجوات وكذلك رش جميع أسطح الكتل الحجرية بمواد تقوية تتناسب مع وجود الرطوبة ورذاذ الماء وضرورة إعادة النظر في تخطيط المنطقة المحيطة بالأثر بالكامل خاصة البحيرة الصناعية الملاصقة له وعزلها بشكل علمي سليم وتغيير أماكن النوافير ونقلها بعيدا عن الأثر لما تحدثه من تطاير لرذاذ المياه وتشبع الهواء بالماء إلى جانب ضرورة الحد من تسرب مياه الري للرقعة الخضراء مع إبعاد المحيط الخضري عن الأثر بمسافة لا تقل عن خمسة أمتار من جميع الجوانب مع الإسراع في تنفيذ شبكة أنابيب أعلي الأثر لتصريف مياه الأمطار من علي السطح العلوي له حتي لاتتراكم وتتجمع فوقه المياه وكذلك تخفيض منسوب المياه الجوفية أسفل الأثر وجعل المنطقة الأثرية منطقة عرض للصوت والضوء، وهناك مشروع بالفعل منذ ما يقرب من 10 سنوات يشمل ترميم بقايا السور الأثرى من أجل المحافظة عليه وحمايته إلي جانب إنشاء سور حديدي حول المناطق الأثرية الهامة التي توجد بحديقة الشلالات لحمايتها.

حديقة الزهرية في جزيرة الزمالك

فقد عهد الحديو إلى مسيو دوساك والمسيو جابى مع المسيو دسفاليرى، مدير الأعمال الزراعية بالقصر المصرى آنذاك، بإنشاء حديقة لإكثار وأقلمة النباتات، حيث زرعت النباتات المستوردة، سواء كانت نباتات زينة أو فاكهة، وغُرست بها مجموعة جميلة من الأشجار والشجيرات للزينة منها شجرة التين البنغالى، وهى موجودة حالياً فى وسط الطريق الذى يشق حديقة الزهرية مؤدياً إلى برج القاهرة.

بلغت مساحة الحديقة وقت إنشائها تسعة وأربعين فداناً، ثم أنشئ بها عام 1871 المشتل وروضة الزهور، وخُصصت بها أماكن لتربية النباتات تم نشرها فى شتى الحدائق. وأقيمت بها الصوب الزجاجية المدفأة لإكثار النباتات وصوب خشبية أخرى للإكثار.

وفى كتابه حدائق القاهرة ومتنزهاتها عام 1924، ذكر «ديشفاليرى» أن هذه الحديقة اشتملت على ما يزيد على مليونى نبات. وقد سُميت حديقة الزهرية بهذا الاسم لإنشائها بموقع مشتل الزهور التى كانت تُستعمل لتنسيق الزهريات وتجميل الحجرات وموائد القصر.

وقد زُرع بأرض الحديقة أول أصناف زهور الأراولا التى دخلت مصر عام 1914 على يد مسيو روبرت كريج، وقد أقيم لها أول معرض فى فندق سميراميس عام 1915، حيث افتتحه السلطان حسين كامل.

لكن رغم ما احتوته الحديقة من نباتات نادرة فإن حظها العثر أدى إلى أن تم اقتطاع أجزاء منها على مراحل، من جانب نادى الشباب، ومعهد التربية الرياضية، ومدرجات النادى الأهلى، وكانت آخر المساحات المقتطعة تلك التى أقيم عليها برج القاهرة عام 1964.

وتبلغ مساحة الحديقة الآن 8 أفدنة مقسمة إلى أقسام مخصصة لزراعة الحوليات المزهرة، بالإضافة إلى مشتل الأشجار، ومشتل الحوليات ونباتات التربية الخاصة، والصوب الزجاجية، وصوبة النخيل. وتُعتبر هذه الصوب من المنشآت الأثرية ذات التنسيق الجميل وتحتوى على شعب مرجانية فريدة ومجرى مائى.

حديقة «الزهرية» 15 معلومة تاريخية

- أنشاءها الخديوي إسماعيل في احتفالية عالمية لعرض تحديث مصر بتصميم لأشهر معماري بلجيكي علي مساحة 600 فدان

- ان الحديقة التي تقع على مساحة 8 افدنه حاليا بمنطقة متميزة بالزمالك حيث تحتوى على بعض النباتات والاشجار النادرة والصوب الزراعية الملكية، كان افتتاح قناة السويس بمثابة فرصة عظيمة للخديوي إسماعيل لاستعراض عاصمة مصر القاهرة أمام ضيوفه من الأباطرة والملوك والأمراء، لذلك أسند مهمة تطوير وتنسيق الحدائق المحيطة بمقره المفضل، قصر الجزيرة وهو قصر فندق ماريوت حاليا، الواقع على جزيرة الزمالك، إلى المعماري البلجيكي ومنسق الحدائق جوستاف «ديشفاليري»

- جوستاف ديشوفاليري أشرف علي إنشاء حديقة الزهرية فضلا عن عمله كمفتش للمزارع الخديوية وفقا لوثائق وزارة الزراعة.

- قام المعماري البلجيكي بزراعة 600 فدان في الزمالك وهي مساحة الحديقة الأصيلة خلال عام 1869 ضمت مليون شتلة من النباتات والأشجار النادرة في العالم والتي ضمت النخل الملكي والأكاسيا، وشجر التوت الأبيض ، وشجر الجميز الأسطوري المعروف بشجرة الفراعنة وغيرها وشتلات

الفانيليا ، واللاتانيا من جزيرة ، والتمر هندي والمطاط والتين فضلا عن زراعة مشاتل الأناناس والأوركيد والموز ومعظم الفاكهة المنزرعة في المناطق الإستوائية.

- حديقة الزهرية تتميز بالصوب الملكية الزراعية الجميلة بألواحها الزجاجية الشهيرة والتي كانت سابقا جزءاً من الحدائق النباتية الملحقة بقصر الخديوي إسماعيل الذي يعرف باسم قصر الجزيرة، الذي اكتملت عملية بنائه عام 1869.

- حديقة الزهرية كانت مخصصة لزراعة النباتات والأزهار النادرة، والتي تم استيرادها من قِبل مفتش المزارع الخديوية جوستاف ديشوفاليري.

- قام المعماري البلجيكي بزراعة عدد من الزهور النادرة بالحديقة التاريخية مثل زهور الغيردية برتقالية اللون، والألوسية البيضاء، والبنفسج، وأنواع كثيرة أخرى من الزهور ونباتات الصبار، واليوكا، والأشجار العصارية المتميزة.

- عند بدء إنشاءها كانت تضم بحيرات صناعية منها بحيرات صغيرة لتربية الأوز العراقي الأسود النادر، والبجع الأفريقي، والأوز الوحشي، والبط.

- لم يكتفي «ديشفاليري» بزراعة النباتات والأشجار وحسب، إذ قرر أن يحول جزء من مياه البحيرة الصناعية، في الجزء الغربي من الحديقة، إلى بركة صغيرة أما الجزء الجنوبي، فقد أسس ديشفاليري فيه حديقة حيوان تضم الأسود، والنمور، والفهود، والغزلان، والزرافات، والنعام، وبالإضافة إلى أنواع أخرى من الحيوانات المختلفة.

- وسط وفرة الأشجار والنباتات والزهور، بنى ديشفاليري نافورة رخامية بيضاء، وكهف صخري مزود بشلالات مياه، وبحيرة صناعية.

- في الجزء الغربي من الحديقة، تم بناء 40 مشتلاً لزراعة الأوركيد، والأناناس، والموز، وبعض أنواع الفاكهة الاستوائية الأخرى، وإستعان بالأساطيل البحرية التجارية لنقل أندر الأشجار والنباتات من مختلف دول العالم.

- لم تكن حدائق القصر تقل جمالاً عن القصر ذاته ومحتوياته الفاخرة، إذ خصص صاحب القصر، الخديوي إسماعيل، ميزانية ضخمة من أجل تزيين حدائق قصر الجزيرة.

- وبعد مرور سنوات على عزل الخديوي ونفيه إلي الآستانة، قُسم قصر الجزيرة إلى عدة أقسام، وأصبحت حديقة الزهرية مشتلاً للنباتات.

- «جاك فروت» أحد أهم أشجار الحديقة على الإطلاق، وهي شجرة نادرة جلبها السفير السريلانكي لدى القاهرة هدية للملك فؤاد، فأطلق نجله الملك فاروق على أحد شوارع الزمالك اسم «سريلانكا» ولازال هذا الأسم إلى يومنا هذا.

- تعرضت حديقة الزهرية لتقليص مساحاتها عندما شرعت مصر في إنشاء برج القاهرة خلال الفترة بين عامي 1956 و1961 حيث تم اقتطاع جزء

منها لبناء مدخل البرج مما أدي إلي جفاف عدد من النباتات والإشجار النادرة .

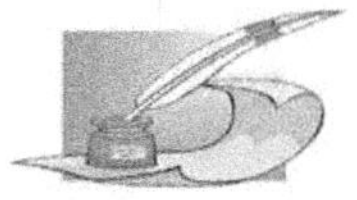

الباب الثالث

نبذة تاريخية عن نشأة وتطور الحدائق والتسلسل التاريخي لتخطيط الحدائق

1. الحدائق الفرعونية Pharaonic Gardens
2. الحدائق الآشورية والبابلية Ashourian and Babylonian gardens
3. الحدائق الفارسية Persian Gardens
4. الحدائق الهندية Indian Gardens
5- الحدائق الرومانية Romanian gardens
6. الحدائق العربية في الأندلس Moorish Gardens
7. الحدائق اليابانية Japanese Gardens
8. الحدائق الإيطالية Italian Gardens
9. الحدائق الفرنسية French Gardens
10. الحدائق الإنجليزية English Gardens

نبذة تاريخية عن نشأة وتطور الحدائق والتسلسل التاريخي لتخطيط الحدائق

إن الحدائق بوضعها الحالي لم تأتي هكذا دفعة واحدة، بل إنها مرت بمراحل عديدة من التطور منذ أن عرفها المصريون القدماء كوحدة هندسية منظمة أقيمت على أسس تنسيقية محددة واستجلبت لها النباتات من بيئات أخرى.

فكرة إنشاء الحدائق

انتقلت فكرة إنشاء الحدائق من قدماء المصريين الى الآشوريين والبابليين، ثم الفرس فالرومان فالإغريق الذين طورواحدائق من سبقوهم وأنشأوا مثلاً لها في روما واثينا، ثم ظهرت الحدائق الصينية واليابانية، فالأندلسية بطرازها الإسلامي المعروف، ثم الحدائق الفرنسية والإنجليزية والإيطالية.

تطور الحدائق

وهكذا أخذت الحدائق تتطور بشكل سريع ومتلاحق وتزداد أعدادها وأهميتها، ويتطور معها فن التصميم والتنسيق حتى وصلنا الى الاتجاه الحديث الذي جمع بين التنسيق الطبيعي والتنسيق الهندسي في تصميم بسيط يعكس ميل الإنسان في العصر الحديث إلى البساطة في ماكله وملبسه ومسكنه وأثاث بيته، بل وفي جميع فنون حياته الأخرى.

التسلسل التاريخي لتخطيط الحدائق

1. الحدائق الفرعونية Pharaonic Gardens

أنشأت لأغراض دينية بحتة، وذلك لتجميل المعابد وإعطائها أهمية كبرى في حياة المصريين القدماء، وتميزت الحدائق في عهد الفراعنة بما يلي:

1. كانت الحدائق هندسية متناظرة استعملت فيها الخطوط المستقيمة.

2. كانت الحديقة مكشوفة يتوسطها حوض ماء مستطيل الشكل به نباتات اللوتس وبعض الأسماك.

3. يحاط بالفسقية النباتات العشبية والشجيرات المزهرة موزعة بشكل منتظم (مثل النرجس والكريزانثيم والتفلة والياسمين)، ويحيط بها من الخارج صفوف من أشجار الجميز والتين تليها الأشجار العالية من نخيل البلح والدوم.

4. وزعت تماثيل الآلهة توزيعاً منتظماً بالحديقة، كما أحيطت الحديقة بسور مرتفع من الخارج.

5. توضع النقوش على جدران المعابد، كما أن الفراعنة قاموا بقص وتقليم الأشجار والشجيرات وتشكيلها هنسياً، كما أنهم استخدموا نباتات الليليم والنرجس والزيتون والعنب واللوز والرمان والمشمش والجميز.

6. من التطبيقات المتبعة حالياً ويرجع السبب فيها للمصريين القدماء هي التزيين الداخلي بالزهور، حيث زينوا معابدهم بأشكال الزهور وأوراق النخيل وذلك بحفرها على تلك الأعمدة، كما رسموا مناظر حدائقهم على جدران المعابد والبيوت وعلى أرضيتها ونقل عنهم الرومان هذا الفن فيما بعد.

7. ومن أمثلة الحدائق الفرعونية في مصر: حديقة مور وحديقة النهر بأرض الجزيرة وحديقة ميدان رمسيس (سابقاً).

2. الحـدائق الآشـورية والبابليـة Ashourian and Babylonian gardens

حتى لا تنهار المصاطب على بعضها، وأسفل هذه المصاطب توجد فسقية أو بركة مياة يتدفق إليها الماء في صورة شلال وتحاط بأشجار السرو - الحور - الجوز - الرمان مع نباتات الإيرس - القرنفل - البنفسج - شقائق النعمان - الورد.
ومن أشهر حدائق ذلك العصر حدائق بابل المعلقة التي بناها الملك (نبوخذ نصر) تكريماً لزوجته والتي تعتبر الآن أحد عجائب الدنيا السبع.

3. الحدائق الفارسية Persian Gardens

بعد غزو الفرس للاشوريين نقلوا عنهم حدائقهم الهندسية المتناظره واعتنوا بها وطورت فتميزت بالاتى:

1.   إن الحديقة كانت مربعة الشكل عادة يقسمها طريقان متعامدان الى اربعة اجزاء متناظرة ويوجد بئر ماء مستدير في الوسط او برجولا يتسلق عليها نباتات العنب والورد.

2.   ويمتد بطول الطريقين المتعامدين مجرى ماء تحيط به الاشجار العالية من الجانبين كما استعملوا التماثيل كعنصر تجميل في حدائقهم

3.   قاموا بعزل حديقة الزينه عن حدائق البساتين (الخضر والفاكهه) وعشقوا الازهار فزرعوها في المواسم المختلفة في مجموعات متقاربة من بعضها ليبرز كل نوع جمال الآخر.

4.   يعتبر الفرس اول من ابتكروا ما يعرف الان بالحدائق المائيه وحدائق الجدران والحدائق الغاطسة.

5.   اهتموا بالزخرفة والنقش وبلغ من اهتمامهم بالحدائق ونقوشها ان رسموا على سجاجيدهم وهى في ابهى صورها لتكون داخل قصورهم في الشتاء وهو الوقت الذى تكسو فيه الثلوج حدائقهم.

4. الحدائق الهندية Indian Gardens

5- الحدائق الرومانية Romanian gardens

المرحرف خاصه اشجار السرو والصنوبر والزيون.

وبدات تظهر لاول مره حدائق الميادين والحدائق العامه لافراد الشعب بعدان كانت الحدائق قاصرة على قصور الملوك والاغنياء.

6. الحدائق العربية في الأندلس Moorish Gardens

1. اقيمت الحديقة على الصور الهندسية المتعارف التي يكثر فيها الاشكال الهندسية المربعة او المستطيلة على طرق متعامدة تعلوها التكاعيب ويكسو ارضيتها البلاط القيشانى الملون.

2. اقيمت الحديقة في فناء القصر او المنزل تحيط بها حجراته وتطل عليها نوافذه وذلك لزيادة الاستمتاع بالحديقة ولاعطاء فرصة الحماية من شرور الغزوات العادية وتوفير الخلوة والعزلة عن اعين المتطفلين فكانت اشبه بالدهاليز او المنور في وسط المنزل تحيط بها اسوار عاليه ذات باب رئيسى واحد مع زراعة الاشجار العالية حول الاسوار لحجب المناظر الداخلية.

3. رصفت طرقات الحديقة بالقيشانى كما زخرفت احواض المياة والنافورات واماكن الجلوس بالقيشانى الملون واستخدمت الاعمدة الرخامية ذات الاقواس العالية وكان من اهم اوجه الحديقة حوض الماء المستطيل وكثرة النافورات وبرك المياة التى حرموا منها في حياة البادية والصحراء.

4. ظهر فن النحت والرسم على الخشب خاصة على هيئة تماثيل كما كثر استخدام النباتات العطرية والالوان الزاهيه وزرعت اشجار الفاكهه ونباتات الزينه في اصص مزخرفة.

5. انشات الحدائق في مناطق الغير مستويه على هيئة مصاطب وعندما كانت الارض مستوية اقاموا الشرفات الواسعة ربط فيما بينهم بسلالم مزخرفة بالقيشانى الملون.

7. الحدائق اليابانية Japanese Gardens

والفكرة العامه في تصميم هذا النوع من الحدائق تعتمد على اقامة بحيرات طبيعية تعلوها كبارى خشبيه او من الحجارة وحول البحيرة تلال تزرع بالاشجار والشجيرات وبها اماكن للجلوس.

اما في وسط البحيرة فتنشا بعض الجزر التى يمكن الوصول اليها عبر الكبارى مع زراعة شجرة او شجيرة كبيرة متهدله مثل الصفصاف في وسط الجزيرة.

الطرق في الحديقة منحنيه بشكل طبيعى ومرصوفة بالحجارة المسطحة بشكل طبيعى ايضا وكثرت زراعة الاشجار والشجيرات المستديمه الخضرة المزهرة بشكل متتابع لتعطى ازهار شبه دائم على مدار السنه وتميزت الحدائق النباتيه بعدم وجود مسطحات خضراء والتى استبدلت بالرمل او الحجارة.

8. الحدائق الإيطالية Italian Gardens

فى مطلع القرن الخامس عشر بدات النهضة الايطالية التى اعتنت باحياء التراث الرومانى والاغريقى القديم فجاءت على غرار الطراز ولكنها تميزت بالاتى:

1.   سيادة فن العمارة على التنسيق بالنباتات لذا كثرت المبانى والتماثيل والنافورات والمقاعد والاوانى الحجرية ورصفت الطرق بالحصى الملون ثم حدث في القرن السابع عشر ان استردت النباتات مكانها في الحديقة مرة اخرى

2.   انشأت الحدائق على التلال المرتفعة وسفوح الجبال في تصميم هندسى متناظر مكون من عدة شرفات بنيت اسوار تحت كل شرفة لتقويتها وتدعيمها وحمايتها من السقوط لكنها اخفيت بزراعة اشجار وشجيرات امامها خاصة المخروطية ومن هنا بدا سفح الجبل من بعيد وكانه حديقة واحدة غير مجزأه الى شرفات كما سورت الحدائق باسوار عالية للحماية من الحروب لكنها اقيمت عند قاعدة الجبل حتى لا تحجب النظر الى الحديقة من الخارج.

3.   وللاستفادة من المناظر الطبيعية حول الحديقة سمح بوجود فجوات فيما بين الاشجار حتى يستطيع النظر ان يتعداها الى ما حولها كما ادخلت في الحدائق لاول مرة الحيوانات المفترسة واقفاص الطيور النادرة ومنها ظهرت حدائق الحيوان المنتشرة الان في جميع انحاء العالم.

وعموما مازالت الحدائق الايطاليه حتى وقتنا الحاضر تميل الى الاكثار من الانشاءات الهندسية الفخمه والتماثيل المنحوته من الاحجار والرخام واقامة البرجولات والاقواس مهتمين بفن العمارة اكثر من فن التنسيق بالزهور والنباتات.

9. الحدائق الفرنسية French Gardens

بالحديقه ولقد ادخل لينوتر في التصميم بعض الافكار الخداعيه لتعطى احساسا بالاتساع الظاهرى.

وذلك من خلال:

1- عدم انشاء اسوار للحديقة للاستفادة من المناظر الطبيعية الموجودة حولها.

2- تضييق عرض الطرق مع التدرج او الزيادة في البعد.

3- زراعة اشجار متدرجة الاطوال على جوانب الطرق والمشايات بحيث توضع اطوالها في البداية واقصرها في ابعد نقطة وكذلك من خلال اختلاف مسافات الزراعة فيما بينها فهى تضيق تدريجيا مع زيادة البعد.

10. الحدائق الإنجليزية English Gardens

ظهرت في عهد الملك هنرى الثامن وابتدعها المصمم الانجليزى المشهور تيودور وسمى الطراز باسمه

(الطراز التيودورى) اعتمد التصميم على الطراز الهندسى المتناظر الذى ساد فيه عنصر تشكيل الاشجار والشجيرات في اشكال هندسية منتظمه والطرق والمشايات المستقيمه المظللة بالبرجولات والنباتات المتسلقة.

وقسمت الحديقة الى اجزاء معزولة عن بعضها باسيجة مقصوصة ذات اشكال بديعة ولذلك احتوت الحديقة على حدائق مستقلة للورد والاسماك والنباتات الشوكية والعصارية.

وبعد ان سئم الناس من الطراز الهندسيه المنتظمه والتى تعتمد كليا على افكار الانسان بدا بعض المصممين في التقليد والرجوع الى مضاهاة الطبيعة فبدات تظهر الحدائق الطبيعية.

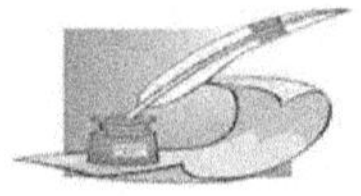

الباب الرابع

تاريخ الحدائق النباتية في مصر
من حدائق القدماء المصريين إلي الحديقة النباتية الحديثة

- تاريخ الزراعة المصرية والبساتين
- رحلة حتشبسوت
- تاريخ الحدائق والبساتين المصرية
- تاريخ الحدائق النباتية في مصر الحديثة

تاريخ الحدائق النباتية في مصر
من حدائق القدماء المصريين إلي الحديقة النباتية الحديثة

تاريخ الزراعة المصرية والبساتين

تعود الحضارة المصرية إلى فجر التاريخ، وتمتد آثارها طوال نهر النيل منذ ما يقارب عشرة الاف سنة، وخلال الستة الاف سنة الماضية ظهرت مصر كمجتمع زراعي فريد ومثمر ساهم في تشكيل أول حكومة على أرض مصر وهي أول حكومة علي مر التاريخ.

وتاريخ الزراعة المصرية القديمة يمكن استخلاصه من السجلات الأثرية والوثائق المصرية المكتوبة المتبقية، ومن نقوش المعابد، وكذلك التعليقات من العصور القديمة بما في ذلك للمؤرخ هيرودوت اليوناني (484 – 425 قبل الميلاد)، والفيلسوف ثيوفراستوس (287-372 قبل الميلاد)، فالرسوم والمنحوتات الدالة علي الأنشطة الزراعية والبستانية، رسمت ونحتت في المقابر والمعابد منذ ما يقرب 3000 سنة قبل الميلاد، حيث كانت الأنشطة الزراعية هي

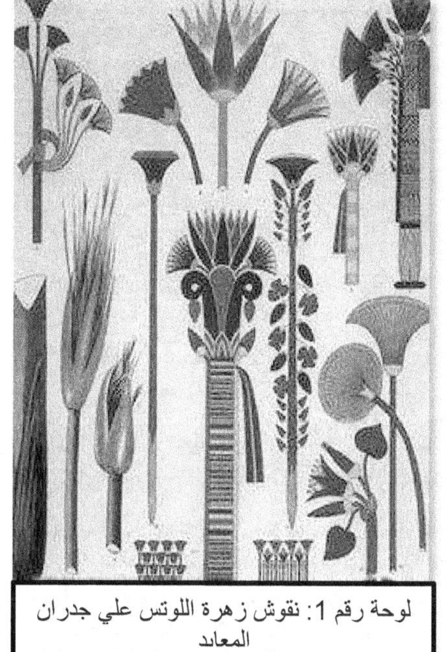

لوحة رقم 1: نقوش زهرة اللوتس علي جدران المعابد

الموضوعات المفضلة لدى الفنانين الذين يرسموا أو ينحتوا مشاهد حية من الحياة اليومية التي تزين بها قبور الفراعنة.

لوحة رقم2: توضح براعة الفلاح المصري القديم وزراعة البساتين والمحاصيل، منقوشة علي جدران
احد المعابد في مصر

كما ان تطور الزراعة المصرية لم يحدث من فراغ، بل كان من اسبابه ان مجتمع مصر مجتمع متعدد الثقافات، حيث حكمت مصر في أوقات مختلفة ليبيا في الغرب، وسوريا في الشمال الشرقي، وإثيوبيا، والصومال، وربما جزء من أفريقيا جنوب الصحراء الكبرى في الجنوب، وأدخلت مصر وأدرجت محاصيل جديدة من فلسطين والأردن ولبنان والعراق والصومال، والهند، فضلا عن العديد من المناطق الأخرى، وحتى الصين، وقد ساهم تدفق المهاجرين والأسرى، فضلا عن الغزوات من قبل الآخرين مثل الفرس عام 525 قبل الميلاد، كل هذا

ساهم في تكوين محتوى جديد من المادة الوراثية للنباتات. ومعرفة النباتات في مصر القديمة يمكن استنتاجها من بقايا النباتات المجففة نفسها، حيث كانت محاصيل الحبوب الرئيسية القديمة تستخدم للحصول على الخبز والبيرة

كالقمح والشعير - محاصيل الخضر - المحاصيل الجذرية والمحاصيل الورقية والبقوليات والقرعيات بالإضافة الى: الثوم والبصل والفجل والخس والبقدونس واللوبيا، والفول، والحمص، والعدس والخيار والشمام والبطيخ

وتدل الآيات في القرآن الكريم على ذلك في سورة البقرة الآية 61 : ﴿ وَإِذْ قُلْتُمْ يَا مُوسَى لَنْ نَصْبِرَ عَلَى طَعَامٍ وَاحِدٍ فَادْعُ لَنَا رَبَّكَ يُخْرِجْ لَنَا مِمَّا تُنْبِتُ الْأَرْضُ مِنْ بَقْلِهَا وَقِثَّائِهَا وَفُومِهَا وَعَدَسِهَا وَبَصَلِهَا قَالَ أَتَسْتَبْدِلُونَ الَّذِي هُوَ أَدْنَى بِالَّذِي هُوَ خَيْرٌ اهْبِطُوا مِصْرًا فَإِنَّ لَكُمْ مَا سَأَلْتُمْ وَضُرِبَتْ عَلَيْهِمُ الذِّلَّةُ وَالْمَسْكَنَةُ وَبَاءُوا بِغَضَبٍ مِنَ اللَّهِ ذَلِكَ بِأَنَّهُمْ كَانُوا يَكْفُرُونَ بِآيَاتِ اللَّهِ وَيَقْتُلُونَ النَّبِيِّينَ بِغَيْرِ الْحَقِّ ذَلِكَ بِمَا عَصَوْا وَكَانُوا يَعْتَدُونَ ﴾.

وانتشرت محاصيل الفاكهة في مصر على مر القرون، وتاريخيا نخيل الدوم وكذلك الجميز من الفواكه المصرية منذ ما قبل الأسرات، بينما الأعناب والتين منذ عصر الدولة القديمة، وأدخل الخروب والرمان في الدولة الوسطى، بينما ظهر الزيتون والتفاح في الدولة الحديثة، والخوخ والكمثرى يرجع للفترة اليونانية الرومانية. أما النباتات المزهرة والعطرية، تم العثور على حوالي 2000 نوع في القبور من الأعشاب والتوابل والنباتات الطبية وتشمل الكمون واليانسون والكزبرة والشبت والشمر والحلبة والبردقوش والنعناع والخردل والحصالبان والقرطم والزعتر والرمان وكانت المحاصيل الصناعية والألياف أيضا مهمة في مصر القديمة مثل

الخروع لإنتاج الزيت كالكتان والحناء في الصبغ، والبردي للورق، واللوتس للبذور والزينة وأشجار الاكاسيات والسنط لإنتاج الصمغ والزيوت.

كما أحب المصريين القدماء الزهور كما هو واضح على جداريات المعابد التي تصور سيدات المحكمة ترتدى زهرة لوتس مصرية متفتحة، والنباتات المزروعة في الحاويات، وأكاليل الجنازة.

كما زرعت الشجيرات الصغيرة في الأواني الفخارية الكبيرة فأصبحت مصر القديمة الرائدة في زراعة النباتات المحفوظة بوعاء وكذلك النباتات الخاصة بإنتاج الاصباغ والالوان كانت جزء مهم من فنون مستحضرات التجميل، وأدرجت المكونات العطرية من الزهور في الزيوت والدهون لاستخدامها في العطور والمراهم.

رحلة حتشبسوت

لوحة رقم3: رحلة الملكة حتشبسوت إلي بلاد بونت

حدائق المعابد، ونظمت الملكه حتشبسوت بعثه لإحضار وجلب اشجار ونباتات من الحملات الخارجية لزراعتها في قصورهم، أو حدائق المعبد من بلاد بونت (شمال شرق أفريقيا (زرعتها في الحدائق المعلقة من معبدها في الدير البحري عام 1500 قبل الميلاد،(**كما تشير الصورة**).

كما ان الفرعون تحتمس الثالث (1450 قبل الميلاد(كان يمتلك نباتات غريبة جلبت له من سوريا منحوتة على جدران معبد آمون في الكرنك، والفرعون رمسيس الثالث (1198 – 1166 قبل الميلاد) انشأ حدائق الكروم بمساحات كبيرة احيطت بكافة انواع اشجار الفاكهة وزرعت الزهور المتسلقة من جميع الدول مع اللوتس والبردى بأعداد كبيرة وبهذا لم تكن مجرد حديقة جميلة فقط ولكن كانت البداية الحقيقية لنهج الحدائق النباتية منذ بضعة الاف من السنين لدى المصريين القدماء، وقبل ان تبدأ اوروبا بالتفكير في الحدائق النباتية.

فى عهد الفراعنة أتخذ الإنسان من الزراعة وسيلة للتعايش وكسب الرزق، وذلك لخصوبة التربة التي تروي بنهر النيل، وتخصب بطميه الغني وكانت للأزهار أثر عميق في نفوسهم، فقاموا بجمعها في مكان معين وعملوا على تنسيقها.

ولقد أشارت النقوش الموجودة على الآثار المصرية القديمة بأن المصريين القدماء أول من فكر في أنشاء البساتين، وفى الاستفادة من المواقع الممتازة للحدائق، وكانوا ينشئون بساتينهم على ضفاف النيل، ولقد نبغ الكثير منهم في فن تنسيق البساتين كما إنهم قدسوا زهرة اللوتس ووضعوا الازهار في المعابد المقدسة لهم وكأنهم أرادوا بالأزهار والنخيل الباسق وتماثيل المعابد كسب المكان ج الا ورهبة وجمالا ومن أهم النباتات الخشبية التي كانت موجودة في هذا العصر: الجميز- اللبخ -السرو- الصفصاف ـ الفتنة.

لوحة رقم4: تظهر براعة الفلاح المصري القديم واستخدامه لوسائل الزراعة بإتقان

لوحة رقم 5: تبدي براعة المصري القديم واهتمامه بالنباتات والأزهار

لوحة رقم6: نموذج للحدائق والبساتين في مصر القديمة

الطبيعية عند المصريون، وهذه العناصر التي أصبحت قياسية في الحدائق في وقت لاحق، فقد زرعت النباتات على مدرجات وكما دُهش العالم بحدائق بابل المعلقة عند الاشوريين، كما امتلك المصريين فكرة حدائق البهو والمداخل قبل ان يقوم بها الرومان فيما بعد، فالحدائق في مصر القديمة تمثل اقدم بداية وتصميم للحدائق النباتية، حيث زرعت الحدائق على حافة الصحراء لتكوين الغطاء النباتي الطبيعي في وقت لم يكن هناك منظر طبيعي للنسخ أو حتى للتعديل باستثناء الواحة.

وكانت الجدران المحيطة بالحدائق في كثير من الأحيان تحتوي على أحواض مغلقة منزرعه بالنباتات المائية لتوفير احساس" الواحة" و مليئة بالتماثيل واعمدة الزينة.

ومن هنا أصبحت المزروعات مرتبة ومنزرعة في صفوف مستقيمة بسبب متطلبات الري والارض المسطحة. واصبحت قنوات الري سمة مشتركة بالحدائق وعوملت النباتات معماريا بالقص والتشكيل وزرعت أشجار الفاكهة والنخيل والعنب في ترتيبات متناظرة اظهرت الجمال، ووفرت الظل، وانتجت الغذاء.

فحدائق المصريين القدماء هي الرائدة حتى يومنا هذا رسميا والتي تستخدم النباتات كالعناصر المعمارية، لأنه لم يكن هناك في الأساس مناظر طبيعية باستثناء الواحة كما ذكر مسبقا، أنشأ المصريون واحدة على أساس خطوط

مستقيمة ومتماثلة.

تم تشييد الحدائق المصرية القديمة مع غالبية المميزات التي تعرف الآن من الحدائق، ولكن كان الدافع للمصممين القدماء في مصر اعتبارات دينية التي تحدد شكل الحدائق والنباتات، حيث هناك ثلاثة عناصر لازمة ينبغي أن تشارك في عملية إنشاء الحديقة هم الشكل والوظيفة والمعنى.

تاريخ الحدائق النباتية في مصر الحديثة

ذكر المؤرخين ان قدماء المصريين قد شيدوا الحدائق جيدة الصنع منذ عدة آلاف من السنين للاستخدام الاقتصادي أو للعرض، وتحتوي على العديد من الأنواع النباتية التي تم جمعها من مختلف البلدان بالإضافة إلى المجموعة المحلية من الأشجار والنباتات والأعشاب الطبية .يمكن اعتبار هذا النوع من الحدائق نواة الحدائق النباتية اليوم .واكتشف أكثر من 2000 نوعا من تلك النباتات في مقابر قدماء المصريين وبها الأعشاب، والتوابل والنباتات الطبية والعطرية ونباتات الزيوت والألياف، فضلا عن العديد من أنواع نباتات الزينة.

وقد تم العثور على الحدائق النباتية منذ العصور القديمة، واحدة من أقدم هذه الحدائق هي حديقة معبد الكرنك؛ صممت في عهد تحتمس الثالث، حوالي 1500 قبل الميلاد.

عدد الحدائق النباتية المعترف بها في مصر تختلف اختلافا كبيرا وفقا لنوع التصنيف، **فالجدول رقم 1** يوضحها وفقا لعدد الأنواع النباتية المعروضة في الحدائق .أما **الجدول رقم 2** يوضحها وفقا لتاريخ تأسيسها، حيث يوجد 16 حديقة نباتيه في مصر، 4 في القاهرة، و5 في الجيزة؛ و4 في الإسكندرية؛ و2 في الاسماعيلية وواحدة في أسوان.

صنفت حديقة النزهة بالإسكندرية كأقدم حديقة في كل انحاء مصر(300 قبل الميلاد)،تليها الحديقة النباتية أنطونيادس (1860)، ثم في غضون حوالي 13 عاما ، تم تأسيس الحدائق النباتية في الأزبكية، والزهرية، والاورمان) 1867 و1868 و1873 على التوالي (.

أما عن الحدائق النباتية في مصر في القرن 19 ، ذكر أنه منذ عهد محمد علي (1805 – 1844)، تلقى موضوع إدخال وأقلمة النباتات الجديدة اهتماما كبيرا في مصر، ثم ابنه إبراهيم باشا الشهير انشئ حديقة في الروضة فيها العديد من أشجار الزينة، ادخلت للمرة الاولى ومازالت هذه الانواع منزرعه إلى حد كبير في البلاد حتى الان .ومع ذلك، بدأ تطوير النمط الأوروبي الحديث من البستنة في حدائق القاهرة في عهد الخديوي إسماعيل (1863 – 1879). وكان فترة حكمه رائعة في تاريخ مصر بسبب إنشاء العديد من الحدائق التجريبية الكبيرة وكذلك الحدائق العامة .

الرقم	اسم الحديقة	المدينة	عدد أنواع النباتات
١	جامعة عين شمس، كلية العلوم	القاهرة	١٢٠٠
٢	الاورمان	الجيزة	٦٠٠
٣	قصر القبة	القاهرة	٥٥١
٤	جامعة الاسكندرية، كلية العلوم	الاسكندرية	٥٠٠
٥	الزهرية	القاهرة	٤٤٢
٦	[illegible]	[illegible]	[illegible]

جدول ١: التصنيف الكمي للحدائق النباتية المصرية (FICSBG، ٢٠٠٦)

جدول ٢: التصنيف التاريخي للحدائق النباتية المصرية (FICSBG،٢٠٠٠):

الرقم	اسم الحديقة	المدينة	تاريخ الانشاء
١	النزهة	الإسكندرية	٣٠ ق.م
٢	انطونيادس	الإسكندرية	١٨٦٠
٣	الأزبكية	القاهرة	١٨٦٧
٤	الزهرية	القاهرة	١٨٦٨
٥	الأورمان	الجيزة	١٨٧٣
٦	حديقة الحيوان	الجيزة	١٨٩٠
٧	برشير الصف	الجيزة	١٩٠٠
٨	قصر المنيل	الجيزة	١٩٠١
٩	حديقة الورد	الإسكندرية	١٩٢٨
١٠	جزيرة نباتات اسوان	اسوان	١٩٢٨
١١	المتحف الزراعي، الدقي	الجيزة	١٩٣٨
١٢	جامعة الإسكندرية، كلية العلوم	الإسكندرية	١٩٤٢
١٣	جامعة عين شمس، كلية العلوم	القاهرة	١٩٥٣
١٤	قصر القبة	القاهرة	١٩٦٠
١٥	جامعة قناة السويس، كلية العلوم	الإسماعيلية	١٩٨٠
١٦	المركز الإقليمي لتطوير سيناء	الإسماعيلية	٢٠٠٤

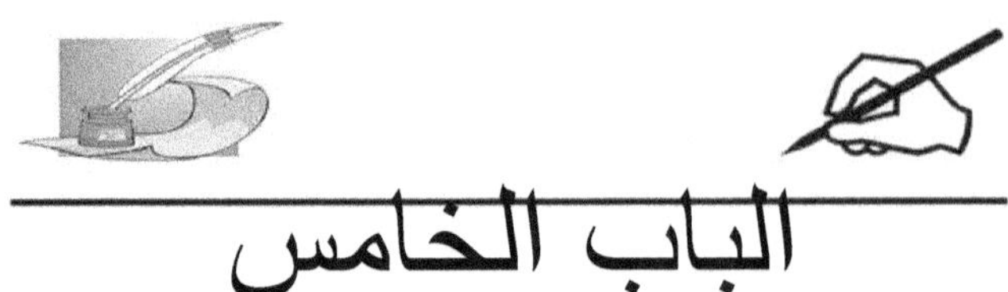

الباب الخامس

نماذج لاهم الحدائق النباتية في دول العالم

1- حدائق النباتات الملكية، كيو Royal Botanic Gardens in Kew
2- حدائق إكسبوري – هامبشاير – إنجلترا Exbury Gardens
3- حدائق قصر ستورهيد – إنجلترا – Palace Gardens Stourhead England
4- حدائق ميرابل – سالزبورج – النمسا Mirabell Garden, Salzburg, Austria
5- حديقة قصر الشرق – تيفولي – إيطاليا فيلا ديستي Villa D'Este, Tivoli Gardens Italy
6- حديقة قصر سانسوسي – بوتسدام – إلمانيا Sanssouci Palace Botanical Garden, Potsdam – Germany
7- حدائق كوكينهوف – هولندا Keukenhof Gardens Holland
8- جنة العريف Generalife in Alhambra, Granada في الاندلس اسبانيا
9- حديقة الستة قصائد الشعرية – طوكيو – اليابان Rikugien Garden
10- حدائق سنغافورة النباتية – سنغافورة Singapore Botanic Gardens
11- حدائق ديسكانسو – كاليفورنيا الولايات المتحدة الأمريكية Descanso Gardens, California

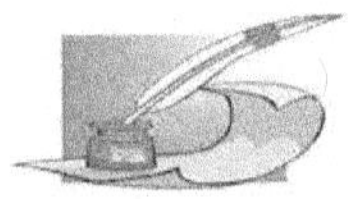

12- حدائق برمنغهام النباتية في ألاباما - امريكا Formal Rose Garden, Birmingham Botanical Gardens
13- حدائق بوتشارت – فيكتوريا – كندا | The Butchart Gardens Victoria
14- حديقة ميسورى - امريكا
15- حديقة كيتو - الاكوادور

نماذج لاهم الحدائق النباتية في العالم

حدائق كيو- لندن - انجلترا

دوروثي بينيت، وريثة السير ريتشارد بينيت الذي كان يملك كيو في بداية القرن السابع عشر، وكان قصر كيو وقتها يسمى "البيت الابيض" في عام 1731 آلت كيو لامير ويلز، فريديريك، ابن الملك جورج الثاني، وزوجته الاميرة اوغوستا التي اقامت اول حديقة نباتية في الضيعة عام 1759 على مساحة عشرة افدنة، وكانت بالاساس لنباتات الاعشاب الطبية.

ليست كيو اقدم حدائق اوروبا، ولا حتى بريطانيا، النباتية، لكنها الاشهر والاهم. فأول حديقة نباتية في بريطانيا كانت حديقة اوكسفورد عام 1673، اما اقدم حديقة نباتية اوروبية فكانت في ايطاليا "بيزا" عام 1543 . يعود اقدم سجل للنباتات التي اتت الى كيو من خارج بريطانيا الى 1793 . واصبحت رسميا حدائق نباتية وطنية عام 1840.

ولا تقف اهمية كيو عند حدائقها ومحمياتها، التي تضم انواعا مختلفة من النباتات من مختلف انحاء الارض، تستنبت وتتم رعايتها وتسر الناظرين، بل تقوم حدائق كيو بمهمة اكبر واوسع نطاقا تتعلق بالثروة النباتية للكرة الارضية عموما. وتعد قارة افريقيا اكثر قارة تعمل فيها حدائق كيو، بالتعاون مع المزارعين والباحثين المحليين للحفاظ على الثروة النباتية وحمايتها.

حدائق إكسبوري – هامبشاير ـ إنجلترا:

أنشئت هذه الحديقة الرائعة عام 1920 على مساحة 200 فدان، وهي تعود لأحد فروع عائلة روثشايلد، وتحتوي تشكيلة مدهشة من الأزهار التي تمتد تحتها شبكة هائلة من الأنابيب التي يصل طولها لـ35 كم.

حدائق قصر ستورهيد ـ إنجلترا:
تعود للقرن الثامن عشر، وتتميز بمناظرها الطبيعية الخلابة التي تذكرنا بألف ليلة وليلة: قصر رائعة على

بحيرة ساحرة تحيط بها الأشجار والأزهار من كل الاتجاهات! تم إنشاء الحديقة في العام1740 ، وبناها هنري هوار الثاني، ولم تكن تلك البحيرة التي تشاهدونها في الصور موجودة حينها، فأراد هنري الثاني توفير منظر جميل لزواره، فقام ببناء سد على نهر ستاور لتشكيل هذه البحيرة 0.

حدائق ميرابل – سالزبورج - النمسا:

هي أحد الأمثلة الواضحة على أن أجمل الأشياء أبسطها. هذه الحديقة الأنيقة تقع في مدينة سالزبورج رابع أكبر مدن النمسا.

حديقة قصر الشرق – تيفولي – إيطاليا:

لهذه الحديقة وهذا القصر قصة طريفة، فسبب إنشائه يرجع إلى أن زوجة الكاردينـال ايبوليتو ديستي الثاني كانت حزينة، فقرر الكاردينال أن يبني لها فيلا تحـوي حديقـة ليس لها مثيل، فكانت هذه الحديقة التي تم إنشاؤها بين عامي 1550 و 1569.. تحتوي هذه الحديقة المدهشة على مئات النوافير التي تعتبر من أجمل نوافير العالم.

حديقة قصر سانسوسي – بوتسدام – إلمانيا:

قصـر سانسوسـي هـو أحـد أشـهر المعـالم التاريخيـة في العـالم، لدرجـة أن منظمـة اليونسكو أعلنت عام 1990 على أنه ميراث حضاري عالمي. بناه فريدريك الأكبـر في مدينة بوتسدام عام 1744 وأحاطه بهذه الحديقة الأكثر من رائعة.

حدائق كوكينهوف – هولندا:

يعني اسمها حديقة المطبخ وتُعرف أيضاً باسم حديقة أوروبا، وهي من أجمل حدائق العالم وأشهرها على الإطلاق. تقع في قرية ليزا جنوب غرب هولندا (بلد الزهور)، ولا يتمكن الهولنديون من الاستمتاع بجمالها سوى 3 أشهر فقط في العام! لأنها محمية طبيعية تضم مجموعة من أندر الزهور والطيور.

جنة العريف بالاندلس - اسبانيا

تقع حدائق(جنة العريف) قرب قصر الحمراء المشهور في الاندلس وتعتبر هذه الحدائق من اروع حدائق قصر الحمراء آنذاك ..وكان الملك يقضي معظم فصل الصيف داخلها . وهي تتدرج على ارتفاعات مختلفة شبيهه بالجنائن المعلّقة. وفعلا اصبحت جنة العريف من اجمل الحدائق الاندلسية لِما حوته من زهور ونافورات واحواض ضمن تنسيق جميل اخّاذ لم تبلغه اية حديقة اخرى..

تم تصميم الحديقة على هيئة سلسلة من الباحات المزدهرة والمشجّرة وهكذا تتعاقب الحدائق واحدة بعد الاخرى تتخللها اقواس ومقاصير ومقاعد مكسوّة بالقاشاني . وفي وسط الساحة الاولى ساقية تحيط بها النوافير من طرفيها على هيئة اعمدة متعانقة . وفي باحة اخرى حوض ماء واسع . وقد اضافوا الى ما تم زرعه في الحدائق الارضية زهور اخرى في اصص وزّعت على طبقات المباني المرتفعة اذ تسلّقت الحديقة الى اعلى مبانيهم . واصبح من بعد الطابع المميز للفن الاسلامي على مر العصور .

حديقة الستة قصائد الشعرية – طوكيو – اليابان:

من أجمل الحدائق اليابانية وأكثرها تنظيماً، وهي من الحدائق القديمة نسبياً حيث بدأ البناء فيها عام 1695 وتم الانتهاء منها في العام 1702. وتحتوي الحديقة على بركة مياه جميلة في منتصفها مع مجموعة من التلال التي تعطي مشهداً مميزاً للبيئة المحيطة.

حدائق سنغافورة النباتية ـ سنغافورة:

أُنشئت عام 1859، وتقع على مساحة 128 فدان داخل حدائق الاورشيد الوطنية في سنغافورة، وهي من أجمل الحدائق النباتية في العالم.

حـدائق برمنغهـام النباتيـة فـى ألابامـا - امريكـا Formal Rose Garden, Birmingham Botanical Gardens

تحتوى أكثر من 12000 نوع نباتى .ومساحة الحدائق 67.5 فدان .

25 فدان منها تحتوي حدائق فريدة من نوعها، و 30 فدان أعمـال النحـت في الهواء الطلق الأصلي وأميال من مسارات هادئة. الحدائق تضم أكبر مكتبة للبستنة العامة في الولايات المتحدة، معاهد الموسيقية، حديقـة زهور بريـة، بـرامج التعليم والتـي تعمـل علـى مـدار السنة وأكثر مـن 10000 زائـر مـن أطفـال المـدارس للاستمتاع برحلات ميدانية حرة بين العلم والمنهج القائم سنويا.

حدائق بوتشارت – فيكتوريا ـ كندا:

تقع على مسافة 20 كم شمال فيكتوريا في كندا، وقصة بنائها تعود إلى أوائل القرن العشرين مع السيدة جيني بوتشارت التي استفادت من عمل زوجها في صناعة الأسمنت، فكانت تأخذ الأرض التي ينتهي زوجها منها، وتقوم بزراعتها حتى وصلت لمساحة 55 فدان! وما أن بدأ جمال الحديقة في الظهور حتى قامت بجلب العديد من الأنواع النادرة والغريبة من الزهور التي لا تنبت ولا تزرع في كندا، لتصبح الحديقة من أروع حدائق العالم. وبعد أن ماتت السيدة بوتشارت استمرت عائلتها في هذا التقليد حتى يومنا هذا!

MISSOURI BOTANICAL GARDEN   حديقـة ميسـورى النباتيـة – امريكـا

حديقه ميسورى النباتيه هى ثانى اكبر حديقه نباتيه فى امريكا الشماليه بعد حديقه نيويورك النباتيه , فهى تضم ما يقرب من 6,6 مليون عينه نباتيه , و حديقه نباتيه يابانيه , وبيت زجاجى , ومتاهه مصممه على الطراز الفيكتورى , ومجموعه متميزه من النباتات الاكله للحوم.

حديقة كيتو النباتية – الاكوادور   **Quito Botanical Garden**

تقع الحديقة في منتزه لا كارولينا تبلغ مساحتها حوالي 18600 متر مربع، وهي تشهد على التنوع الكبير للإكوادور، تحتوي الحديقة على مجموعة نادرة من النباتات والأشجار بالإضافة إلى النباتات الطبية وأشجار الفاكهة.

Quito Botanical Garden (الإسبانية : Jardín Botánico de Quito) هي حديقة نباتية ، المشتل و الدفيئة تبلغ مساحتها 18600 متر مربع ، فهي تضم أنواعًا من النباتات في البلاد (تعد الإكوادور من بين أغنى 17 دولة في العالم في الأنواع النباتية المحلية ، وتحدد دراسة محدثة عن النباتات الإكوادورية المصنفة ، وجود 17000 نوع ، والتي توجد في مدينة كيتو ، الإكوادور .

حدائق اندونسيا النباتية

حديقة إندونيسيا المصغرة

هي من أجمل الأماكن السياحية المميزة التي يمكن رؤيتها في اندونسيا حيث تقع في شرق جاكرتا وتبلغ مساحتها 250 فدان، وقد تم تأسيس الحديقه على مزارع وحقول وتم الاستفادة من المناطق الوعرة فيها في خلق مناظر طبيعية مثيرة للإعجاب، وفكرة المكان قائمه على حديقة مميزة بطريقة مبتكرة، حيث تعبر عن اندونسيا مصغرة بطبيعتها ومناظرها الطبيعية. والفكرة الأساسية للحديقة وضعتها السيدة الأولى في اندونسيا عام 1970 (سيتي هارتينا) وتم تنفيذها من مؤسسة هاربان.

والحديقة تضم مجموعة من العمارة الاندونسية وبحيرة مصغرة مع أرخبيل في منتصفها ومساحات شاسعة خضراء تضم مجموعة متنوعة من الأشجار والنباتات، كما تضم مجموعة من المتاحف المتنوعة والمتاحف التاريخية التي تعبر عن تاريخ اندونسيا، ومتاحف طبيعية تبرز التطور الطبيعي للحياة البرية. أيضا في الحديقة ستتمتع بركوب التلفريك ومشاهدة المناظر الساحرة للحديقة من مكان مرتفع.

هي من أكثر الوجهات السياحية شعبية في المدينة، وهي وجهة الكثير من السكان المحليين في المدينه وتجذب إليها أيضاً السياح من كل مكان في العالم لرؤية اندونسيا كلها برؤية خاصة في هذه الحديقه، لتختار بعدها الوجهة المفضلة لديك في اندونسيا، وتتمتع بأجواء رائعة على مدار العام.

لذلك فهي من أفضل الرحلات العائلية المتكاملة التي يمكن أن تنطلق إليها وتتمتع بمميزاتها الرائعة .

حديقة الزهور بونشاك - اندونيسيا

بنيت حديقة الزهور بونشاك اندونيسيا في عام 1995 م وهي تفترش حوالى كيلو متر تقريباً، ولقد تم تزين الحديقة بالعديد من البتلات والزهور التي تمتاز بألوانها المتنوعه والجميلة وروائحها العطرة الفواحة.

هناك أيضاً عدد من المجسمات لمجموعة من الحيوانات البرية والطيور التي تم تزينها بالكامل من الورود مما يهيئ لك أنك أمام زرافة مبنية بالكامل من الورود الملونة الجميلة.

و حديقة الزهور بونشاك اندونيسيا تقع في جبل بونشاك بالقرب من العديد من فنادق بونشاك المميزة

حديقة بالي النباتية، بالي

هذه الحديقة هي جنة طبيعية بمساحة 157 هكتارًا. تُعرف أيضًا باسم حديقة إيلا كاريا النباتية، وهي تضم أكبر مجموعة من بساتين الفاكهة الشهية في جزيرة بالي عداك عن الغابات الاستوائية المطيرة المذهل. هذه الحديقة هي موطن لعدد لا يحصى من بيجونيا والنباتات اللاحم، بما في ذلك ثلاثة أنواع مهددة بالانقراض .

حديقة بوجور النباتية، جاوة الغربية

حديقة بوجور النباتية التي تعرض أكثر من 15000 نوع من النباتات على مساحة 87 هكتارًا من الأرض. من المعالم البارزة في منطقة حفظ النباتات هذه كومباسيا اكسلسا، وهي أطول أنواع الأشجار في الحديقة، والتي يمكن أن يصل ارتفاعها إلى 80 مترًا. إلى جانب رؤية النباتات والزهور الجميلة، يمكنك أيضًا التنزه حول الحدائق ذات الطابع الخاص، والتي تشمل منتزه المكسيك الواقع شمال الحديقة الرئيسية. يعرض هذا المنتزه النباتات النضرة التي تنمو في المناطق الجافة مثل المكسيك. بصرف النظر عن التعرف على 100 نوع من النباتات في منتزه المكسيك، يمكنك أيضًا التقاط صور مع تماثيل ثلاثة من فناني المارياتشي يرتدون السومبريرو.

حديقـة نونـغ نـوش الاستوائية - تايلانـد Nong Nooch Tropical Botanical Garden

حديقة نونج نوش للنباتات الاستوائية، وتسمى أيضًا حديقة نونج نوش باتايا، هي حديقة نباتية تبلغ مساحتها 500 فدان ومنطقة جذب سياحي في مقاطعة تشونبوري، تايلاند.

تعتبر الحديقة الاستوائية نونج "Nong Nooch Tropical Garden"من أهم وأجمل الحدائق في بتايا كما تعتبر من أكبر حدائق شرق آسيا، تمتد الحديقة علي مساحة كبيرة وواسعة كما تطل علي خليج تايلاند، يوجد بها العديد من من الأشجار والزهور والنباتات المختلفة والنادرة مما جعلها من أفضل الأماكن السياحية في بتايا التي تتمتع بطبيعة ساحرة وخلابة كما أنها من الحدائق التي حازت علي الكثير من الأوسمة والجوائز المحلية والعالمية.

هذه الواحة الخضراء هي أكبر وأجمل حدائق النباتات في آسيا، بدأ تأسيسها في عـام 1954 من قبل السيد بيسيت والسيدة نونغ نوش واستغرق بناؤها 25 عاما من العمل الشاق حتى افتتحت في عام 1980.

تقع حديقة نونج نوش الاستوائية على مساحة 2.4 كيلومتر مربع، وهي حديقة نباتيـة ذات مناظر طبيعية خلابة، وتشبه المنطقة بأكملها منتزهاً ترفيهياً مع عروض ثقافيـة يومية ومطاعم وأماكن إقامة فاخرة، بالإضافة إلى منطقة واسعة تعرض حدائق ذات طابع فريد من نوعه، وإن التنزه على مهل في الحديقة النباتية يشبه القيام برحلة حول العالم، فهي تضم العديد من الحدائق الشهيرة، مثل الحديقة الفرنسية من القرن السابع عشر وحديقة ستونهنج وحديقة عصر النهضة الأوروبية، ويمكن الاستمتاع في هذه الحديقة بمشاهدة العديد من أنواع النباتـات المختلفة مثل نباتـات الصبار والنباتات النضرة ومشاتل الأوركيد وحدائق النخيل الاستوائية وبونساي وحديقة توبياري.

تنقسم الحديقة إلى عدة أقسام منها الحديقـة الفرنسية التي تتميز بتصـاميمها الرائعـة والشجيرات المشذبة على غرار حدائق فرساي، وحديقة ستونهنج والتي تمثل عصر النهضة الأوروبية، فضلا عن حدائق النخيل الاستوائية والحدائق الصحراوية، ولعلك سوف تجد في التجول بين هذه الأقسام بمثابة القيام برحلة حول العالم.

สวนนงนุช 东芭乐园
NONGNOOCH TROPICAL GARDEN

สวนนงนุช
NONGNOOCH GARDEN & RESORT

حديقة قصر فرساي، باريس، فرنسا

حديقة فيرساي المعروفة أيضًا باسم حديقة قصر فيرساي، هي حديقة تمتد على مساحة تقدر بنحو 815 هكتار على أراضي بلدة فرساي، في إقليم إيفلين في فرنسا . كانت تُعرف باسم "الحديقة الكبيرة"، وقد قُلصت مساحتها بشكل كبير خلال الثورة الفرنسية، وهي تُدار حالياً من قبل المؤسسة العامة لقصر فيرساي وممتلكاته.

في هذه الحديقة المُغلقة بالكامل، تتواجد العديد من المعالم والمباني مثل قصر فيرساي وقصر بيتي تريانون وقصر الكبير تريانون وقرية الملكة وحدائق قصر فيرساي بالنمط الفرنسي الذي صممه أندريه لو نوتر . تحتضن الحديقة أيضاً حدائق تريانون، بما في ذلك حديقة ماري أنطوانيت بنمط صيني إنجليزي والحديقة الملكية ومجمعين كبيرين للمياه: القناة الكبيرة وبحيرة السويس.

تُشغل باقي الحديقة بأراضي غابات أو زراعية، ويمر بها ممرات كبيرة مستقيمة . وهناك يتدفق نهر جالي الذي يستنزف القناة الكبيرة ويتدفق نحو الغرب . تحدد حدود الحديقة من الشرق بواسطة المناطق الحضرية في فيرساي ولو شيناي، ومن الشمال بحديقة شافرولوب للأشجار في بلدة روكونكور، ومن الغرب بسهول فيرساي. في الجنوب، يمكن العثور على مركز البحوث للمعهد الوطني للبحوث الزراعية، والذي يحتل أراضي مزرعة ميناجيري القديمة، ومنزل لا لانتيرن، والمعسكر العسكري للبحارة.

حدائق قصر فرساي

تم بناء حدائق قصر فرساي بفرنسا عام 1641 بتكليف من لويس الرابع عشر ، وقام بتصميمها اندريه لو نوتر ، وتم نقل اشجار حديقة فرساي من جميع مدن فرنسا . وتعتبر من اشهر الحدائق الموجودة فى العالم فهي الآن واحدة من المواقع العامة الاكثر زيارة في فرنسا، وتتلقى اكثر من ستة ملايين زائر سنويا . وتحتوي علي الكثير من المناظر الطبيعية الكلاسيكية، وهي الان لها كيان مستقل فهي تحت إشراف وزارة الثقافة الفرنسية.

تعد حدائق قصر فرساي واحدة من أكبر الحدائق التي تم إنشاؤها على الإطلاق. بدأ العمل في الحدائق بالتزامن مع العمل في القصر واستمر حوالي 40 عامًا.

تشتهر الحدائق بتصميمها الكبير والمعقد الذي يضم مجموعة متنوعة من النوافير والمنحوتات والعناصر الزخرفية الأخرى المرتبة في أنماط متناظرة.

عندما اكتملت حدائق فرساي ، تضمنت 372 تمثالًا و 55 نافورة وأكثر من 32 كيلومترًا (20 ميلًا) من القنوات.

يمكن لزوار حدائق فرساي استكشاف مجموعة من المناطق المختلفة ، بما في ذلك Parterres، وهي الحدائق الرسمية الأقرب إلى القصر ؛ أورانجري ، الذي يضم مجموعة من أشجار الحمضيات ؛ و Petit Trianon ، وهو قصر صغير يقع على أراضي الحدائق التي كانت تستخدم في السابق كملاذ خاص من قبل ماري أنطوانيت.

على مر السنين ، أصبحت حدائق فرساي مطاردة شهيرة للسكان المحليين ، من الناس باريس والسائحين الزائرين.

حدائق بابل المعلقة

بابل مدينة قديمة بأرض الرافدين،أي نهر دجلة والفرات. قد ورد ذكرها في القرآن الكريم "وما أنزل على الملكين ببابل هاروت وماروت". حدائق بابل المعلقة وتعرف كذلك بحدائق سميراميس المعلقة.

وهي إحدى عجائب الدنيا السبع, التي بناها نبوخذ نصر للملكة أمييهيا التي كانت تتشوق لحدائق وطنها ميديا, التي كانت محاطة بخندق مائي .يقال أنها بنيت في القرن السابع ق.م.

والحدائق ليست معلقه فعليا. بل مجموعة من المدرجات الصخرية الوحدة تلو الأخرى على امتداد أربعة أفدنه علي شكل شرفات معلقة علي أعمدة ارتفاعها 75 قدما وقد زرعت الأشجار والنباتات والزهور في طبقة كثيفة من التربة على كل مدرج من المدرجات الصخرية وكانت تبدو للرائي من بعيد وكأنها معلقة في الهواء وقد بنيت من عقود الحجر النفيس المقدم هدايا للملك وتتكون من طبقات تصلح لمختلف النباتات والأشجار... والماء فيه يرفع ويخزن في الطبقات العليا بصهاريج لسقاية الأشجار، أما البناء فيعد من أعظم الفنون المعمارية التي بلغتها بابل ونينوى وحيث تتصل الطبقات مع بعضها بدرج واسع وعندما يأتي الربيع وتزهر وتورق الأشجار والورود في هذه الارتفاعات في وسط أجواء الحرارة العالية تكون هذه الحدائق جنة في الأرض تنشر الرائحة العطرة والبرودة و اللطافة لتستحق أن تكون من عجائب الدنيا السبع.

الحديقة من جمالها وروعتها الخلابة كانت تدخل المرح والسرور إلى قلب الإنسان عند النظر إليها. زرعت فيها جميع أنواع الأشجار، الخضروات والفواكه والزهور وتظل مثمرة طول العام وذلك بسبب تواجد الأشجار الصيفية والشتوية ووزعت فيها التماثيل بأحجامها المختلفة في جميع أنواع الحديقة.

حديقة "الحامة" في العاصمة الجزائرية

تعود نشأة حديقة "الحامة" في العاصمة الجزائرية إلى عام 1832، أي بعد عامين من الاستعمار الفرنسي للجزائر. وكانت تقدر مساحتها آنذاك بنحو 100 هكتار، إلا أن التوسع العمراني قلص مساحتها إلى 32 هكتارًا فقط. ينمو في ربوع الحديقة ما يربو عن 2500 نوع من الأشجار والنباتات من مختلف أنواع المناخ والبيئة في العالم تأقلمت مع مناخ الحديقة المتميز

حدائق ماجوريل مراكش ـ المغرب

تعتبر حديقة ماجوريل ، اليوم ، إحدى أهم معالم مراكش السياحية وتعتبر برأي الكثيرين، من أكثر الحدائق سحراً ، ويوجد فيها مكاناً للتعبير الفريد والقوة الروحية الخلاقة، من جهة اخري أنها تتميز بثروة هائلة من نباتات تم تجميعها من القارات الخمسة ، وتوجد فيها أشجار النخيل والصبار والخيزران ونباتات نادرة أخرى تختصر العالم في حديقة .

وتضمّ هذه الحديقة برواز دبي الشهير الذي يعدّ أحد أبرز المعالم السياحيّة في دبي، حيث يمكن للزوار الاستمتاع بمناظر دبي القديمة والجديدة الرائعة.

تعد حديقة زعبيل دبي من أهم المشاريع التي طُوّرت من قِبَل بلدية دبي! تمتد الحديقة التي افتتحت عام 2005 على مساحة 52 هكتار، وتضم عدداً كبيراً من الأشجار

والمساحات الخضراء والمناطق المخصصة للعب الأطفال! علاوة على المرافق الفريدة من نوعها التي تتميز بها عن غيرها من الحدائق العامة في دبي.

تتألف حديقه زعبيل من 3 أقسام مرتبطة ببعضها البعض عن طريق جسرين معلقين وقطار داخلي. هذا وتتوسط مناطق تجارية متنوعة أهمها شارع الشيخ زايد ومنطقة الكرامة، كما أنها تجاور المركز التجاري العالمي في قلب مدينة دبي.

إلى المنتجعات. يزور السكان بانتظام جزيرة النخلة، الواقعة على ضفاف كورنيش الدوحة، باستخدام قارب شراعي ينقل الزوار إلى الجزيرة.

تعتبر هذه الجزيرة محل جذب الزائرين في خليج الدوحة حيث يمكن الوصول إليها بواسطة القوارب عن طريق البحر من كورنيش الدوحة في رحلة تستغرق 10 دقائق

، و هو المكان الأكثر شهرة و الأكثر جاذبية ، يقع في خليج الدوحة حيث الشواطئ الرائعة التي تستحق الزيارة. فالأطفال قادرون على التمتع باللعب في البركة الضحلة و ركوب الخيل و ركوب المراكب الشراعية ، بالإضافة لركوب الهجن و الرياضات المائية المتنوعة.

الحدائق والمتنزهات فى مسقط ـ سلطنة عمان
حديقة القرم

افتتحت حديقة القرم الطبيعية في عام 1993 و تبلغ مساحتها 1.715.449م2 متر مربع ، وهي أكبر حديقة في مسقط. الحديقة تحتوي على بحيرة كبيرة وشلالات ، وتقع في موقع متميز جداً بالطريق المؤدي إلى مرتفعات القرم وهي منطقة تتميز بالهضاب العالية ومنخفضاتها التي تتدنى إلى مستوى يرتفع قليلاً عن مستوى البحر الممتد على طول المنطقة .

وقد قامت الفكرة في تصميمها على أساس استغلال طبيعة الموقع والملامح الطبوغرافية لخلق مناظر ممتعة ومريحة للمتجول.

ونجحت هذه الحديقة في تحقيق معادلة الموقع المتميز والتصميم الجمالي والفني المناسبين.

موقعها المميز في قلب مسقط، أكسب الحديقة شهرة سياحية عالمية، إذ لم تعد مجرد حديقة تنزّه للعمانيين فحسب بل غدت مقصداً سياحياً مميزاً للزوار الأجانب والعرب ليتمتعوا بجمال الطبيعة والهندسة الزراعية فيها.

حديقة الصحوة - سلطنة عمان

تعتبر حديقة الصحوة من أرقى الحدائق في مدينة مسقط من حيث التصميم وتقع على مفترق الطرق عند برج الصحوةعلى مساحة تبلغ (300 ألف متر مربع) وهي عبارة عن مجموعة من الحدائق تم تصميمها لإعطاء كل منها استقلالية من حيث الشكل الهندسي ونوعية النباتات المستخدمة في كل منها مع التركيز على ربط هذه الحدائق في منظومة هندسية تستوحي شكلها من عناصر الهندسة الإسلامية يحيط بها سور من السياج الأخضر لإبراز قيمتها الجمالية ومشاهدة محتوياتها من الطرق القريبة منها ويوجد بوسط الحديقة فناء دائري أطلق عليه ميدان الصحوة أعد خصيصاً ليكون أهم نقاط الجذب في الحديقة إضافة إلى أنها مزودة بجميع الخدمات الأساسية الضرورية للحديقة من ممرات واستراحات وعناصر جمالية مختلفة وألعاب متنوعة للكبار والصغار. وتعتبر حديقة الصحوة من المشاريع السياحية في منطقة مسقط فجمالية تصميمها واختلاف مكوناتها تجعلك تعيش لحظات ممتعة مع المناظر الخلابة التي تسعد النفس لرؤيتها.

حديقة الريام

تقع حديقة ريام في منطقة مطرح في الجزء الشرقي من مدينة مسقط وتمتلك إطلالة فريدة على البحر وتوفر بالتالي بعض من أجمل المناظر الطبيعية، وتحتوي الحديقة على مناطق خضراء واسعة وملعب مخصص للأطفال، مما يجعلها خيار مناسب للعائلات الراغبة بقضاء وقت ممتع بعيداً عن صخب المدينة، ومن الجدير بالذكر أن هذه الحديقة هي المكان الذي تم فيه توقيع معاهدة سلام مع البرتغاليين عام 1648.

بواسطة تصاميم رائعة تمتلك مزيج بين جمال الطبيعة والفنون الهندسية الجميلة بعدة مستويات وطبقات مما يمنحها جمال فريد من نوعه، لتصبح من أهم نقاط الجذب السياحي التي تستقبل ملايين الزوار من السياح الأجانب.

نسلط الضوء اليوم في تقريرنا التالي عن حديقة الريام مسقط على أهم المزايا الخاصة، الفنادق القريبة، صور الحديقة، الموقع على الخريطة، أوقات الزيارة والكثير بعد ذلك لذا هيا بنا نبدأ.

حدائق الملك عبدالله النباتية العالمية – المملكة العربية السعودية

حدائق الملك عبد الله العالمية، نسبة إلى الملك عبد الله بن عبد العزيز آل سعود ملك المملكة العربية السعودية سابقاً هي حدائق تحت الإنشاء في مدينة الرياض

ستشهد صحراء المملكة العربية السعودية القاحلة افتتاح مشروع فريد من نوعه من المقرر أن يكون أكبر الحدائق التي يمكن التحكم بدرجة حرارتها في العالم.

وينسجم مشروع حدائق الملك عبدالله العالمية، الذي تبلغ مساحته الإجمالية مليوني متر مربع، مع برنامج تحسين جودة الحياة، وهو أحد برامج رؤية المملكة 2030، وفقاً لما ذكرته وكالة الأنباء السعودية "واس" على موقعها الإلكتروني.

قال المدير الإداري لـ"Situ Plan Ltd"، نيكولاس سويت، الذي قاد الفريق الفائز في مسابقة التصميم الدولية للمشروع في عام 2007: "نحن المصممون نتولى الكثير من المشاريع في مهنتنا، ولكن لا يوجد أمر قمت به يقترب من الإثارة التي أشعر بها عندما أرى صورًا لهذا المخطط وهو ينبثق من الأرض أخيرًا."

هلالان في الصحراء

وعند النظر للصور التخيلية للمشروع، سيرى المرء هيكلاً عصرياً مبهرًا يتخذ شكل هلالين في طبيعة المملكة الصحراوية.

وقال سويت: "أظهرت التصميمات المبكرة شكل هلال واحد، وكان هذا ما لفت انتباه لجنة التحكيم. وفي وقت لاحق من العملية، طُلب منا التفكير في تنفيذ المبنى تدريجيًا، وظهرت فكرة الهلال المزدوج."

ويُعد السقف الجزء المثير للاهتمام بالمبنى الرئيسي، ويتكوّن من مادة أغشية خفيفة الوزن للغاية، ولكن قوية جدًا.

وصُنعت "الوسائد" بحسب وصف سويت بنمط يسمح بالتحكم في درجة الحرارة، ونوع الضوء الذي يخترق الحدائق.

ويعكس ذلك حاجة كل حديقة في توفيق بيئتها مع احتياجات مجموعات النباتات التي تحتوي عليها من حيث درجة الحرارة، والرطوبة، ومستوى الضوء، ونوع التربة، والمياه، وكذلك درجة الري، وجودة المياه.

ويشتمل مبنى الهلال على سلسلة من الحدائق، والمكاتب الإدارية، والبحثية، والمطاعم، وأكشاك التسوق المتخصصة، والمساجد، وملعب للمغامرات، وغيرها من المرافق.

ويتوقع المشروع استقبال ما يصل إلى 25 ألف زائر يوميًا خلال أوقات الذروة في عطلات نهاية الأسبوع، والعطلات الرسمية.

وأشار الموقع الرسمي للمنصة الوطنية الموحدة للسعودية إلى أنه سيكون ضمن أكبر ثلاث حدائق نباتية مغطاة في العالم، وأنه يمثل نقلة كبيرة جدًّا في مفهوم السياحة والترفيه في المملكة.

وستحتضن هذه الحدائق مجموعة مذهلة من النباتات التي تصل إلى 1،750 نوعًا مختلفًا، وأكثر من 500 ألف نبتة إجمالاً.

وسيضم المشروع حدائق نباتية متنوعة، ومنها "حديقة الغابة (Forest Garden)" التي تُعتبر "تفسيرًا غنيًا ومتنوعًا للغابة المطيرة"، بحسب ما ذكره سويت.

وتهدف هذه الحديقة التي تبلغ مساحتها 10 آلاف متر مربع إلى نقل رسالة تعليمية للزائر الذي سيكتشف أن هذه المجموعة المذهلة في هذه المساحة الشاسعة تعادل الغابات المطيرة التي تدمرها البشرية كل ثانية في كل يوم.

وستحتضن المنطقة وسط الهلالين مساحة في الهواء الطلق تشتمل على 3 مجموعات مهمة، وهي النباتات المحلية في المنطقة الوسطى للسعودية، ومجموعة أوسع نطاقًا من البلاد، ومجموعة كاملة من شبه الجزيرة العربية.

وسيكتمل بناء وتركيب المشروع في ربيع عام 2024، ويتوقع سويت افتتاحه في خريف عام 2024.

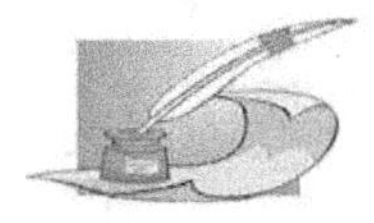

الباب السادس

الحدائق النباتية تصميم وصيانة

Botanical garden design and maintenance

الفصل الاول: انواع الحدائق النباتية

- ❖ أنواع الحدائق العامة
  - ▪ حديقة الحى السكنى / حديقة المدينة / حديقة المنتزه العام
- ❖ أنواع الحدائق الخاصة
  - ▪ حديقة الاطفال / حديقة الشوارع والميادين / حديقة الشاطئ / حديقة الحيوان
  - ▪ الحديقة المنزليه
- ❖ الحدائق النباتية

الفصل الثانى: طرز تصميم الحدائق

- ❖ الطراز الهندسى / الهندسى المتناظر الحر/ الايطالى اليونانى / العربى الاندلسى / الفرنسى / الانجليزى / اليابانى

الفصل الثالث: التعرف على اهم طرز الحدائق العالمية

- ❖ أهم الطرز في حدائق عربية وأوروبية شهيرة

الفصل الرابع: عناصر تصميم الحدائق (المجموعات النباتية)

- ❖ عناصر نباتية (الدور التنسيقى والجمالى للمجموعات النباتية):

- ▪ النخيل واشباه النخيل / الاشجار / الشجيرات/ المتسلقات والمدادات والارضية / نباتات اصص مزهرة / نباتات الظل و الصوب / نباتات التربية كنصف / الحوليات الشتوية والصيفية وذات الحولين / العشبيات / الابصال / الصبارات / النباتات المائية والنصف مائية

الفصل الخامس: عناصر تصميم الحدائق (المجموعات الغير نباتية)

❖ عناصر بنائية:

- المشايات ـ المقاعد ـ البرجولات ـ الاقواس ـ الاحواض البنائية

❖ عناصر الاضاءة

❖ عناصر مائية

- البحيرات الصناعية ـ الشلالات ـ النافورات ـ الفسقيات ـ قطع الصخور والاحجار

❖ عناصر خدمات عامة

- دورات المياة ـ بوفيه وكافتيريات ـ الاسوار والبوابات والمداخل ـ العاب الاطفال

الفصل السادس: طرق صيانة الحدائق (صيانة العناصر الزراعية)

❖ الصيانة الزراعية:

- القص والتشكيل والتقليم
- العزيق والنظافة
- التسميد
- الرى

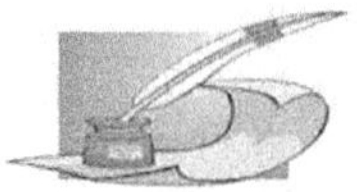

- المقاومة والمكافحة

❖ صيانة عناصر الحديقة النباتية:

- الترقيع
- تسنيد ودعم الاشجار
- غسيل التربة
- غسيل الاشجار والشجيرات

الفصل السابع : طرق صيانة الحدائق - (صيانة العناصر البنائية)

❖ صيانة عناصر الحديقة :

- صيانة وتشغيل اللوحات الكهربائية لنظام الري.
- صيانة وتشغيل شبكات المياه.
- صيانة ألعاب الأطفال في الحدائق.
- صيانة أحواض الزهور.
- صيانة بردورات أحواض الأشجار.
- صيانة النوافير.
- صيانة عناصر الحدائق الاخرى.
- شروط السلامة العامة في ملاعب الأطفال بالحدائق.
- المتابعة والإشراف.

الفصل الاول: أنواع الحدائق النباتية
(العامة والخاصة والنباتية)

اولا: الحدائق العامة

الحدائق العامة (**Parks**) : هى حدائق موجودة منذ القدم، يرجع تاريخها إلى أيام الإغريق حيث كانت توجد الأماكن الشاسعة المكشوفة في أثينا التي يتنزه فيها العامة. كما كان الفلاسفة يلجأون إلى هذه الحدائق لإقامة الحلقات الجدلية فيها. .وتبع ذلك الاهتمام بالحديقة من كل فرد إغريقي لما تبعثه منظر الخضرة من راحة للنفس والعقل.

ويقول "أولمستيد Olmstead عن أهمية الحدائق العامة:

"الإنسان لا غنى له عن الطبيعية، فإذا كان الذهاب إلى الريف ليس في متناول يده فلابد من إيجاد بديل يشبه الريف من حيث اكتظاظه بالنباتات المنزرعة."

فوائد الحديقة العامة:

الحديقة العامة لها وظيفتان أساسيتان، تتحقق إحداهما في غياب الأخرى:

أ- الوظيفة أو الفائدة الأولى: تحقيق الراحة الجسمانية والمنظر الجمالي، هذا بالإضافة إلى تحقيق التسلية للشخص الكبير والصغير من وجود ملاعب للأطفال ووسائل التسلية في الهواء الطلق والمشي، وكذلك أماكن الجلوس والاسترخاء. .وهذا مجتمعاً لا تقل أهميته عن فوائد ممارسة أى رياضة أخرى في النوادي والملاعب المخصصة لذلك.

ب- الوظيفة أو الفائدة الثانية: ويمكن وصفها بالفائدة الأعظم، هو الابتعاد عن ضجيج المدنية حيث يتوفر في الحديقة العامة الهدوء والسلام النفسي، فالأشجار تمتص الضوضاء وتضيف الجمال لأنها تعمل كغلاف يحيط بالمباني، وتروح عن النفس برؤية المسطحات الخضراء والأزهار .

طابع الحدائق العامة:

أ- حدائق غير سائدة على المباني: هى تلك الحدائق التي تنتشر في الأحياء الكبيرة التي تكتظ بالمباني والضوضاء وتكون بغرض تقديم الاستجمام والراحة، وللهروب من هذا الضجيج السائد في كل أرجاء المدينة. يدخل في تصنيفها حدائق الميادين والأماكن المخصصة للجلوس أو التي تحتوى على المناظر الطبيعية وتبعث على الجمال حتى وإن كانت تتضمن على شجرة واحدة.

ب- حدائق سائدة على المباني: هنا الحديقة تتميز بكبر المساحة المنزرعة أو بمعنى آخر أن المساحات الموجودة هى مساحات خضراء منزرعة فقط تسود على وجود الأبنية وتتحقق فيها الاستقلالية والعزلة المنشودة بغرض الاستجمام والابتعاد عن ازدحام المدن.

أنواع الحدائق والمنتزهات العامة

1- حديقة الحي السكني:

تصمم حديقة الحي السكني لكي تلبي الإحتياجات الترفيهية لجميع الأعمار بشكل عام وللأطفال بشكل خاص، ويكون موقعها في وسط الحي السكني بحيث يسهل الوصول إليها مشياً على الأقدام من جميع أجزاء الحي السكني، عبر طرق مشاة آمنه لا تعترضها حركة مرور السيارات، كما يفضل أن يكون موقعها بجوار مدرسة إبتدائية ليتمكن تلاميذ المدرسة من استخدامها.

حديقة الشلالات بالاسكندرية

2- حديقة المدينة:

تكون على مستوى المدينة ويرتادها سكان المدينة، ويخصص لها مساحة كبيرة إلا أنها أقل من مساحات الحدائق والمنتزهات العامة ويجد الزائر فيها حرية تامة في التجول والتمتع بمناظرها الطبيعية وقد يدخل في تصميمها الطراز الهندسي بوجود النباتات المقصوصة والمنتظمة الشكل، كما يوجد بها مساحات من المسطحات الخضراء والمنشآت البنائية مثل النوافير والمقاعد وأماكن الاستراحات. ويقضي الناس اليوم في مجموعات في هذا النوع من الحدائق، لذا يجب أن يتوفر فيها معظم عوامل الراحة مثل أماكن الجلوس والمشروبات ووسائل التسلية المختلفة.وتكون هذه الحدائق محاطة بالمباني وبالشوارع الهندسية الشكل مما يؤثر على تصميم العناصر الطبيعية فيها.

3- حديقة منتزه وطني:

يمتاز هذا النوع من الحدائق بمساحاتها الكبيرة ويتم إنشائها خارج المدينة في المناطق القريبة منها، ويعمل على تصميمها بالنظام الطبيعي ويمكن للزائر التجوال في أجزائها المختلفة والتمتع بمناظرها الطبيعية بالإضافة إلى اتساع مساحة المسطحات الخضراء، وتنوع الأشجار والشجيرات والزهور وعادة ما يعمل على فرض رسوم دخول إليها. ويتوفر فيها معظم الخدمات وعوامل الراحة مثل أماكن للجلوس والإستراحات، وأماكن لألعاب الأطفال وأماكن بيع المأكولات والمشروبات والمسجد ودورات المياه، بالإضافة إلى بعض الوسائل الترفيهية المناسبة للكبار والصغار. ويقضي الناس بعائلاتهم معظم النهار خاصة أيام الإجازات ونهاية الأسبوع في هذه المنتزهات. ويراعى في تخطيط هذه الحديقة أن يكون مكانها خارج نطاق توسع المدينة في المستقبل.

ثانيا: انواع الحدائق العامة (ذات استعمالات الخاصة)
1- حدائق الأطفال:

تصمم حدائق عامة خاصة بالأطفال أو يخصص قسم خاص من الحديقة العامة للعب الأطفال. ويجد الأطفال في هذه الحدائق الحرية في اللعب دون التعرض لأخطار السيارات في الشوارع وينبغي أن تكون مساحتها كافية بحيث تستوعب عدد الأطفال الذين يترددون إليها من سكان الحي.

2- حدائق الشوارع والميادين العامة:

ويقصد بها الشوارع والطرق المعدة للنزهة، وتكون الحدائق فيها متمشية مع تنسيق الشارع أو الطريق، وقد تكون هذه الحدائق جانبية ومجاورة للشاطئ في المنطقة الساحلية مثل طريق الكورنيش بحيث تكون مأمونة، وتزود بأعمدة للإضاءة وأماكن للجلوس ومقاعد بالإضافة إلى المسطحات الخضراء وعدد من الأشجار وأشجار النخيل والشجيرات المزهرة. وقد تكون هذه الحدائق محورية تنشأ على هيئة جزر وسطية وعلى الجانبين تمتد بإمتداد الطريق ولا يقل عرض كل منها عن 2.5 م تزرع بالمسطحات الخضراء وبعض الأشجار.

3- حدي

تنشأ ه... ...رع فيها
مجمو... ... سرعة
الرياح و... ...ة العشبية
التي تتحمل ظروف الشاطئ والمنطقة الساحلية.

مباني للحيوانات وعيادة بيطرية وأقفاص الطيور وبعض البرك المائية، كما يتوفر في الحديقة المسطحات الخضراء، وأنواع متعددة من الأشجار والشجيرات والزهور، مع توفر الخدمات وأماكن الاستراحات ووسائل التسلية.

الحدائق الصخرية Rock gardens:

الحديقة الصخرية هي حديقة تعكس الطبيعة ذات السطح الخشن غير المستوى، بتواجد عنصر الصخور بنفس الشكل الذي توجد عليه في الطبيعة بشكلها غير المنتظم من حيث الحجم والتوزيع ونمو النباتات في شكل مجموعات.

ويسود عنصر الصخور على باقي عناصر التصميم في هذا النوع من الحدائق، فالحديقة الصخرية هي مساحة من الأرض سواء أكانت مستوية أو غير مستوية (بإضافة تربة لها) لزراعة بعض النباتات التي لا تحتاج إلى متابعة مستمرة مع وجود الصخور الذي يكون الأساس في تصميمها.

أغراض إنشاء الحديقة الصخرية:

1- بالإضافة إلى الغرض الجمالي من تصميم الحديقة الصخرية، فهي أيضاً بغرض الحصول على تنوع في أشكال الحدائق المتعارف عليها وبالتالي إضافة عنصر التشويق لها بالتأمل فيها لاكتشاف العناصر الجديدة بالنسبة لعناصر الحديقة التقليدية.

2- كما يتم اللجوء إلى هذه الحدائق عند عدم توافر المعرفة الجيدة بأصول الزراعة وكيفية الاعتناء بالحدائق.

3- ومن الأسباب الأخرى وراء تواجدها بين أنواع الحدائق المتعددة يرجع إلى افتقار البيئة الطبيعية لمقومات الزراعة من: درجات الحرارة العالية، قلة موارد مياه الري، عدم استواء سطح الأرض.

والجدير بالذكر أن نباتات الحديقة الصخرية ذات طبيعة تجعلها تتحمل ظروف البيئة القاسية، وبالرغم من ذلك فهذه النباتات لها أشكال وألوان جذابة ومختلفة في نفس الوقت.

مواصفات الحديقة الصخرية:

1- يتم استخدام نوع واحد أو نوعين من الصخور في الحديقة الواحدة حتى تتوافر لها المصداقية في محاكاتها للطبيعة، حيث تتوافر صخور المنطقة الواحدة في صورة نوعين أو نوعين على الأكثر (مثل صخور الجرانيت مع صخور الرخام.

2- تنسيق الصخور بشكل مرتب وليس عشوائي، فالطبيعة تتوافر فيها الصخور الكبيرة الحجم في القمة ثم

الأصغر منها في الجزء السفلى. أما الجزء العريض الحديث يكون مدفون بشكل جزئي في باطن الأرض والجزء القديم هو الظاهر نتيجة لتعرضه لعوامل التعرية بالإضافة إلى دفن الأجزاء المكسورة أيضاً.

3- أن يكون مكان الحديقة متعرضاً للشمس طوال النهار.

4- السطح الذي يقع عليه الاختيار للحديقة الصخرية سطح غير مستوى، ويفضل الذي يوجد به انحدار متدرج.

5- تربة الحديقة رملية مع توافر الصرف الجيد.

6- يدفن ثلث الصخور في باطن التربة ولا توضع على سطح التربة مباشرة.

7- وضع الصخور، العريض منها وضعه أفقي وليس وأسى أو مائل وملامساً للتربة.

8- يمكن استخدام عنصر المياه، مثل النافورة أو شلال صغير تتدفق منه المياه بين الصخور.

9- توضع طبقة من الزلط أو كسر الحجر بسمك 10- 15 سم قبل وضع طبقة التربة الزراعية وذلك من أجل الصرف.

10- تحديد مساحة الحديقة بسياج صناعي أو طبيعي (بسور بنائي أو نباتي).

11- أنواع النباتات المستخدمة في الحديقة الصخرية، من بعض أنواعها التالى:

- أ-   الأعشاب: اللافندر، الزعتر، السلفيا، النعناع
- ب- نباتات مزهرة: البنفسج، النرجس، التيوليب.
- ج-   الأشجار والشجيرات: الصنوبر، الجارونيا... الخ.

12- ترتيب الزهور:

- أ-   على حسب موسم التزهير، حيث تُزرع النباتات التي تزهر في الربيع بجوار التي تزهر في الصيف ثم تلك التي تزهر في الخريف لتكون الحديقة مزهرة طوال العام.

- ب- على حسب لون الأزهار، يُستخدم نظام التضاد في ترتيب الألوان أو توضع الأزهار التي ليس لها صلة في اللون بجوار بعضها البعض فالأبيض بجوار الأزرق أو الوردي، والأخضر بجوار الأحمر أو البرتقالي.

أنواع الحدائق الصخرية: توجد أربعة أنواع للحدائق الصخرية:

1- الجبلاية أو الحديقة الصخرية التي تنشأ على منحدرات:

الحديقة المنحدرة هي التي تأخذ شكل انحداري، وهذا المنحدر في الأرض إما أن يكون متوافراً بشكل طبيعي أو يتم عمل منحدر صناعي بوضع التربة المناسبة لعمل هذا التدرج، مع إزالة طبقة من التربة في كل المساحة بعمق لا يق ع 30 سم.

من الممكن عمل ممرات أو درجات لتصل بين لمناسيب المختلفة لهذه الحديقة.

تُزرع نباتات في القمة دائمة الخضرة من الأشجار ثم نباتات عشبية مزهرة في صورة مجموعات.

من الممكن رص طبقات الحجارة كلها أولا وعند الانتهاء تُزرع النباتات كمرحلة نهائية. لا تُستخدم مواد أسمنتية لرص الحجارة لكن التصاقها يعتمد على ثقلها. ينبغي أن يقع الاختيار على النباتات العشبية محددة النمو.

- ارتفاع الحوض لا يقل عن 60 سم في موقع قريب من أماكن الجلوس.
- خامة المواد التي تُستخدم في بناء حوائط المنزل هي نفسها التي تُستخدم في بناء الحوض.
- ألا يزيد عرض الحوض عن 1 متر أو أقل من ذلك العرض.
- عمل ثقوب في قاع الحوض لتصريف الماء الزائد عن حاجة النبات.
- وضع زلط بعمق 10 – 15 سم من أجل الصرف الجيد.
- اختيار عدد 3-4 من الحجارة مختلفة الحجم ومن نوع واحد، ويُدفن ثلث الحجر في التربة على الأقل.
- تُزرع النباتات الطويلة في الحجم ثم الأقصر فالأقصر، أما المتهدلة فتكون عند أطراف الحوض.
- توضع بعض الصخور صغيرة الحجم أو الزلط على سطح التربة أو في أي ركن من أركان الحوض لتغطية المساحات فيه .

4- حديقة الأحواض:

ميزة هذه الحديقة المصغرة أنها قابلة للنقل من مكان لآخر حسب الرغبة وذلك لحجمها المناسب الذي يمكن حمله بواسطة الشخص، ولها طريقتين في الزراعة:

الطريقة الأولى:

استخدام حجر كبير الحجم من النوع الجيري الذي يوضع فوق سطح التربة، ثم يتم عمل تجويف في هذا الحجر على شكل طبيعي وبعمق لا يقل عن 25 –30 سم. يتم ملء التجويف بالتربة الزراعية ومن ثم زراعة نوع أو نوعين على الأكثر في هذا التجويف.

الطريقة الثانية:

استخدام طبق أو حوض كبير ويكون في قاعه ثقوباً لصرف الماء الزائد عن حاجة النبات. يتم تغطية جوانب الحوض بعجين من الأسمنت والرمل والبيتموس بنسب 1:1:2 ثم يُملأ الحوض بالتربة المعدة.

يتم اختيار عدد 3-4 حجارة كبيرة الحجم غير منتظمة تُزرع في الحوض ويدفن ثلثها، ويمكن إضافة الزلط لتغطية السطح. يكون هذا الحوض من الملائم له زراعة بعض الشجيرات المخروطية والنباتات العشبية فيه. يوضع الحوض هنا أيضاً فوق سطح التربة.

ثالثا:انواع الحدائق الخاصة
1- الحديقة المنزلية

يعتبر فن تنسيق الحدائق من الفنون الجميلة التي تتطلب المعرفة التامة بأنواع النباتات وأشكالها وطبيعة نموها وطرق زراعتها وألوان أزهارها لوضعها في المكان

المناسب بالحديقة بجانب الذوق الرفيع والخيال الواسع لربط هذه العناصر لتعطي الشكل النهائي المرغوب فيه للحديقة.

ومن أهداف الحديقة المنزلية: -

- إبراز جمال مبنى وواجهة المنزل

- توفير الظلال والحماية من حرارة الشمس وتلطيف الجو

- تنقية البيئة من الأتربة وتقليل التلوث الصناعي

- كسر حدة الرياح والعواصف الترابية وتثبيت التربة

- توفير أماكن هادئة للعب الأطفال في مأمن من الحوادث المختلفة

- توفير أماكن مناسبة للاستجمام وهدوء النفس وراحة الأعصاب.

إن تصميم الحديقة المنزلية من الأمور الهامة التي يجب إنجازها قبل المباشرة في إنشاء الحديقة. والسبب الرئيسي في فشل كثير من الهواة في الإنشاء هو انهم بدءوا بتنفيذ الحديقة بدون تصميم. فالارتجال يكلف كثيرا كما انه لا يؤدي إلى المطلوب فتحدث أخطاء يصعب إصلاحها بعد ذلك، وقد يؤدي إلى إتلاف الحديقة عند الصيانة أو إضافة أي شي جديد لها.

الاخطاء الشائعة في الحدائق المنزلية

تتكرر الاخطاء في سعظم الحدائق وتحول المشروع من حديقة لاعطاء لمسة جمالية وايجاد موقع للراحة الى ما يشبه الغابة المكتظة , وهذا يتنافى مع مبدا الحديقة وفيما يلي نجمل ابرز الاخطاء التي يقع فيها صاحب الحديقة المنزلية:

1. اغفال عملية ازالة الانقاض والاستعاضة عن ذلك باكساء الارض بطبقة من مخاليط التربة

2. الزراعة بدون تخطيط مسبق واعتماد طريقة الزراعة العشوائبة

3. يعمد صاحب الحديقة الى زراعة اشجار الفاكهة والاوراد ومتسلقات وخضروات متداخلة ببعضها وهذا يسبب ارباكا في موضوع الري والعزق والتسميد

4. زراعة النجيل وبنوعيات مختلفة وغير منسجمة مع بعضها

5. الاغداق في الري هذا ما يؤدي الى ضهور الاملاح واختناق الجذور

6. عدم اهتمام صاحب الحديقة في مسالة التقليم والتشذيب

7. استخدام بذور الازهار التي يتم جمعها من نباتات الحديقة

8. عدم اهتمام صاحب الحديقة بالتسميد العضوي والكيمياوي

9. عدم تأمين برنامج وقاية من الافات والامراض

10. عدم اتباع الدورة الزراعية عند زراعة الخضروات في الحديقة.

إعداد الأرض للزراعة

- بعد اختيار المساحة المناسبة من البيت يتم حرث الأرض مرتين لعمق 30 سم. ويفضل وضع الأسمدة العضوية والكيماوية قريبة من منطقة انتشار الجذور على أن يخلط السماد بالتربة، ثم يغطى بطبقة من التربة.

- تروى الأرض رية غزيرة بعد الحراثة، وبعد يوم أو يومين يمكن زراعة شتلات الزهور والأشجار، ويفضل اختيار مساحة من الحديقة لزراعة الخضراوات كالباذنجان والفجل وغيرها.

- وضع النباتات التي تحتاج إلى رعاية متواصلة قريبا من المنزل، فمهما كان الوضع. تصميم حديقة جديدة أو إجراء تعديلات على الحديقة الحالية أو نقل النباتات من مكان إلى آخر، فلابد من الالتزام بهذه النصيحة، وذلك لاحتمالات عدم رعاية النباتات البعيدة عن الأنظار. وبهذه الطريقة لا يصبح نقل المعدات الزراعية وربط خرطوم المياه بالصنبور عملية سهلة فحسب، ولكن سيجد أفراد العائلة الحديقة قريبة منهم للاستمتاع بالأوقات التي يقضونها فيها.

- الحدائق الأصغر مساحة هي الأفضل دائما، إذ أنه وعلى الرغم من أن الحدائق التي تحتل مساحات كبيرة توفر المزيد من فرص الاستمتاع بها، إلا أنه يتعين التفكير في كيفية رعاية الحديقة أيضا، فإن كان أفراد العائلة هم الذين يقومون بأعمال النظافة والري والتشذيب، فالحديقة صغيرة المساحة ستكون الخيار المفضل، أما إذا كانت العائلة تفكر في الاستعانة ببستاني متخصص، فالحديقة الكبيرة ستكون الخيار المفضل. ولكن المتعة الحقيقية هي في رعاية أفراد العائلة للحديقة المنزلية، لأنها جزء منهم وتعكس ذوقهم.

- وعند التفكير في تصميم حديقة منزلية ذات مساحة صغيرة ينبغي عدم إغفال حاويات الزهور، أي الأواني الإسمنتية والبلاستيكية التي توضع الزهور بداخلها. كما يمكن أيضا الاستعانة بالسلال المعلقة التي يسهل رفعها أو خفضها. ولا يوجد سبب يدعو لزراعة النباتات الموسمية أو لعدم زراعة الشجيرات وأشجار الفاكهة مثل العنب والخضراوات والنباتات المعمرة. كما يمكن الاستعانة بأحواض الزهور المتحركة حتى يمكن نقلها من مكان إلى آخر بسهولة ويسر.

- رفع مستوى أحواض الزهور لتسهيل رعايتها ولعدم التعرض لآلام الظهر المبرحة. إن وضع هذه الأحواض على ارتفاع عشر بوصات من سطح الأرض يسهل رعايتها أثناء الجلوس على مقعد مثلا. كما يمكن بناء مقعد أسمنتي كجزء من حوض الزهور. وإذا تعذر ذلك يمكن وضع الحوض على ارتفاع قدمين من سطح الأرض ووضع بعض الحجارة المسطحة أو أخشاب الزينة، أو أي شيء يمكن الجلوس عليه حول الحوض.

- أما بالنسبة لعمليات الري فيمكن الاستعانة بأنظمة الري المعروفة بأجهزة «التقطير» التي تقوم بنثر المياه بطريقة دائرية منتظمة، والتي يمكن سحبها من مكان إلى آخر دون أن تؤثر على حياة النباتات والزهور.

- الاهتمام بالبستنة، أي ترتيب النباتات والممرات، خاصة وأن السير في ممرات الحدائق يعتبر من الأمور الممتعة. والدروب الضيقة التي يتم تصميمها بطريقة ممتازة تجعل من عملية الدخول إلى الحديقة أو الخروج منها عملية ممتعة للغاية. وهنا ينبغي التفكير جيدا في استخدامات هذه

الدروب، وتحديد أي منها الذي يستخدم كدرب أو ممر للتجول داخل الحديقة، وتلك التي تقود الزوار والضيوف إلى مدخل المنزل مباشرة.

- سور الحديقة، والذي يعتبر من العناصر المكملة لعملية البستنة ويجعل من الحديقة مكانا سهل الاستخدام. وإذا كان أفراد العائلة لا يجدون صعوبة في الانحناء أو الجلوس على الركبتين وصعوبة في الوقوف، فيفضل استخدام أسوار من القطع الخشبية المتصلة ببعضها البعض، وذلك لسهولة الإمساك بها والاتكاء عليها. ومهما كانت المادة التي تستخدم في تشييد السور، فيجب ألا يقل ارتفاعه عن ثلاثة أقدام، وذلك تحاشيا للتعثر فوقه.

- ويمكن إضافة قضبان حديدية ملونة إلى الجزء الداخلي من السور لإضفاء مسحة جمالية يمكن أن تصبح أكثر بهجة للناظرين إذا تمت إقامة بعض المجسمات لطيور وحيوانات أليفة.

- انتقاء النباتات المناسبة، إذ يفضل إضافة إلى النباتات المحببة لأفراد العائلة غرس شجيرات وأشجار ورود لا تحتاج إلا لأقل قدر من الرعاية. أما إذا كان أفراد العائلة يفضلون الأشجار المثمرة فيفضل زراعة أشجار العنب والنخيل.

2- حدائق المصانع:

حدائق المصانع هي تلك الحدائق التي تقام في مساحة المصانع بمختلف أنواعها، حتى وإن كانت في صورة أحواض صغيرة أو صناديق مثبتة في شرفات مباني هذه المصانع. والهدف وراء إنشاء حدائق المصانع هو خدمة أربعة أغراض عامة:

1-لإضفاء المظهر الجمالي للطبيعة العملية الغالبة على بيئة المصانع، والتي تكو ن فيها جزء من التصميم والشكل العام للمباني والمساحة التي تحيط بها.

2-أو من أجل الغرض الإعلاني، وهو الإعلان عن المصنع ونشاطاته وكسب ثقة الآخرين.

3- أم الغرض الثالث الخير والأساسي هو بعث السرور وتوليد الإحساس بالاسترخاء للعاملين عند النظر للون الأخضر وبالتالي إنتاجية أكبر، أو إجراء مقابلات مع الزائرين بعيداً عن مخاطر الآلات والضوضاء الذي تحدثه.

4- تقليل تلوث الهواء بوجود مساحة كبيرة خضراء تمتص المواد السامة والأبخرة المنبعثة من جو التصنيع.

وتختلف حاجات المصانع في الأحياء الصناعية بالمدن عن احتياجات مصانع الريف، لكن مع غلاء ثمن الأراضي فيصعب الآن تخصيص مساحة كبيرة لزراعة حديقة خاصة بالعاملين، ولاسيما أن كل مصنع يعمل في فترات لاحقة على إحداث التوسعات وإنشاء مزيد من الملاحق والعنابر التي تفي بغرض الإنتاج مما يؤدى إلى إزالة الحدائق حتى وإن اكتمل تصميمها.

تصميم حديقة المصنع:

وعن نمط حديقة المصنع وتحويل المسطحات إلى قطعة خضراء بدلاً من وجود الأرض غير المستوية بما تحتوى عليه من حفر أو برك لتراكم المياه والوحل.. فأبسطها على الإطلاق زراعة النجيلة وزراعة الأشجار والشجيرات الصغيرة لأن حديقة المصنع لها استخدام ثنائي فيمكن أن تُستغل كحديقة أو كملاعب لأي نشاط رياضي وحينها لا تُجدي أحواض الزهور في التصميم حتى لا تتلف النباتات.

ومن الممكن أيضاً تحديد مساحة الحديقة بسياج يحيط بكافة أرجاء الحديقة وكأنها حجرة من حجرات المنزل، أو تُترك بدون تحديد سياجي وذلك باستخدام تشكيل سطح الأرض وزراعة الشجيرات التي تعمل أيضاً على الربط بين المباني وما يحيطها وذلك باللجوء إلى الأشجار الخفيفة مثل: الليجستروم.

أفضل الأمثلة لحدائق المصانع :حدائق مصانع سويسرا، حيث تم إتباع قاعدة أن أول منظر يقع عليه عين العامل بعد تركه للآلة يكون النباتات المزروعة، وبحيث ان تكون في مواجهة السلالم المؤدية إلى المصنع. بالإضافة إلى وجود واجهات زجاجية للمباني يوجد خلفها تنسيق من النباتات والأوراق النامية.

وكل ذلك يزيد بالطبع من إنتاجية العامل وإنجازه للأعمال، لأنه يكون في حالة نفسية ومزاجية أكثر انضباطاً. عنصر الماء هام في تصميم هذه المصانع وخاصة إذا كان يُستخدم في أغراض التبريد مثل بحيرة صغيرة أو نافورة. إذا كانت المساحات المتوافرة في الحديقة هي لأكوام قمامة، هنا يُستحسن تسويتها بالأرض والاستفادة من أشكال المرتفعات والمنخفضات.. والأهم من ذلك كله عدم وجود مواد تضر بالنباتات في هذه الأكوام. وتختلف كمية التربة باختلاف طبيعة المواد المتخلفة المكونة لهذه الأكوام، فيحتاج كلا من خبث الحديد أو الرماد إلى تغطية بطبقة خفية من التربة لزراعة النجيلة كمسطحات.

التدقيق في اختيار ألوان النباتات، حتى لا تتصادم مع ألوان المباني وخاصة ذات اللون القرنفلي القوى التي لا تنسجم مع لون الطوب الأحمر والأصفر وكذلك الألوان الدولية الشائع استخدامها في طلاء الأبواب.

يُراعى اختيار النباتات التي لا تحتاج إلى التقليم الفني (تتحمل التقليم الفني) أو التي تظل محتفظة بمظهرها الجميل لأطول فترة ممكنة. في حالة الصناعات التي ينبعث منه دخان كثير، لابد من زراعة النباتات التي تتحمل مثل هذه الظروف.

3- حدائق الأسطح:

ما هى حديقة الأسطح؟ حدائق الأسطح هى نوع يندرج تحت أنواع حدائق المباني، وتوصف بأنها تلك المساحة الخضراء التى يتم زراعتها فوق أسطح المنازل أو الفنادق أو أى سطح يعلو مبنى وهذا غير المألوف لأن الحديقة مقترنة وجودها بالأرض التى تحيط بمبنى على الأرض وفى موقع سفلى وليس علوى مثل الأسطح. وتتم زراعة الخضراوات أو الفاكهة أو الأعشاب في صناديق خشبية أو أنابيب لاستيكية فوق أسطح المنازل. ويطلق على هذا النوع من الحدائق أيضاً "الزراعة بدون تربة."

ولابد أن نفرق بين حدائق الأسطح (Roof gardens) وبين زراعة الأسطح، فالأولى بغرض التجميل والارتقاء بالحس الجمالى لعدم توافر مساحات أرضية كافية أمام المبانى على سبيل المثال لزراعتها وعمل حديقة، وتكون زراعة الخضراوات والعناصر الغذائية التى يحتاجها الإنسان في نظامه الغذائى اليومى جزء ثانوى في هذه الحديقة وليس الأساس، وهنا تتم الزراعة بالطرق التقليدية العادية. أما زراعة الأسطح أو الزراعة بدون تربة يكون الأساس فيها تحقيق الاكتفاء الذاتى في الأطعمة من الخضراوات والفاكهة والأعشاب أو بغرض التجارة والبيع كوسيلة لاكتساب الرزق.

وهذا النوع من الزراعة متواجد منذ قديم الأزل، وخير مثال "حدائق بابل المعلقة".. كما أنها كانت موجودة عند القدماء المصريين. وقد وُجد مع هذا النوع من الزراعة أنه ليس هناك ضرورة للتربة إلا فقط من أجل تثبيت الجذور وليس لنمو النبات. وتحمل زراعة الأسطح في طياتها الكثير من المشكلات، مثل: عدم توافر الموارد المائية، التقلبات المناخية أو عدم خصوبة التربة.

يمكن الاستعاضة بهذه الحدائق في ظل غياب المساحات الكبيرة من الأراضى التى تقام عليها الإنشاءات البنائية، من أجل الاستمتاع بجمال النباتات والزروع التى تبعث على الهدوء، بالإضافة إلى أنها تعطى فرصة الاسترخاء لأى شخص عند النظر إلى اللون الأخضر.

وإلى جانب عنصرى الاستمتاع والاسترخاء الذى من الممكن أن تقدمه حدائق الأسطح لأى شخص.. فلها ميزة علمية وخاصة لقاطنى الأدوار الأخيرة حيث تحميهم من التأثر بالعوامل الجوية من برودة أثناء فصل الشتاء أو من سخونة أثناء فصل الصيف. تعوضنا حدائق الأسطح عن ظاهرة "التلوث البصرى"، غياب المظهر الجمالى للأبنية التى يعيش بداخلها الإنسان، وجود المظهر الجمالى بلا شك يساعد على تحقيق جودة الحياة بشكل غير مباشر وإعادة توازن البيئة بمواردها وما أحدثه الإنسان فيها لنشاطاته التى تعدت الخطوط والحدود الطبيعية المسموح بها.

الحديقه مكان لجلوس الإنسان فيه، وقد يحيط بها اسطح أبنيه أخرى مما لا يوفر الخصوصية للجماعة أو للفرد أثناء فترات التواجد فيها، لذا لابد أن يكون هناك سور مرتفع أو ساتر من النباتات المتسلقة .

2- أمان حديقة السطح:

لابد من ضمان أمانها لكافة الأفراد التى تتردد عليها وخاصة الأطفال، نظراً لارتفاع السطح الكبير والبعيد عن الأرض مما يعرضهم للخطر. فتوفير الحماية لكل فرد يلجأ إليها ضرورة لا مفر منها وذلك عن طريق الأسوار العالية المبنية.

3- حماية النباتات من العوامل الجوية:

أ‌-   الرياح، فالأسطح مكان مكشوف ومستقبل لمختلف العوامل الجوية وخاصة هبوب الرياح.. فوجود مصد للرياح في اتجاهها هام للغاية بحيث يكون هذا المصد في شكل سور خشبى، سلك معدنى أو نباتات.

ب‌- أشعة الشمس وارتفاع درجات الحرارة، تتعارض مع احتياج النباتات من الظل، وهنا يتم اللجوء إلى المظلات الصناعية (لكن النباتات لا تُجدى في هذه الحالة).

4- احتياجات الرى:

تزرع معظم النباتات فوق الأسطح في أحواض أو أصيص، ويكون احتياجها للمياه أكثر من احتياج النباتات المزروعة في تربة أرضية.

5- ثقل التربة على الأسطح:

لابد من الوضع في الاعتبار قوة تحمل السطح لتربة النباتات المزروعة فيها، وهل سيتحمل الثقل من عدمه؟

6- تسرب مياه الرى للسطح:

الماء الذى يستخدم في سقاية النبات، يتم امتصاص جزء منه والمتبقى عن حاجة النبات يبقى وقد يتسرب إلى الأرضية التى تمثل سطح الدور الأخير في المبنى.. الأمر الذى يضر بهذا السقف ويحتاج إلى تجديد وصيانة على نحو مستمر.

7- البحث عن نبات بلا صيانة:

اللجوء إلى زراعة النباتات التى لا تحتاج إلى متابعة وصيانة مستمرة، مما يضيف إلى أعباء أصحاب هذه الحدائق، مع الانتباه أيضاً إلى عدم الإهمال الشديد لها.

ـأسباب اللجوء إلى زراعة أسطح المبانى:

❖ اولا: لتعليم الزراعة للشخص الذى يعشق الزرع واللون الأخضر.

❖ ثانيا: إضفاء جمال على المكان وجعله أكثر نقاءاً.

❖ ثالثا: الابتعاد عن مصدر التلوث الأساسى في المبانى ألا وهو الأسطح التى تكون مكاناً لإلقاء المهملات ومخلفات الأثاث.

❖ رابعا: أنها فرصة عمل يسهل العثور عليها وتناسب جميع الأعمار.

❖ خامسا: تقليل نسبة التلوث عامة لقلة الغطاء النباتى في المدن.

❖ سادسا: وسيلة من وسائل الدخل الثابت.

❖ سابعا: أن درجة الحرارة تنخفض (7) درجات مئوية فوق الأسطح المزروعة.

❖ ثامنا: تنقية الهواء من التلوث وخاصة بتقليل نسبة ثانى اكسيد الكربون، لاستهلاكه في عملية البناء الضوئى التى تقوم به النباتات الخضراء.

❖ تاسعا: إنتاج غذائى ذاتى صحى وطازج على أساس يومى.

أصبحت زراعة الأسطح من المشاريع الضخمة التى تطبق في العديد من الدول، وخاصة عند تبنى "منظمة الأغذية والزراعة/الفاو" التابعة لمنظمة الأمم المتحدة لهذه الفكرة والتى تم تطبيقها بالفعل في بعض البلدان النامية مثل السنغال وكولومبيا. حيث يتم استخدام بيئة زراعية بديلة للتربة العادية "بيئة البيتموس" وهى نوع من الطحالب المستخدمة في الدول الباردة أو استخدام "البرليت" وهى صخور ناتجة عن انفجارات بركانية توضع في درجة حرارة عالية تصل إلى ألف درجة مئوية حيث تتحول خلالها إلى حبيبات صغيرة تصلح للزراعة، وأكبر الدول المنتجة لهذه الصخور هى اليونان والأدرن.

2- الطريقة المكثفة:

للأغراض التجارية، وتتم هنا الزراعة على الجدران أو ما تسمى بـ"حدائق الجدران". وتكون المزروعات على جدران الحدائق إما بواسطة المواسير البلاستيكية المعلقة المثقبة لكى يتم الزراعة في هذه الفتحات، وتعلق على الحائط بواسطة قطع

حديدية أو بواسطة الأكياس المغلقة. ونظم الرى والصرف المستخدمة تتم بشكل أوتوماتيكى.

ـ خطوات زراعة الأسطح:

1- لابد وأن يكون السطح معرضاً للشمس في اليوم ما بين 4-5 ساعات.

2- البدء بالطريقة البسيطة في الزراعة، لكى توافر القدرة التى تمكن الشخص من زراعة الكميات والأنواع المتعددة.

3- الطاولات الخشبية المستخدمة في الزراعة تكون مساحتها 1 م × 1 م، ولها أرجل تصل ارتفاعها 50 سم ولها جوانب ارتفاعها 10 سم.

4- يتم تغليف الطاولات الخشبية من الداخل بالبلاستيك السميك، على أن يثقب هذا البلاستيك ليتم صريف الماء الزائد عن حاجة النبات.

5- التربة المستخدمة هى خليط من "البيتموس" و"البرليت" بنسبة 50% إلى 50%.

6- بعد وضع التربة في الطاولات الخشبية تروى بالماء ثم توضع البذور والشتلات.

7- أما عن طريقة الرى، فتتم كالتالى:

أ- الخضروات مرتان في اليوم (تزيد عدد المرات في الأيام الشديدة الحرارة).

ب- الفاكهة مرة على الأقل في اليوم (تزيد عدد المرات في الأيام شديدة الحرارة).

ج- عدم سقاية النبات أثناء الحرارة الشديدة، ويكون ذلك إما مبكراً في الصباح أو في آخر النهار.

8- الماء الزائد عن حاجة الرى (مياه الصرف) يتم تجميعها في إناء يوضع تحت الثقوب التى توجد في الطاولات الخشبية لتصريف الماء، ويعاد به رى النبات في اليوم التالى مع إضافة العناصر الغذائية لمياه الرى يوماً بعد يوم.

9- بالنسبة للمواد غير الكيميائية التى تستخدم لمكافحة الآفات:

أ- الرش بالكبريت الميكرونى أو لبفيرتميك كل ثلاثة أسابيع صيفاً وكل أسبوعين شتاءاً.

ب- محلول الثوم، فرى حوالى 6 جرام من الثوم وإضافته للتر من الماء ثم يرش به النبات بعد ذلك

ج- محلول الخميرة، وذلك بإضافة ملعقة خميرة + ملعقتى سكر على لتر من الماء، تترك يوم واحد في الثلاجة ويرش بها النبات مرة كل أسبوعين.

4- حدائـ...

حديقة الـ... حديقة أو
تنسيقات ...ن أنواع
حدائق الـ... مصغرة
لتزيين شرفات المنزل ونوافذه.

كما يوجد انواع حدائق اخرى تبعا للعنصر السائد سواء كان للاستخدام او التصميم مثل حدائق الاسماك والحدائق المائية والحدائق الغاطسة والحدائق البرية.

رابعا: الحدائق النباتية

تنشأ هذه الحدائق للأغراض التعليمية والبحوث العلمية وللمساعدة في دراسة النباتات من النواحي البيئية والفسيولوجية والمورفولوجية وهذه الحدائق تحتوي على أكبر مجموعة من أنواع وأصناف النباتات المحلية والمستوردة ويتم توزيعها حسب العائلة التي تنتمي إليها ويوضع لوحة على كل نموذج نبات يكتب عليها الإسم العلمي للنبات والعائلة والموطن الأصلي. وتزود مثل هذه الحدائق بالمشاتل والصوب لتربية النباتات في بيئات مشابهة لبيئتها الطبيعية التي تنمو فيها.

الحديقة النباتية Botanical Garden واهميتها:

الحدائق النباتية ليست مجرد حدائق بالمعنى المتداول لهذا اللفظ بل هى مؤسسات علمية نباتية تمثل فيها الحديقة جزءا يسيرا بجانب الصوب والمعشبة والمكتبة ومعامل البحوث وايضا تؤدى الحديقة النباتية من قديم الازل دورا رئيسيا نحو علم تقسيم النباتات حيث انها تعتبر مؤسسات علمية نباتية تعكس مدى التقدم الزراعى في اى دولة حيث تضم العائلات النباتية المختلفة التى تنمو بالمنطقة المناخية الموجود بها الحديقة وجلب الانواع الجديدة واقلمتها.

ومن المعروف ان جميع جامعات العالم حاليا يتبعها حدائق نباتية خاصة بكل منها ومسجل بالفهارس النباتية حاليا نحو 800 حديقة نباتية.

ومن اهم وظائف الحديقة النباتية:

1- التعريف بالنباتات المختلفة وتصنيفها العلمى.

2- اكتشاف نباتات المناطق الطبيعية المجهولة.

3- استزراع الاصناف الجديدة من النباتات.

4- اجراء البحوث العلمية في المجالات العديدة المتعلقة بالنبات كالتقسيم والتربية وغيرهما.

5- العناية بالمعشبة الملحقة بها والنهوض بها بصورة مستمرة.

6- العناية بالمكتبة الملحقة بها وتزويدها بما يستجد من معرفة في هذا المجال.

7- العناية بمعامل البحوث المختلفة الملحقة بها وتجهيزها باحدث الوسائل العلمية.

8- العناية بالنماذج الممثلة للملكة النباتية جميعا سواء كانت تنمو في المناطق القطبية او الاستوائية وذلك بزراعتها خارج او داخل الصوبات.

9- المحافظة على بعض المساحات الطبيعية للدراسات البيئية.

10- تنظيم المعلومات المختلفة المتحصل عليها من مختلف علوم النبات.

11- تأسيس وصيانة والمحافظة على مستودع الجينات Gene Pool للمحافظة على السلالات في حالة نقية بانشاء بنك الجينات.

12- للحدائق خدمات جليلة في كافة الانشطة الاجتماعية والثقافية والاقتصادية.

الحدائق النباتية في جمهورية مصر العربية:

وبصفة عامة فالحدائق النباتية بمصر (الاورمان – جزيرة النباتات باسوان – قصر القبة – انطونيادس) والتى تتبع قسم بحوث الحدائق النباتية بمعهد بحوث البساتين بالقرار الجمهورى رقم 112 لسنه 1986 للحفاظ على البقية من تراثنا النباتى، بالاضافة الى العمل لانضمام هذه الحدائق في الهيئة العالمية المعنية بالحدائق النباتية وهى:

Botanic Gardens Conservation International الهيئة الدولية لحفظ النباتات (BGCI) حيث ان الحدائق النباتية لبنة اساسية لمتاحف التاريخ الطبيعى نظرا لاحتياجات المجموعة المرجعية المعشبية لامدادها باستمرار بالعينات الغضة التى لايمكن الاستغناء عنها، كما ان مجالات البحوث العلمية الحديثة تتطلب توافر عينات من البراعم وحبوب اللقاح والسوق والاوراق والبراعم الغضة وكذلك الثمار في مراحل تكوين اجنتها حتى تكوين البذور، فلابد لنا من الاهتمام والمحافظة على الحدائق النباتية الكبرى بمصر لما تحتويه من تنوع في الاصناف والانواع والاجناس والفصائل النباتية وعدم اعتبارها مجرد متنزهات عامة ليس لها صبغة علمية.

حديقة النباتات والأشجار العمانية

تعد حديقة النباتات، أوBotanic Garden ، مؤسسة تحوي مجموعة موثقة من النباتات الحية لأغراض البحث العلمي والمحافظة عليها وعرضها وتعلمها. وهي بذلك تختلف عن المنتزه الطبيعي.من المخطط أن يتم إنشاء حديقة النباتات والأشجار العمانية (Oman Botanic Garden)تحديث: بالقرب من الخوض القديمة(على مساحة تقدر بـ 425 هكتار قرب مسقط (الهكتار يساوي 10000 متر مربع). ويقصد من هذه الحديقة ان تكون أكبر حديقة نباتية في منطقة الخليج. تهدف إلى المحافظة على الحياة النباتية في السلطنة وأن تكون الحديقة مقصدا سياحيا.

الفصل الثانى: طرز تصميم وتنسيق الحدائق

اولا: أسس تصميم الحدائق
ثانيا: تنسيق وتخطيط وتنفيذ الحدائق

اولا: أسس تصميم الحدائق

مقدمة

مع التزايد المستمر في عدد السكان وكثرة وسائل النقل والمواصلات وكثرة المصانع والتوسع الرأسي والأفقي في الإسكان أصبحت الحاجة ملحة إلى التوسع في المساحات الخضراء. وتتضح أهمية المناطق الخضراء أكثر في المدن عنها في الريف حيث الأراضي الزراعية فأي مدينة بدون حدائق ليست ذات قيمة. فالحدائق بأشجارها وشجيراتها وأزهارها ومسطحاتها الخضراء مع توفر أماكن اللعب للأطفال والكبار مع السلالم والأسوار والنافورات والفساقي تمثل وجه وشخصية أي منطقة سكنية. فالخضرة تؤدي إلى حماية البيئة من التلوث مما يؤثر على الناحية الصحية للمواطنين وكذلك توفير التظليل ورفع رطوبة الجو وتنقيته وتقليل الضوضاء وتعديل الحرارة بجانب أنها تؤدي وظائف تخطيطية حيث تعمل على تحديد المدن والمناطق السكنية والفصل بين المرافق المختلفة بجانب تجميل وتنسيق الميادين وكذلك مناطق الراحة والمنتزهات وغير ذلك.

1- نظم تصاميم الحدائق

1-1- التصميم الهندسي أو المنتظم:

يتميز هذا النظام بالخطوط الهندسية المستقيمة التي تتصل ببعضها بزوايا أغلبها قائمة وقد تكون أحيانا خطوط دائرية أو بيضاوية أو أي شكل هندسي متناسب مع معالم الأرض كما في بعض الطرق أو أحواض الزهور، مع مراعاة التناسب بين طول وعرض الطرق والمشايات ومساحة الحديقة. ويلائم هذا النظام الحدائق المقامة على مساحات صغيرة كما يلائمه النافورات والأحواض ودوائر الزهور في أوضاع مركزية.

وفي النظام الهندسي المتناظر تلتزم أوجه الحديقة المختلفة أن تتمشى مع بعضها في تشابه متكرر حول المحور الرأسي الذي يخترق الحديقة ويقسمها إلى نصفين متماثلين وتكون أحواض الزهور والمشايات على جانبي هذا المحور بشكل متوازي متناظر، كما يمكن تقسيم الحديقة إلى نصفين متشابهين بأكثر من محور واحد تمر كلها بمركز التصميم.

ويناسب هذا النظام المشايات المستقيمة والدائرية في انتظام وأن تنظم حدود أحواض الزهور في التصميم مع حدود المشايات الرئيسية أو الفرعية مع مراعاة التناظر

والتماثل في توزيع الأشجار والشجيرات وغيرها من النباتات من حيث التناسق في ألوان أزهارها وأوراقها ومن حيث أشكالها وأنواعها ويلتزم في هذا النظام زراعة الأشجار المتماثلة من نوع واحد على أبعاد متساوية ومنتظمة من بعضها وصيانة المسطحات الخضراء وقصها بإستمرار لتبدو منتظمة الشكل.

كما أن للنظام الهندسي المتناظر عدة أوجه منها:

أ- التناظر الثنائي: وهو نظام هندسي تتكرر فيه وحدة التصميم (حوض الزهور، شجرة، مقعد،...الخ) على جانبي المحور الأساسي ويمكن تنفيذه في المداخل وفي المساحات الصغيرة.

ب- التناظر المضاعف: وهو نظام هندسي تتكرر فيه وحدة التصميم عدة مرات على جانبي المحور الأساسي أو المحاور الثانوية ويمكن استخدامه في المساحات المتوسطة أو الكبيرة التي تدعو الضرورة إلى تصميمها بالنظام الهندسي.

ج- التناظر الدائري أو البيضاوي: وهو نظام هندسي تتكرر فيه أجزاؤه بشكل دائري أو بيضاوي حول وحدة دائرية أو بيضاوية في وسط الحديقة ويمكن أن يكون ثنائياً أو مضاعفاً. ويمكن إتباعه في الميادين العامة ذات الشكل الدائري أو في الحدائق التي تتوسطها نافورات أو تماثيل أو أي مجسمات بنائية.

د- التناظر الشعاعي: وهو نظام هندسي تتكرر فيه أجزاء الحديقة بحيث تكون جميعها خارجة من مصدر دائري واحد أو بيضاوي واحد ولا تزيد هذه الأجزاء الشعاعية عن 8-10 إشعاعات. ويتبع هذا النظام في حدائق الميادين العامة وفي الحدائق الصغيرة.

عيوب النظام المتناظر:

1. يحتاج إلى إقامة عدد من الطرق والمشايات مما يقلل المساحة المزروعة وبالتالي يصعب تنفيذ التناظر في الحدائق الصغيرة المساحة.
2. يرى الزائر الحديقة ذات النظام المتناظر عناصرها كلها بمنظر واحد مما تفقد عنده عنصر المفاجأة والتشويق لمشاهدة محتوياتها عن كثب.
3. قلة تنوع النباتات في الحدائق المتناظرة وذلك لأنه في النظام المتناظر يستلزم تشابه مجموعة النباتات المزروعة على الجانبين وتكرارها.
4. يحتاج النظام المتناظر إلى عناية ودقة في عمليات الصيانة مما ينتج زيادة في الجهد والتكاليف.

1-2- التصميم الطبيعي:

في هذا النظام يراعى محاكاة الطبيعة بقدر الإمكان وعدم استخدام الأشكال الهندسية ويناسب المساحات الكبيرة ويتميز بما يلي:

أ- تكون الطرق والمشايات منحنية بشكل طبيعي كما يفضل ألا تكشف أو تبرز نهاية الطريق.

ب- عدم زراعة الأشجار والشجيرات في صفوف أو على أبعاد متساوية.

ج- وجود مساحة كبيرة ومكشوفة من المسطحات الخضراء وسط الحديقة وتصمم أحواض الزهور بشكل غير منتظم وتزرع الأشجار والنباتات العشبية المزهرة في مجموعات وعلى مسافات غير منتظمة مع مراعاة التقليل من النباتات المزروعة إلى المسطح الأخضر بقدر الإمكان.

د- عدم إقامة أحواض الزهور في وسط الحديقة ووسط المسطح الأخضر، وإنما توضع في نهاية الحديقة أو على الحواف تحت الأشجار والشجيرات ولا تحدد أشكالها بخطوط مستقيمة أو هندسية.

هـ- تصنع منشآت الحديقة مثل المقاعد للجلوس والبرجولات من المواد الطبيعية مثل سوق الأشجار وفروعها أو تصنع من الحجارة ذات الأشكال غير المنتظمة.

و- الابتعاد عن عمليات القص وتشكيل الأشجار والشجيرات والأسيجة وترك النباتات لتنمو على طبيعتها دون أن تتخذ شكلاً منتظماً أو تبدو هندسية الشكل.

1-3- التصميم المزدوج:

وهو طراز خليط بين النظامين الهندسي والطبيعي في مساحة واحدة مع العناية بالأشكال الهندسية والمحافظة على المناظر الطبيعية. وفي هذا الطراز ميل واضح إلى إقامة المنشآت المائية الهندسية والفساقي الجميلة تتوسطها النافورات وكذلك التماثيل والأكشاك والمقاعد والكباري، التي تعمل بشكل طبيعي مهذب من خشب الأشجار وفروعها وبأشكال هندسية منتظمة أو من الحديد والبناء، وتنشأ المسطحات الخضراء على مستويات مرتفعة ومنخفضة وتركها مكشوفة دون تحديد لحوافها ويعمل على الإكثار من المجموعات الشجيرية في الأركان وفي حواف الحديقة وكذلك زراعة أكثر من نموذج فردي أو نماذج لها صفات تصويرية خاصة بطريقة عشوائية في أجزاء الحديقة المختلفة. ويعمل على إدخال الطراز الهندسي في هذا التصميم عن طريق الأشجار والشجيرات بالتقليم.

واتخاذ أحواض الزهور أشكالاً هندسية زخرفية مختلفة، مع رصف الطرق والمشايات بالرمل أو البلاط أو الحصى المنقوش بأشكال هندسية والعمل على أن تكون غير مستقيمة كلما أمكن ذلك. وقد صممت الحدائق الفرنسية بهذا الطراز، كما تعتبر حدائق الحيوان بالقاهرة مثالاً لهذا الطراز.

والطراز المختلط يشبه إلى حد كبير الطراز الحديث حتى أن كثيراً من الكتاب يدمجون الطرازين معاً تحت اسم واحد وهو الطراز الحديث المختلط. والتوازن على الجانبين قد يكون بين مجموعة شجيرية على جانب يقابلها شجرة صغيرة متهدلة أو لها صفات تصويرية خاصة مثل الصفصاف على الجانب الآخر.

1-4- التصميم الحديث أو الحر (Modern Or Free Style):

وهو نظام بسيط لا يتقيد بقواعد التنسيق المعروفة مثل المحاور والتماثل وغيرها وتوزع فيه النباتات بأعداد قليلة كنماذج فردية لها صفات مميزة. ويجمع هذا النظام بين جمال الطبيعة والصور أو الأشكال الهندسية بصورة غير متماثلة. حيث أن

الفكرة الرئيسية في هذا النظام هي تحرير الخطوط الهندسية من حدتها وتحويلها إلى أشكال مبسطة، واستخدام أقل عدد من النباتات ذات الصفة التصويرية الخاصة.

وتميل التصميمات الحديثة الآن إلى البساطة والبعد عن التعقيد وتقليل تكاليف الخدمة الزراعية. وأدخل مهندسو الحدائق الكثير من المواد في التصميم والإنشاء للحدائق مثل الخشب والخرسانة والمعادن والزجاج وعملوا لها أشكالاً عديدة تختلف عما هو موجود في الحدائق القديمة والتي كانت تستخدم الحجر المنحوت. كما كان لتطور هندسة البناء أثره على تطور الحدائق وتصميمها واستخدام النباتات كمادة حية يتوافق مظهرها وشكلها مع المنشآت الأخرى في الحديقة ويتم تحديد نوع التصميم وفقاً للمساحة المتوفرة والثروات الطبيعية فيها مثل التلال والمنخفضات ومجاري المياه وغير ذلك، هذا بالإضافة إلى الإمكانيات المادية المتوفرة في الإدارة التي ستقوم بإنشاء الحديقة أو المنتزه.

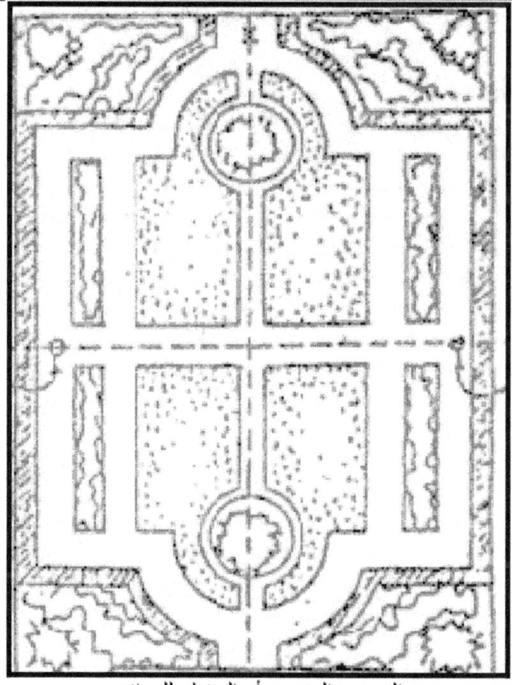

التصميم الهندسي أو المنتظم للحدائق

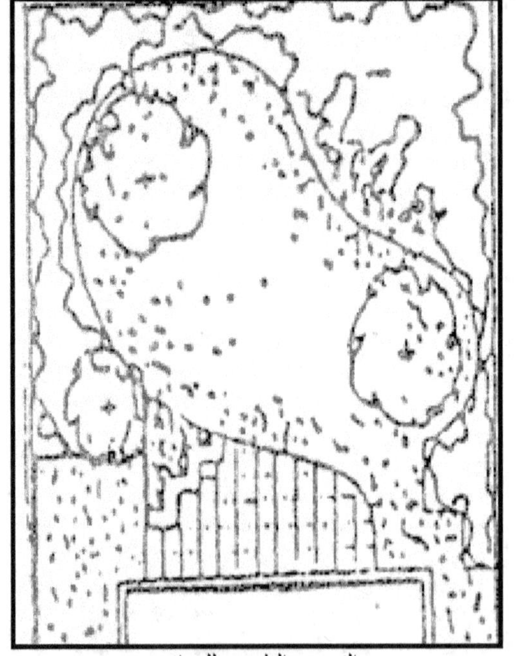

التصميم الطبيعي للحدائق

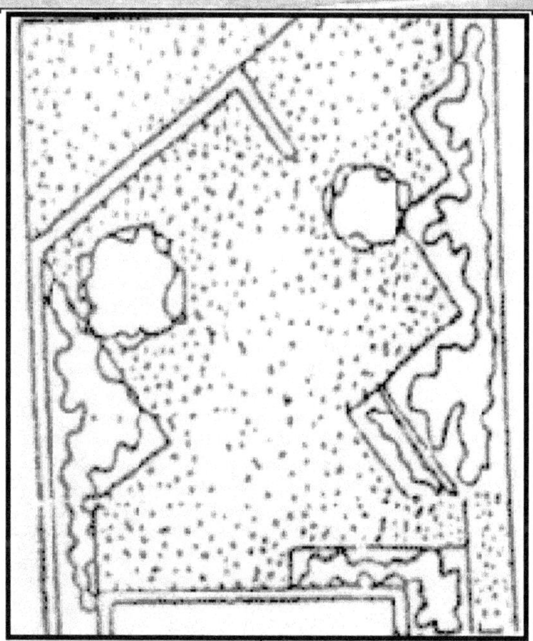

التصميم الحديث أو الحر للحدائق

2 – أسس تصميم وتخطيط الحدائق العامة.

التصميم بمعناه الشامل هو عبارة عن تنظيم الأجزاء البسيطة في صورة مركبة وبطريقة فنية للوصول إلى تنظيم وبالتالي تنسيق جيد. وهناك عدد من الأسس التي ينبغي لمصمم الحدائق الإلمام بها ومعرفتها قبل الشروع في تنفيذ التصميم المقترح لها ولتحقيق التخطيط والتنسيق المطلوب للحديقة يجب مراعاة الأسس الآتية:

2-1- محاور الحديقة:

لكل حديقة محاورها، وهي خطوط وهمية. فمنها المحور الرئيسي الطولي ومحور أو أكثر ثانوي أو عرضي عمودي على الرئيسي. ولكل محور بداية ونهاية كأن يبدأ بنافورة في طرف يقابلها كشك في الطرف المقابل، هذا ويزيد من جمال الحديقة أن يكون وسطها غاطساً وأن يشغل المكان المرتفع فيها تراس يطل على الحديقة كلها. وعموماً ما يسمى بمحور التصميم الأساسي يعتبر من الأهمية بمكان في تنسيق الحدائق الهندسية الطراز ولكن لم يعد له أهمية تذكر في التصميمات الحديثة.

2-2- المقياس:

يستخدم كأي عمل هندسي لتحديد أبعاد كل عنصر من عناصر الحديقة بمقياس رسم حوالي 1 : 500 في المساحات الكبيرة وتحدد به أبعاد الطرق وأماكن الجلوس والأحواض ودواير الأزهار والمساحات بين النباتات وكذلك لحساب مكعبات الحفر والردم وعدد النباتات اللازمة بالإضافة إلى تقدير تكاليف تنفيذ التصميم.

2-3- الوحدة والترابط:

وهـي الرابطـة أو القالـب أو الإطـار الـذي يـربط وحدات الحديقـة معـاً ومـن الممكن إضفاء الوحدة عليها عـن طريـق زراعـة سياج حـول الحديقـة أو إقامـة أيـة حدود بنائيـة كذلك عـن طريـق ربطهـا بمشايات وطرق وبتكـرار مجموعـات نباتية متشابهة في اللون أو الصنف أو الجنس.

2-4- التناسب والتوازن:

يجب أن تتناسب أجزاء الحديقة مع بعضها وكذلك مكوناتها، فلا تستعمل نباتات قصيرة جداً في مكان يحتاج لنباتات عالية أو أشجار ذات أوراق عريضة في حديقة صغيرة ولا تزرع أشجار مرتفعة كبيرة الحجم أمام مبني صغير أو تزرع أشجار كبيرة الحجم في طرق صغيرة ضيقة. يجب أن تتوازن جميع أجزاء الحديقة حول المحاور، والتوازن متماثل في الحدائق الهندسية وغير متماثل في الحدائق الطبيعية، والنظام المتماثل أسهل في التنفيذ عن غير المتماثل حيث يحتاج الأخير لعناية أكبر لإظهاره، فمثلاً تزرع شجرة كبيرة في أحد الجوانب يقابلها مجموعة شجيرات في الجانب الآخر. ولإعطاء الشعور بالتوازن يجب أن يتساوى الاثنان في جذب الانتباه ولا يفوق أحد الجانبين على الآخر. وقد لا يتساوى الجانبان في العدد ولكن التأثير يجب أن يكون واحداً.

2-5- السيادة:

يراعى في تصميم الحدائق سيادة وجه معين على باقي أجزائها مثل سيادة عنصر في الحديقة له قوة جذب الانتباه مثل النافورة أو المجسم البنائي أو أي شكل هندسي بارز أو سيادة منظر طبيعي على باقي أجزاء الحديقة.

2-6 – البساطة:

تستخدم البساطة في الاتجاه الحديث لتخطيط وتنسيق الحدائق إذ تراعى البساطة التي تعمل على تحقيق الوحدة في الحديقة وذلك بالتحديد بالأسوار وشبكة الطرق والمسطحات، واختيار أقل عدد من الأنواع والأصناف بمقدار كاف، والإبتعاد عن ازدحام الحديقة بالأشجار والشجيرات أو المباني والمنشآت العديدة وهذه تسهل عمليات الخدمة والصيانة.

2-7- الطابع والمظهر الخارجي:

وهي الصفة المميزة للشكل العام الذي تكون عليه الحديقة، ولكل حديقة مظهرها الخارجي الذي تدل عليه منشآت ومكونات الحديقة وتصميمها الذي يبرز شخصيتها المستقلة. ولإبراز طابع معين في التصميم لا بد من إدخال عنصر أو أكثر من العناصر المميزة لهذا الطابع.

2-8 – التكرار والتنويع:

يحسن إتباع التكرار في بعض مكونات الحديقة من نباتات وخلافها بحيث تحقق التتابع بدون إنقطاع لربط أجزاء الحديقة، وذلك بزراعة بعض الأشجار على الطريق، أو مجموعة من النباتات تتكرر بنفس النظام بحيث يكون لها إيقاع Rhythm وتكون ملفتة وجميلة الشكل. ولكن يجب منع التكرار الممل عن طريق زراعة بعض النماذج الفردية أو نباتات لها صفات تصويرية خاصة أو إقامة مجسمات أو نافورة أو غيرها حيث يحدث هذا بعض التنويع مع التكرار. ويتحتم تكرار عناصر التصميم في الحدائق الهندسية المتناظرة، في حين التنوع عكس التكرار ويستخدم في تصميم الحدائق الهندسية غير المتناظرة والحدائق الطبيعية الطراز.

ويفضل في التصميمات الحديثة إستخدام أعداد كبيرة في أصناف قليلة وكذلك استخدام نوعين أو ثلاثة للنماذج الفردية أو ذات الصفات التصويرية الخاصة حيث يمكن تكرارها في الحديقة في أكثر من مكان مع مراعاة البساطة والتوازن المطلوب.

2-9- التتابع والاتساع:

يقصد بالتتابع ترتيب عناصر التصميم بحيث ينظر إليها تدريجياً في إتجاه معين مثل تدرج النباتات من المسطح الأخضر إلى سياج من الأشجار المرتفعة محيطة بالحديقة في الجهة الخلفية وتزيد أهمية الاتساع في التنسيق الحديث للحدائق حيث تقل مساحاتها. وكلما كانت الحديقة واسعة كان ذلك أدعى لراحة النفس، ولذلك يعمد المصمم إلى جعل الزائر يشعر بهذا الاتساع حتى في المساحات الضيقة. ويمكن التوصل إلى ذلك بعدم إقامة منشآت بنائية عالية أو أشجار مرتفعة بل تقام المنشآت

المنخفضة مع إختيار الشجيرات قليلة الإرتفاع التي لا تشغل فراغاً كبيراً، وكذلك تصغير حجم المقاعد وعموماً لتحقيق ذلك <u>يراعى ما يأتي</u>:

أ - الإهتمام بزيادة رقعة المسطحات الخضراء مع عدم زراعة النباتات عليها أو كسر المسطح الأخضر.

ب - عدم تقسيم الحديقة إلى أقسام (يزرع كل منها بنوع معين) بل تنسق كوحدة واحدة.

ج - الإستفادة من المناظر المجاورة أن وجدت خاصة أن كانت جميلة مثل مجموعة أشجار أو منشآت معمارية.

د - في حالة صغر مساحة الحدائق لا تصمم الطرق مستقيمة بل تعمل متعرجة حتى تعطي التأثير باتساع الحديقة

هـ - زراعة الأزهار في أحواض ممتدة على حدود الحديقة وليس في وسطها ويراعى عامل الألوان كما سيأتي فيما بعد.

10-2- الألوان ودرجة توافقها:

الفكرة من زراعة النباتات في الحديقة هو إظهار العنصر اللوني، وهذا يتأتى إما عن طريق اللون الأخضر للمجموع الخضري لمعظم النباتات أو من خلال ألوان الأزهار المختلفة. والمنظر الأخضر هو اللون السائد في الحدائق والمفضل ولذا يعمل على الإكثار من المسطحات الخضراء. ويفضل الإستفادة والإسترشاد بالطبيعة نفسها إذ أن أكثر المناظر محاكاة للطبيعة هو ما يرضى النفس ويريح العين بجماله. كما أنه كنقطة أساسية يجب الإستفادة بألوان المنشآت الصناعية حيث يمكنها أن تكمل مجموعة الألوان مع النباتات في الحديقة.

عند تصميم الحديقة يجب عمل تصور (تخيل مسبقاً) لألوان النباتات المختارة حتى لا يفسد التصميم في المستقبل وفرص الاختيار كثيرة سنذكرها على هيئة أمثلة فقط كما يلي:

أ – إذا كان لدينا مجموعتين من الأشجار مختلفتين في ألوان المجموع الخضري فيجب الربط بينهما بمجموعة شجيرية ثالثة تكون ألوانها متوافقة مع لوني كلا المجموعتين السابقتين وبحيث يكون لدينا درجات مختلفة من الخضرة فمثلاً ممكن التدرج في المجموعات من الأخضر القاتم (مثل شجيرات الثويا) إلى الأخضر الشاحب أو المصفر (مثل الصفصاف) بوضع ثالث في وسطهم مثل الدورانتا الخضراء الوسطية.

ب – ممكن إعطاء الشعور بالإتساع الظاهري للحديقة أو تبدو وكأنها أكبر من مساحتها الفعلية عن طريق الزيادة في إستخدام الألوان الهادئة أو الباردة مثل الأزرق والرمادي والأخضر الفاتح مثل الاستركوليا فهي تريح النظر وكذلك تستعمل لربط الألوان الدافئة مع بعضها مثل الأحمر والبرتقالي، ومما يزيد من الاتساع الظاهري

أيضا أن تكون الأشجار والشجيرات التي تزرع بجانب المسطحات مستديمة الخضرة وأفرعها السفلية تكاد تلامس السطح.

ج ـ اللون الأصفر والليموني الباهت يكون منظراً خلفياً لأغلب الألوان الزاهية كما أنه يقرب المسافات ويجعل الحديقة أصغر من مساحتها الفعلية.

د ـ لا يجب الإكثار من استعمال اللون الأبيض للأزهار في صورة متجمعة أو على نطاق واسع في الحديقة إلا إذا أريد تقليل حدة الملل من الألوان الأخرى لأن اللون الأبيض ضعيف الأثر في التصميم.

هـ تلعب ألوان المنشآت المبنية في الحديقة مثل المظلات (البرجولات والتكاعيب) دوراً أساسيا في التكوين اللوني في الحديقة فيجب وضعها في الاعتبار عند تصميم الحديقة.

و ـ في الحدائق الواسعة جداً يفضل زراعة نباتات لها ألوان حمراء أو صفراء أو خضراء داكنة في المناظر الخلفية وكذلك مشتقات هذه الألوان لأنها تعطي تقارباً للمسافات ويسمى بالتقارب الظاهري وهو عكس الاتساع الظاهري.

ز ـ تمثل الألوان الحمراء والقرمزية والذهبية القوة والنشاط، بينما تعطي الألوان الزرقاء والبنفسجية والرمادية الإحساس بكبر المساحة وزيادة البعد، كما أن اللون الأصفر يقرب المسافات وإن كان يعتبر منظراً خلفياً مناسباً لمعظم الألوان الزاهية. أما اللون الأبيض فيعتبر أقل الألوان تأثيراً في الحديقة.

ح ـ من أبسط قواعد توزيع الألوان أن تصمم أجزاء من الحديقة كاملة بلون واحد بجانب اللون الأخضر والذي يستعمل في هذه الحالة كمنظر خلفي لهذا اللون، وإذا كانت هناك الرغبة في تغيير الألوان فينصح بزراعة مشتقات اللون الواحد بجانب بعضها البعض مثل الأصفر بأنواعه بجانب البرتقالي والأحمر الفاتح.

ط ـ كما سبق ذكر أن الألوان تلعب دوراً رئيسياً في تحديد المساحات فإذا كان هناك مساحة طويلة نرغب في تقصيرها يزرع في المنظر الخلفي في آخر الحديقة نباتات حادة الألوان مثل الأحمر والعكس في حالة الرغبة في إعطاء اتساع ظاهري يفضل زراعة الألوان الهادئة والفاتحة.

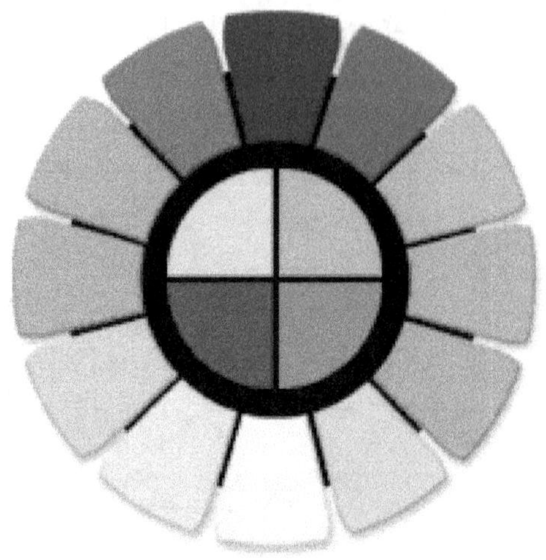

دائرة الالوان

2-11- التنافر والتوافق:

التنافر معناه عدم وجود صلة بين عنصرين من عناصر التصميم وعكسه التوافق في وجود الصلة التي تربط بينهما وعلى سبيل المثال تنافر الحديقة العصارية مع المائية للإختلاف في طبيعة نمو نباتات كل منها. والتوافق الموجود بين الحديقة المائية والحديقة الطبيعية المكونة من مجموعة غير منتظمة من الأشجار والشجيرات والنباتات العشبية وكذلك الحال بالنسبة لتوافق الألوان وتنافرها. ويؤدي إختلاف طبيعة أزهار النباتات أو نموها الخضري إلى تنافرها مثل تنافر الأشجار ذات الأزهار البيضاء مع تلك ذات الأزهار الحمراء والأشجار ذات الأوراق الأبرية مع الأشجار ذات الأوراق العريضة. ويتوقف إختيار التنافر أو التوافق في تنسيق الحدائق على موقع عنصر التصميم وأهميته. وفي حالة زراعة مجموعة من الأشجار والشجيرات في منطقة قريبة من الطريق ويراها الزائر عن كثب يفضل أن تكون نباتاتها متوافقة فيما بينها لينتقل النظر من أحدها إلى الآخر تدريجياً دون سيادة أحد منها. وفي حالة زراعتها في نهاية حدود الحديقة بعيدة عن النظر يراعى تنافرها مع بعضها لتلفت النظر إليها مثل زراعة أشجار ذات أوراق حمراء أمام سياج ذو خضرة داكنة وكذلك يفضل تنافر ألوان الأزهار المزروعة في داير الأزهار البعيد عن النظر. وقد يراعى التنافر لإظهار أهمية عنصر معين سائد في تصميم الحديقة.

2-12- تحديد الحديقة وعزل وتقسيم مساحاتها:

من المهم في التخطيط تحديد الحديقة، وذلك بعمل منظر خلفي لها يعزلها عما حولها من مناظر مختلفة فيحد النظر ويقصره على محتوياتها فقط، فتحدد الحديقة بسور سواء كان من نباتات الأسيجة أو من داير شجيري أو سور من خشب أو حديد أو حجارة أو طوب أو خرسانة. كما يتطلب التصميم في بعض الحالات عزل عناصر

التصميم عن بعضها ليبدو كل منها وحدة قائمة بذاتها تجذب النظر لميزة فيها ويتحقق ذلك بإقامة سياج منتظم الشكل في الحديقة الهندسية أو استخدام مجموعة من الأشجار والشجيرات الكثيفة لتحجب ما ورائها في الحديقة الطبيعية وبذلك يتحدد مكان منعزل ومستقل ويمثل طابعاً معيناً في الحديقة إلا أنه مرتبط مع باقي أجزاء الحديقة.

2-13- شكل الأرض ومباني الحديقة:

يكون شكل سطح الأرض أساس لتصميم الحديقة من حيث المنحدرات أو المرتفعات الموجودة ويدخل طبعاً ضمن تنسيق الحديقة. كما أن المبنى الرئيسي في الحديقة هو العنصر السائد في الحدائق الهندسية ولكنه عنصر مكمل في الحدائق الطبيعية والحديثة والغرض من تصميم الحدائق هو إبراز عظمة المبنى ويجب مراعاة عدة عوامل أهمها:

أ- ألا تتنافر ألوان المبنى مع ألوان الحديقة في الطراز الحديث لأنها بذلك ستكون عنصراً مكملاً وليس عنصراً سائداً كما في الطراز الهندسي.

ب- أن تزرع حولها ما يسمى بزراعة الأساس (تجميل المبنى بالنباتات حوله وبين أجزاءه) حتى يذوب تصميم المبنى في تصميم الحديقة بالتدرج في الارتفاعات وفي الألوان وزراعة بعض المتسلقات على المبنى.

ج- إمتداد المبنى في الحديقة على هيئة شرفة أو تراس.

2-14- الإضاءة والظل:

يشكل الضوء والظل عنصراً مهماً في تنسيق الحدائق إذ يتأثر لون العنصر وشكله وقوامة بموقعة من حيث الظل أو شدة الضوء وقد ترجع أهميته في تنسيق الحديقة إلى شكله وتوزيع الضوء والظل فيه. ويتم توزيع زراعة النباتات المختلفة واختيارها من حيث كثافتها ومدى حاجتها من الضوء والظل في الحديقة ويراعى مواقع العناصر المستخدمة في التنسيق حسب احتياجها للضوء أو الظل.

2-15- اختيار الأنواع المختلفة للنباتات:

تشكل النباتات العنصر الرئيسي لتصميم الحديقة وتختار بعد دراسة ومعرفة تامة لطبيعة نموها والصفات المميزة لكل منها. وتوضع في المكان المناسب لها ولتؤدي الغرض المطلوب من زراعتها واستخدامها سواء وضعها بصورة مفردة في وسط المسطحات الخضراء أو مجموعات أو كمناظر خلفية للتحديد أو في مجموعات مجاورة لأي عنصر لإظهار ما حولها أكثر إرتفاعاً من الواقع أو للكسر من حدة خط طويل ممل أو غير ذلك. فشكل أوراق الأشجار اللامعة مثلاً يشعر بالاتساع عن الأوراق الخشنة، كما أن المنظر الخلفي المكون من مجموعة من نباتات كثيفة حول وجه من الوجوه كالنافورة يعتبر عامل تقوية وإظهار لها.

وينبغي أن تكون النباتات المختارة تؤدي الدور المطلوب منها على أكمل وجه ونموها ملائم للبيئة المحلية وتزرع الأشجار والشجيرات كنماذج فردية أو في مجا ميع حسب استخداماتها المختلفة لتكسب المكان منظراً جميلاً، كما تزرع النباتات العشبية الحولية والمعمرة لألوان أزهارها المتعددة وأهميتها في عمليات التنسيق

وتزرع أحواض الزهور في خليط لا يتعدى أكثر من ثلاثة أنواع من الأزهار مع مراعاة ترتيب الألوان وتوزيعها بحيث تعطي تكوينا متوازناً خلال فصل النمو والإزهار.

3- العوامل المؤثرة على تصميم الحدائق.

3-1- الغرض من إنشاء الحديقة:

يعتبر الغرض من إنشاء الحديقة عامل مهم في تحديد التصميم المناسب فيها حيث يختلف تصميم الحدائق العامة عن المنزلية أو حدائق الأطفال أو حدائق المدارس أو المستشفيات إذ أن لكل من هذه الحدائق مواصفات خاصة بها تلائم الغرض من إنشائها واستخدامها.

3-2- العوامل الطبيعية:

3- 2 – 1 – العوامل المناخية:

تعتبر العوامل المناخية من أهم العوامل التي لها تأثير كبير على تصميم الحديقة وذلك لأن الحدائق معرضة بشكل مباشر لتأثيرات العوامل المناخية المختلفة، والتي تتمثل فيما يلي: -

أ - درجات الحرارة.

تعتبر الحرارة من العوامل المؤثرة على عناصر ومحتويات الحديقة وبالتالي على تصميم الحديقة فهي تؤثر على اختيار أنواع النباتات ومواد وعناصر الحديقة الأخرى وكذلك كمية مياه الري اللازمة للنباتات ونظام الري.

ب – الإشعاع الشمسي.

نظرا لقرب موقع شبة الجزيرة العربية من خط الاستواء فأن كمية الإشعاع الشمسي الساقط عليها تكون عالية حيث يصل إلى معدل 10.7 ساعة /يوم في فصل الصيف ويكون تأثير الإشعاع الشمسي على تصميم الحدائق فيما يلي: -

– إختيار المواقع المناسبة للأشجار وكثافتها وارتفاعاتها ونوعية النباتات التي تتحمل حرارة الإشعاع الشمسي.

– ألوان عناصر الحديقة الصلبة من حيث علاقتها بدرجة امتصاصها وانعكاس الإشعاع الشمسي الساقط عليها.

– الإتجاه الملائم لعناصر الحديقة الصلبة كالمباني والمظلات وممرات المشاة وعلاقتها بحركة الشمس.

– تحديد النسب الملائمة لعناصر الحديقة المختلفة من مواد صلبة وطرية وعلاقة ذلك بنسب إنعكاس أشعة الشمس على أسطحها المختلفة

ج – الرياح.

يؤثر عامل الرياح على تصميم الحديقة من حيث اختيار مواقع الأشجار والشجيرات للإستفادة منها في صد الرياح المحملة بالأتربة وإستقبال الرياح المرغوبة وكذلك مواقع المسطحات المائية وأحواض الزهور للإستفادة منها في تلطيف مناخ الحديقة ونشر الرائحة الزكية للنباتات العطرية.

د – الرطوبة النسبة ومعدل سقوط الأمطار.

أن نسبة الرطوبة ومعدل سقوط الأمطار يؤثر على تصميم الحدائق من حيث:

اختيار أنواع النباتات (أشجار – شجيرات – مسطحات خضراء).

اختيار النظام الملائم لري النباتات.
اختيار نظام تصريف مياه الأمطار.
اختيار تنسيق النباتات.

3-2-2- شكل وطبيعة الأرض والمناظر المجاورة.

تشكل الأرض وطبوغرافيتها أهمية بالغة في تصميم الحدائق وذلك لارتباطها الوثيق بالعديد من العناصر والإعتبارات البيئية الخارجية، وهذا التأثير يكون من عدة جوانب من أهمها ما يلي:

• أسلوب تصميم الحديقة حيث يستغل طابع الأرض وتشكيل سطحها بأشكال غير منتظمة وتوزيع عناصر التصميم بحيث تتلاءم مع طبيعة الأرض وطبوغرافيتها.

• الإحساس بالفراغ داخل الحديقة.

• مناظر الحديقة المجاورة حيث يعمل على إخفاء المناظر غير المرغوب فيها أو إبراز منظر الحديقة ونواحيها الجمالية والاستفادة من الأشجار والعناصر الطبيعية الأخرى الموجودة في الأرض لإدخالها ضمن تصميم الحديقة.

• التصريف السطحي.

• تحسين المناخ المحلي.

3-2-3 – المياه.

يعتبر الماء من العناصر المؤثرة على تصميم الحدائق حيث أن لوجوده دورا مؤثراً على أسلوب دراستها وتصميمها.

3-2-4 – الغطاء النباتي.

يؤثر الغطاء النباتي على تصميم الحديقة تبعا لنوعيته وكثافته حيث أنه إذ توفرت مجموعة من النباتات الطبيعية في موقع سوف يقام علية حديقة فيجب أن يؤخذ ذلك في الاعتبار عند إعداد الدراسات والتصاميم.

3-2-5 – نوعية التربة.

من أهم العوامل البيئية الطبيعية التي لها تأثيراً كبيراً على تصميم الحدائق حيث أن عملية اختيار النباتات المختلفة يعتمد على نوع التربة وخواصها الطبيعية والميكانيكية.

3-3- العوامل الاجتماعية.

للنظام الاجتماعي أثر كبير على تصميم الحدائق فأي مجتمع يتميز بخصائص اجتماعية ينفرد بها عن أي مجتمع أخر من العالم فمجتمعنا يتميز بقيم وعادات وتقاليد تنبعث في أصولها من تعاليم عقيدتنا الإسلامية. ومن الخصائص الاجتماعية التي لها تأثير كبير في تصميم الحدائق العامة ما يلى:

1. الخصوصية.

2. الطرق المتبعة لتنزه الأسر.

3. أهمية النواحي الاجتماعية في تصميم الحدائق من حيث تحديد الاحتياجات الفعلية لمستخدمي الحدائق.

3-4- الإمكانيات المالية على إنشاء الحديقة وصيانتها:

يتوقف تصميم الحديقة على مدى المقدرة المالية لتغطية المصاريف اللازمة لإنشائها وإقامة بعض المنشآت البنائية فيها وزراعة أنواع النباتات المختلفة وكذلك عمليات الصيانة اللازمة للتصميم المنفذ وما تحتاجه من عناية مستمرة في تربية النباتات لتأخذ الشكل المطلوب وبما يتوافق مع تصميمها. لذا ينبغي أن يكون تصميم الحديقة بالقدر الذي يسهل عليه صيانتها واختيار وزراعة أنواع النباتات القليلة الصيانة. كما يفضل استخدام الطرز الطبيعية عن الهندسية في تنسيق الحدائق العامة لتوفير تكاليف الصيانة.

4- المعايير التخطيطية لإنشاء الحدائق.

ومن بعض المعايير العربية والعالمية في هذا المجال ما يلي:

- في جمهورية مصر العربية 4.2 م2 للشخص كحدائق عامة.

- في الولايات تتوقف المعدلات التخطيطية للحدائق والمنتزهات بصفة عامة على الظروف المحلية لكل مدينة ويخصص لكل فرد من سكان المدينة مساحة محددة من المساحات الخضراء وتقسم على النحو التالي:

تتوقف المعدلات التخطيطية للحدائق والمنتزهات بصفة عامة على الظروف المحلية لكل مدينة ويخصص لكل فرد من سكان المدينة مساحة محددة من المساحات الخضراء وتقسم على النحو التالي:

- مناطق خضراء بين المساكن.

- مناطق خضراء في المراكز المختلفة بالمدينة ومنها مركز المجاورة السكنية.

- مناطق خضراء أو عامة على مستوى المدينة.

وهناك منطقة للترويح والترفيه على مستوى مركز المجاورة السكنية تحتسب مساحتها بناء على عدد سكان المجاورة المتحدة الأمريكيه 21 م2 للشخص كحدائق عامة.

تتراوح المعدلات العالمية لنسبة المناطق المفتوحة من مساحة المجاورة السكنية لبعض الدول كتالي: إنجلترا 26 %، ألمانيا 37 %، العراق 17.5%، المجر 15%.

تتراوح المعدلات التخطيطية للمناطق المفتوحة في كثير من دول العالم الصناعية بين 2100 4200 /م2 1000 نسمة.

يخصص للفرد من الحدائق العامة داخل المجاورة السكنية حوالي 0.6م2 / للفرد، أي أن مساحة الحديقة اللازمة للمجاورة السكنية والتي تتكون من 5000نسمة = 3000م2.

وعموماً يجب أن يراعي المخطط في اختيار مواقع ومساحات الحدائق والمنتزهات المعايير التخطيطية التالية:

- أن تتناسب المساحات المخصصة للحدائق والمنتزهات مع كثافة السكان الذين تخدمهم هذه المرافق بحيث يجب توفير حديقة لكل من 2500- 5000نسمة وأن تكون المساحة المطلوبة للحديقة تتراوح بين 2-10م2 لكل نسمة.

- أن يكون موقع الحديقة أو المنتزه مناسباً حسب الغرض من الاستخدام ويفضل أن يكون خارج نطاق توسع مباني المدينة في المستقبل ليبقى مكانها بعيداً عن ازدحام المدينة وفي مكان آمن بعيداً عن حركة السيارات السريعة.

- مراعاة الإستفادة من طبوغرافية الأرض من شعاب وأودية وجبال وذلك بإقامة مناطق ترفيهية ومنتزهات عليها والمحافظة على طبوغرافية المواقع الطبيعية وتنسيقها كتميز بيئي للحي.

- يعمل على تحديد الشوارع المحيطة بالحديقة أو المنتزه وكذلك الشوارع المؤدية إلى المداخل الرئيسية لها مع مراعاة توفر مواقف للسيارات قريبة منها وبواقع موقف لكل 300 م2 من مساحة الأرض.

- عزل الحديقة العامة عن الشوارع المحيطة بها بأسوار مرتفعة أو أسيجة كثيفة من الأشجار ومصدات الرياح وذلك في حالة إنشائها داخل المدينة أو بالقرب منها. إلا أنها لا تعزل في حالة إنشاء حدائق ومنتزهات المرافق العامة في المناطق التي تحيط بها المناظر الطبيعية.

- يعمل على تصميم الطرق في داخل الحديقة العامة لتكون في شكل دائري غير منتظم ويراعى عدم الإكثار منها حتى لا تكون على حساب المساحات

المزروعة فيها وأن يؤدي كل طريق إلى عنصر معين أو مفاجأة للزائر الذي يسير في الحديقة.

- مراعاة توفير جميع العناصر الترفيهية في الحدائق والمنتزهات بشكل يحقق الإكتفاء الترويحي لسكان المخطط وتشمل:

أ- تنوع المناظر التي يراها الزائر في الحديقة العامة بالإضافة للمناظر الطبيعية وذلك من خلال زراعة أنواع مختلفة من الأشجار والشجيرات والنباتات العشبية المزهرة على جانبي الطريق.

ب- مساحات واسعة ومكشوفة من المسطحات الخضراء وسط الحديقة وفي الأماكن المخصصة للجلوس والإستراحات والعمل على صيانتها بصورة مستمرة وحمايتها من المشي أو الجلوس عليها وذلك بتحديد طرق ومشايات للزوار للمشي عليها وأماكن للجلوس والاستراحات.

ج- ملاعب أطفال تحت سن عشر سنوات وملاعب رياضية للكبار فوق سن عشر سنوات.

د- أماكن خاصة للجلوس والإستراحات مجهزة بالخدمات المساندة والمرافق الضرورية مثل المقاعد، أماكن الشواء، أماكن بيع المأكولات والمشروبات، مياه الشرب، مسجد، ودورات مياه.

- وجود بعض عناصر التنسيق التي تجذب النظر إليها في تنسيق الحدائق والمنتزهات مثل وجود الكباري المعلقة أو الحدائق الصخرية أو الشلالات والبحيرات الصناعية أو المجسمات البنائية أو زراعة بعض النباتات النادرة.

- وجود نوع من الترابط بين أجزاء وأقسام الحديقة المتباعدة عن بعضها لإظهارها بصورة منفصلة تربطها ببعضها عناصر التنسيق المستخدمة في الحديقة.

- تخصيص غرفة حارس للحدائق العامة.

- يراعى في تصميم الحدائق سيادة وجه معين على باقي أجزائها مثل سيادة عنصر في الحديقة له قوة جذب الانتباه مثل النافورة أو المجسم البنائي أو أي شكل هندسي بارز أو سيادة منظر طبيعي على باقي أجزاء الحديقة.

- يراعى الإبتعاد عن ازدحام الحديقة بالأشجار والشجيرات أو المنشآت العديدة.

- تمثل الألوان الحمراء والقرمزية والذهبية القوة والنشاط، بينما تعطي الألوان الزرقاء والبنفسجية والرمادية الإحساس بكبر المساحة وزيادة البعد، كما أن اللون الأصفر يقرب المسافات وإن كان يعتبر منظراً خلفياً مناسباً لمعظم الألوان الزاهية. أما اللون الأبيض فيعتبر أقل الألوان تأثيراً في الحديقة.

- تلعب ألوان المنشآت المبنية في الحديقة مثل المظلات (البرجولات والتكاعيب) دوراً أساسيا في التكوين اللوني في الحديقة فيجب وضعها في الاعتبار عند تصميم الحديقة.

- من المهم في التخطيط تحديد الحديقة، وذلك بعمل منظر خلفي لها يعزلها عما حولها من مناظر مختلفة فيحد النظر ويقصره على محتوياتها فقط، فتحدد الحديقة بسور سواء كان من نباتات الأسيجة أو من داير شجيري أو سور من خشب أو حديد أو حجارة أو طوب أو خرسانة.

- يشكل الضوء والظل عنصرً مهماً في تنسيق الحدائق إذ يتأثر لون العنصر وشكله وقوامة بموقعة من حيث الظل أو شدة الضوء.

- يؤثر عامل الرياح على تصميم الحديقة من حيث اختيار مواقع الأشجار والشجيرات للإستفادة منها في صد الرياح المحملة بالأتربة وإستقبال الرياح المرغوبة وكذلك مواقع المسطحات المائية وأحواض الزهور للإستفادة منها في تلطيف مناخ الحديقة ونشر الرائحة الزكية للنباتات العطرية.

- بعض الشجيرات يسهل تشكليها إلى أشكال عديدة مما يعطي الحديقة منظر مميزاً, بينما تستخدم بعض الشجيرات كأسيجه طبيعية بدون قص وتشكيل.

- ان استخدام الأحجار في رصف الممرات يعطي إمكانيات وإشكال إضافة إلى قوة التحمل وعدم الحاجة إلى صيانة مستمرة. ويعتبر الجرانيت من أكثر أنواع الأحجار تحملاً.

- يراعى في تصميم الحديقة توفر أماكن للجلوس وأن تستخدام في ذلك مواد تتلاءم مع الظروف المناخية.

- تركيز الإضاءة على التكوينات المتميزة والجذابة.

- يمكن عمل شلالات صناعية من مناطق صخرية مرتفعة في الحديقة ويسيل الماء منها بطريقة طبيعية على الصخور المنخفضة ذات المستويات المختلفة, كما يمكن زراعة بعض النباتات النصف مائية على جانبية.

- يجب توفير الأسمدة العضوية والكيماوية لجميع العناصر الزراعية من مسطحات خضراء وأشجار وشجيرات وأسيجة نباتية وزهور ومغطيات تربة وغيرها من النباتات.

- يجب التنظيف حول الأشجار والشجيرات وأحواض الزهور والأسيجة الخضراء ومغطيات التربة وذلك بإزالة الأعشاب المنافسة وتنظيفها من المخلفات النباتية كالأوراق المتساقطة من الأشجار وغيرها من المخلفات الأخرى والأوساخ كما ينبغي عزيق التربة المزروع فيها النباتات لتهوية الجذور وتفكيك الكتل المتصلبة وتسهل عملية الصرف.

ثانيا: تنسيق وتخطيط وتنفيذ الحدائق

معنى كلمة لاندسكيب (landscape)

تستخدم كلمة لاندسكيب الأنجليزية على نطاق واسع في مجال نباتات الزينة وتستخدم الكلمة كأسم يدل على النسق الذى تظهر بة حديقة ما لعين الناظر أليها كما تستخدم كفعل يعنى تنسيق الحدائق.

معانى لاندسكيب

• لاندسكيب هو الجزء المرئى لمساحة من الأرض بما تحتوية من معالم طبيعية من أشكال وهيئات أرضية وكائنات حية من أنواع نباتية وحيوانية وبشر وكذلك ما يتواجد بها من أعمال وهيئات صناعية كأعمدة أنارة مثلا أو منشأت مبنية كما يظهر بها أيضا التأثيرات المناخية.

• تعنى زراعة الأفنية والمسطحات بالنباتات.

• تعنى بستنة وتنسيق حدائق الزينة والمنتزهات وأخراجها على نحو منظور مرغوب فية ذو قيمة جمالية.

يتكون اللاندسكيب من قسمين وهما: الهاردسكيب وهو اعمال الصخور وحمامات السباحة والبرجولات والمبانى والسوفت سكيب وهو اعمال الزراعه والنجيل والنباتات.

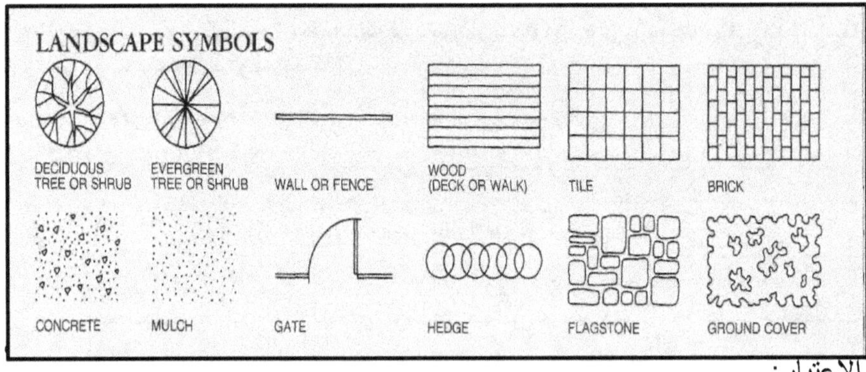

الاعتبار:

• طراز المبانى:

يحتم الارتباط والتناسب والوحدة في الصورة الكاملة ان يتفق طراز الحديقة مع طراز المبانى ويكون متمما له ؛ فمثلا الحدائق التى تصمم في الاقصر يجب ان تكون على الطراز المصرى القديم المتناظر نظرا للجو الفرعونى السائد في المنطقة- وفى

المناطق القريبة من الاثار الاسلامية يجب ان يكون طراز الحديقة اندلسيا.. وهكذا , ومن المهم ايضا ان تتناسب مساحة الحديقة مع حجم المبنى (مدرسة –مستشفى – مصلحة حكومية..الخ).

• العادات والتقاليد:

مما لا شك فيه ان المدنية الحديثة واثرها على طريقة الانسان في معيشته لعبت دورا هاما في تطوير فن تنسيق الحدائق فجعلته يتميز بالبساطة والانتفاع وتوفير الراحة والرفاهية الا ان بعض التقاليد الموروثة لدى بعض الشعوب جعلت الحدائق تتميز ببعض الخصائص الملائمة لتلك الموروثات..

فمثلا تتميز الحدائق اليابانية المنزلية بوجود ركن الشاى (او حديقة الشاى) التى كانت ولا زالت تقليد يعتز به اليابانيون وشعار لقوميتهم – والشعوب الشرقية لازالوا يفضلون الحدائق المقفلة المسورة والتى تعزل فيها اماكن الجلوس عزلا تاما عن الانظار لذلك تميزت حدائقهم بعمل الاسوار النباتية العالية الكثيفة من السرو والكافور والكازوينا.

• الحالة الاجتماعية:

ان فن تنسيق الحدائق يتطور بتطور الحالة الاجتماعية للشعوب ويرتقى هذا الفن بتقدم الحضارة وارتفاع مستوى المعيشة وقدرة الفرد على الرعاية بحديقته , كما يتاثر التصميم بعدد افراد العائلة واعمارهم و ميولهم وهواياتهم.

اما الحدائق العامة فيراعى عند تصميمها المستوى الاجتماعى للحي , ففى الاحياء الراقية والتجارية يكثر استعمال احواض الزهور , بينما تقلل هذه الاحواض في الاحياء الشعبية لعبث سكانها بها , فتستبدل زراعة احواض الزهور بزراعة المسطحات الخضراء وزراعة الاشجار والشجيرات المزهرة والقابلة للقص والتشكيل.

• المناظر المحيطة بالحديقة:

ان كانت جميلة ومرغوب فيها , يفضل ربطها بالتنسيق للاستمتاع بها , وان كانت غيرمرغوبة فيفضل حجبها. وان كانت الحديقة قرب شارع او مكان عام كثير الضوضاء فإن هذه الجهة تعزل بزراعة ساتر كثيف من الاشجار والشجيرات.

• الغرض من انشاء الحديقة:

يؤثر الغرض من انشاء الحديقة في تصميمها , ففى الحدائق العامة وحدائق المرافق يراعى توفير اماكن مظللة للجلوس في اطراف الحديقة وعلى جوانب الطرق والمشايات مع زيادة مساحة المسطحات الخضراء وزراعة الاشجار والشجيرات عليها فردية او في مجموعات.

و في حدائق المستشفيات يراعى توفير الشعور بالهدوء وتوفيراماكن مظللة للجلوس مع عدم زراعة اشجار عالية تمنع دخول الشمس من النوافذ. اما في الحدائق الخاصة

فتراعى رغبات المالك واهل بيته , خاصة فيما يتعلق باماكن الجلوس وعزل الحديقة عن الجيران والوقت من السنة الذى سيقيم فيه اصحاب الحديقة بالمنزل وهل هو شتاء او صيفا او لطول العام.

• تكاليف الانشاء ومصاريف الصيانة:

يجب قبل البدء في التصميم معرفة الميزانية المخصصة للحديقة حتى لا تصمم ثم لا يكفى المال المخصص لتنفيذها بشكل مرضى , كما يجب الالمام ببرنامج الصيانة المطلوب للحديقة , اذ ان الحديقة تحتاج الى (2-3) سنوات من العناية لتربية نباتاتها حتى تأخذ الشكل النهائي لها وحتى بعد اكتمال نمو النباتات يتوقف جمال الحديقة على مدى صيانتها والعناية بها وعلى قدرة المالك على الانفاق عليها والاستعداد لذلك وكذلك مدى عناية افراد الاسرة بالحديقة كهواية او تخصيص عامل فنى متفرغ او مؤقت (يمر على الحديقة كل فترة ليقوم باعمال الصيانة المطلوبة)..

كل ذلك يجب ان يؤخذ في الاعتبار قبل التصميم فاذا كانت الظروف لا تسمح بالانفاق على برنامج صيانة متكامل يجب على المصمم عندئذ تقليل اعمال الصيانة المطلوبة للحديقة قدر المستطاع وذلك بإختيار نباتات لا تحتاج الى القص الكثير , تجنب عمل زخارف هندسية , تقليل احواض الزهور الحولية ويستعاض عنها بالاعشاب المزهرة المستديمة والاشجار والشجيرات المزهرة , وإختيار الاسيجة بطيئة النمو التى لا تحتاج الى القص على فترات متقاربة وزيادة مساحة المسطحات الخضراء لاحتياجها الى عناية اقل – كما يمكن زيادة المنشآت بالحديقة , فترصف الطرق وتبنى البرجولات والمقاعد والتماثيل والمزاول وغيرها , وتحد المسطحات ببردورات لتقوم مقام عملية الحدية.

• الظروف البيئية لمكان الحديقة:

يجب عند الشروع في التصميم تحديد الجهات الاصلية للمكان , واتجاه وشدة هبوب الرياح , ودرجة الحرارة والرطوبة والضوء كما يجب معرفة نوع التربة وتحديد صلاحيتها للزراعة ودرجة استوائها.

و كما تؤثر العوامل السابقة على تصميم الحديقة , فانها تلعب دورا هاما في تحديد النباتات التى ستزرع طبقا لظروف المكان , وبالطبع فان اختيار النباتات المناسبة اساس هام لنجاح ونضارة وجمال الحديقة في المستقبل.

خطوات تصميم الحديقة ورسمها

المقصود بالتصميم هو ترتيب جميع العناصر التى سيتم انشائها في الحديقة في تناغم وتوافق لتفى باغراضها مع توفير التجانس والترابط فيما بينها ومراعاة القواعد الاساسية للتصميم. وتنحصر الخطوات العامة لتصميم ورسم اي حديقة (خاصة او عامة) في جمع وتسجيل المعلومات عن الموقع التى ستقام فيه الحديقة ودراستها , دراسة رغبات المالك وظروفه , عمل رسم كروكى للتصميم ثم الرسم النهائى لخريطة الحديقة.

· جمع وتسجيل المعلومات عن الموقع:

تجمع وتسجل كافة المعلومات الخاصة بالموقع على الطبيعة متضمنة:

التعرف على شكل الارض ومساحته – موقع المنزل من الحديقة – الظروف الخاصة من المنزل والمحيطة به.. هذا بالاضافة الاخرى المؤثرة في التصميم. ولتسجيل هذه المعلومات , يفضل ان توقع على عدة نسخ من الرسم الاصلى للموقع بمقياس رسم مناسب (1: 100 او 150) للحديقة الصغيرة و(1: 250 او 1: 500) للحدائق ذات المساحة الكبيرة على ان يوضح في هذه الرسومات تفاصيل اجزاء المبنى وحجراته والابواب والنوافذ ومواقعها بالنسبة للحديقة وملحقات المنزل وشبكة مواسير المياه والكهرباء والصرف , ويفضل ان يكون هناك رسم للادوار العلوية ومكان الشرفات وحديقة السطح ورسوم الوجهات.

و يوقع على احد هذه الرسومات الجهات الاصلية واتجاه الرياح مع عمل خط وهمى خفيف يوضح حدود ظل المنزل على الحديقة على مدار اليوم ويوضح عليها كذلك حدود الارض وما يحيط بها من شوارع وميادين وجيران ومناظر مرغوب فيها او غير مرغوبة , كما تسجل مواقع الاشجار الكبيرة او الاحجام الكبيرة الموجودة فعلا ويراد ادراجها في التنسيق للاستفادة منها.

· رغبات المالك واسرته:

يجب التعرف على رغبات المالك الخاصة ومناقشته فيها وقدرته على تكاليف الانشاء ومصاريف الصيانة مع مراعاة حالته الاجتماعية وعدد افراد الاسرة وعنايتهم بالحديقة واحتمالات استعمالها , فاذا لوحظ انهم سيكثرون من قضاء اوقاتهم في الحديقة فتصمم على هذا الاساس وتنشأ بها من الوجوه والعناصر ما يوفر لهم جميع احتياجاتهم التى تشعرهم بأن الحديقة جزء من المنزل.

· رسم كروكى:

بعد جمع المعلومات وتكرار زيارة مهندس الحدائق للموقع , تستعمل احدى النسخ الموقع عليها كافة البيانات السابق ذكرها للبدء في التصميم بعمل الرسم الكروكى والذي يراعى فيه قواعد التنسيق العامة.

و يبدأ المصمم بوضع فكرة الحديقة وتقسيمها الى اجزاء حسب الاستعمالات المطلوبة , ثم يقوم بعمل تفاصيل كل جزء على حدة. وعادة تتبع الخطوات الاتية في التصميم:

1. تحدد أولا اماكن زراعة الاسيجة على حدود الحديقة اذاكانت غير مسورة وكذلك اماكن الاشجار لغرض العزلة او مصد للرياح او لحجب مناظر غير مرغوب فيها ويجب ان تبعد نباتات الاسيجة (الاسوار) عن مبانى السور فيما لا يقل عن 50 سم – اما الاشجار فيفضل ان تبعد عن السور بما لا يقل عن 1.5 متر.

2. يراعى عند إنشاء المنزل اذا كانت مساحة الارض صغيرة الا يوضع في وسط الارض بل يوضع قريبا من احد الجوانب لتبقى مساحة اكبر على الجانب الاخر تصلح لانشاء الحديقة. وتفرض ظروف الجو في مصر ان تقع غرفة النوم في الجهة الشمالية (البحرية) او الشرقية (لتكون صحية بدخول الشمس فيها صباحا ومهواة في ليالى الصيف من اثر الرياح) , اما حجرة الجلوس فتقع في الشمال الغربى لتناسب استعمالها , وكثيرا ما تطل هاتين الغرفتين على جزء كبير من الحديقة.

و عادة تحتوى الحديقة المنزلية على جزأين اساسيين: امام المنزل وخلفه , ويشغل الجزء الامامى مساحة صغيرة من الحديقة تستعمل عادة للمرور المباشر من مدخل الحديقة لمدخل المنزل ولتجميل واجهة المنزل فقط , ولذلك يجب ان يكون انيقا في تصميمه لأنه اول جزء يظهر من الحديقة , وعادة يصمم على النظام الهندسي المتناظر , ويعتبر الخط الواصل بين الباب الخارجى للحديقة الامامية وباب المنزل محور اساسى للتصميم.

يجب ان يظل هذا المحور مكشوف وقد يحاط بمسطح اخضر على الجانبين لتقويته مع زراعة بعض الاشجار والشجيرات بحيث يوضع بعضها قريبا من المنزل نفسه وعلى جانبيه ويمكن انشاء بعض احواض الزهور بالحديقة الامامية شريطة الا تكون كبيرة حتى لا تؤدى الى الشعور بصغر مساحتها وفى الحديقة الامامية ايضا يحدد دخول مكان السيارات والذى تزرع على جانبيه بعض نباتات الاسيجة التى تعزل بعض ملحقات المنزل غير المرغوب في ظهورها اما الجزء الخلفى من الحديقة فيشتمل على الجزء الاكبر من مساحتها والذى عادة يخصص للجلوس والخلوة والهدوء وللعب الاطفال ولزراعة زهور القطف والصبارات وبعض نباتات الخضر والفكهة واقامة برجولا او بركة.. وما الى ذلك هو الذي يكون متمما للمنزل.

يقترح انشاء مسطح اخضر كبير في وسط الحديقة الخلفية التى تصمم على الطراز الطبيعى على ان تكون نقطة منتصفة وبعيدة عن نقطة منتصف الحديقة ليبتعد التصميم عن التماثل الشديد ويمكن تخصيص الركن البحرى الشرقى لحديقة الاطفال والركن البحرى الغربى لنقطة مهمة اخري (كحديقة خضر مثلا والتى يجب عزلها بسياج يخفيها عن باقي الحديقة).

3. بعد ذلك تحدد اماكن المشايات المراد اقامتها في النقط التى يوصى التصميم بتقويتها.

4. رسم الطرق والمشايات شريطة ان تربط اجزاء الحديقة ببعضها وتربط المنزل بالحديقة وتجعل الانتقال من مكان لآخر ميسورا.

5. تحديد اماكن المسطحات الخضراء واحواض الزهور واماكن زراعة الاشجار والشجيرات والمتسلقات.

<u>رسم الخريطة:</u>

يجب الاهتمام برسم الخريطة التى ستصور ما ستكون عليه الحديقة مستقبلا ليكون اساسا سليما لتنفيذ الحديقة , وليكون التغيير في التنسيق محدودا مقارنة بما ينتج عن

الاهمال في الرسم من احتمال كثرة التغيير عند التنفيذ كذلك فإن الرسم الدقيق اساس لتقدير المقايسة الحقيقية لتكاليف الانشاء والوقت اللازم للتنفيذ ومصاريف الصيانة وتجنب اخطاء التناسب , إذ قد يتصور المصمم او المالك اقامة منشأة في مكان معين ثم يتبين عدم امكان تنفيذها نظرا لعدم دقة الرسم.

و تستعمل الخريطة الدقيقة ايضا لاعادة دراسة رغبات المالك واجراء التغييرات التى قد تستجد في هذه المرحلة وقبل بدء عملية التنفيذ مباشرة.

بعد الرسم الكروكى والانتهاء من فكرة التصميم وتخطيطها , يقوم مهندس الحديقة برسم الحديقة على احدي نسخ المسقط الافقى للمساحة الكلية بما فيها المنزل.

و يجب ان يحدد على احدى النسخ الاماكن التى تحتاج الى تغيير المنسوب (اعمال الحفر والردم) واماكن تغيير الطبقة السطحية من التربة عند عدم صلاحيتها واماكن خطوط الرى والحنفيات كما تحدد شبكة الصرف (اذا لزم الامر).

و يستعمل في الرسم بعض الرموز التى تشير الى النباتات والمنشآت ويكون ذلك بنفس مقياس رسم الخريطة ويمكن الاشارة الى النباتات بأرقام على ان يوضع قرين كل رقم اسم النبات الدال عليه في ملحق خاص.

و يفضل عادة رسم شكل منظور للحديقة بما فيها من نباتات ومشايات حتى يسهل على الناظر تصورها كلوحة فنية جذابة ستؤل في الغد الى حقيقة ملموسة , وقد يلون الرسم وعندئذ يكون اللون الاخضر الفاتح للمسطح الاخضر والاخضر الغامق للاشجار والشجيرات والاسيجة والازرق الفاتح لمسطح المياه والالوان المختلطة (احمر واصفر وازرق..) لأحواض الزهور.

و عادة يسجل في ركن على ورقة الرسم: مقياس الرسم ـ اسم الحديقة والمنطقة التى ستقام فيها ـ كما يسجل على الرسم الجهة البحرية بسهم في احد اطراف الحديقة.

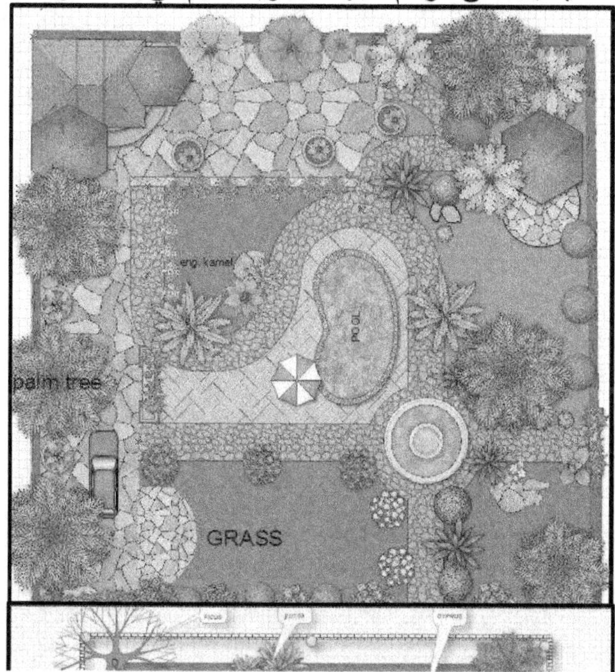

خطوات تنفيذ انشاء الحديقة

تبدأ خطوات انشاء الحديقة بتخطيط الرسم على الارض ولتحقيق ذلك ممكن يستعمل مثلث المساح والشواخص في المساحات الكبيرة – اما في المساحات الصغيرة فيستعمل الشريط والوتد والحبل.

ترسم الخطوط على الارض بالجير الجاف او معلق الجير في الماء وعادة يكون ترتيب توقيع الرسم وتنفيذ الإنشاء كالآتى:

1- تميز حدود واماكن الطرق الرئيسية والفرعية على الارض وتدق اوتاد في اول كل حد ونهايته.

2- تميز اماكن الاسيجة بحيث تبعد 50 سم على الاقل من مبانى السور.

3- تميز اماكن احواض الزهور وتدق اوتاد في اركانها.

4- تحدد اماكن المنشآت كالبرجولا او المزوله او المقاعد ويفضل البدء في اقامتها وبنائها في هذه المرحلة قبل عمليات الزراعة حتى يمكن التخلص من مخلفات اعمال البناء.

5- يسوي سطح الارض او جزء منها عند المنسوب المطلوب بواسطة الميزان (فى المساحات الكبيرة) والاوتاد ولوح خشب طويل وميزان الماء العادى (في المساحات الصغيرة) وذلك عند اسفل آخر درجات سلم المنزل وبالقرب منها , تثبت اوتاد تكون قمتها على نفس المستوى بوضع لوح الخشب عند اسفل درجة السلم وفوق قمة الوتد في وضع افقى بواسطة ميزان الماء وتدق اوتاد اخرى بعد ذلك على نفس مستوى الاوتاد التى وضعت عند المنسوب المطلوب وبنفس الطريقة , ويمكن بتوزيع هذه الاوتاد على حدود الطرق والاحواض والمسطحات وفى وسطها تحديد اعمال الحفر والردم المطلوبة في جميع اجزاء الحديقة.

تستخدم الآن اشعة الليزر في تسوية سطح الارض (خاصة في المساحات الكبيرة وهي طريقة اكثر دقة) و قد يفيد في عملية التسوية غمر الارض بالماء حيث يفيد ذلك في تحديد الاماكن المنخفضة وإنبات بذور الحشائش الغريبة وهبوطها الى المستوى الذى ستكون عليه بعد الزراعة.

6- تركيب مواسير المياه والحنفيات مختفية بجوار سور الحديقة او على جوانب الطرق تحت مستوى منسوب الحديقة.

7- تنشأ الطرق والمشايات على المنسوب المطلوب وتحدد جوانبها بواسطة الحبال التى تشد على الاوتاد التى سبق وضعها وتعمل الدكة او الاساس اللازم للرصف. وليكن معلوما ان منسوب الطرق منخفض عن المستوى الاخضر بمقدار 10- 15 سم في حدائق المدن التى تروي بالخرطوم او بالرشاشات , بينما يرتفع منسوب الطريق عن مستوى السطح الاخضر بمقدار 10- 15 سم في حدائق الارياف والتى تروي من القنوات. اما عند رصف الطرق بالبلاط او غيرها من المواد فإن منسوب

الطريق يكون في نفس مستوي المسطح الاخضر , ويراعى ازالة مخلفات انشاء الطرق قبل البدء في زراعة الحديقة.

8- تجهز الارض بغد ذلك للزراعة فإذا كانت ارض زراعية جيدة تنظف من مخلفات البناء وتعزق لعمق 50 سم وتروي , وعند جفافها تعزق وتخلط بالسماد البلدى القديم المتحلل او اى كومبوست جيد التحلل وتروى ويعاد عزقها وتشميسها ويعاد ذلك عدة مرات. اذا كانت الارض غير زراعية كأرض المنازل تزال التربة على اعماق مختلفة فيحفر للشجر جور ابعادها 1 *1*1 م وللشجيرة والمتسلقات 50 *50*50 سم وتحفر احواض الزهور لعمق 30 سم والمسطحات الخضراء لعمق 20 سم. وتحفر للاسيجة خنادق بعمق وعرض 50 *50 سم. تردم الحديقة كلها عدا الطرق والمشايات بمخلوط التربة الجيدة او الطمى الناعم مع السماد البلدى القديم بنسبة 3: 1.

9- تزرع النباتات المختلفة كل حسب طريقته ويعتنى بعمليات الرى والخدمة وتنقية الحشائش أولا باول حتى تصل الحديقة الى اوجها وشكلها النهائى محققة الغرض الذى انشأت من اجله حيث الراحة والمتعة و الجمال.

هذا ويراعى عند استغراق عملية الانشاء لوقت طويل (عدة سنوات مثلا) كما يحدث عند انشاء الحدائق العامة وحدائق المدن والمستشفيات ان تزرع الاشجار بجميع انواعها (اشجار الظل والزينة والفاكهة ومصدات الرياح) بمجرد امكان ذلك حيث انها تحتاج الى وقت لوصولها الى الحجم الطبيعى الذى يحقق الغرض من زراعتها.

الفصل الثالث: التعرف على اهم طرز الحدائق العالمية

حدائق عربية واوروبية شهيرة

الحضارة الحدائقية

تاريخ الحدائق.. أو الحدائق على مر العصور.. أو فن الحدائق على مر العصور، كلها مرادفات للحضارة الحدائقية. فالحدائق نوع من أنواع الفنون التي تعبر عن رقى الإنسان البشرى على مر العصور أيضاً، كما أنها تمثل نوعاً من أنواع العلم والمعرفة الذي يعكس مدى وعى المجتمع الثقافي. فالحديقة عند القيام بأعمال التصميم لها ومن بعدها التنسيق.. فإن كل عمل من هذه الأعمال يعكس ضرباً من ضروب الفنون التي تحتاج إلى إبداع الإنسان.

والجدير بالذكر أن الحدائق بوضعها الحالى لم تأتى هكذا من فراغ مرة واحدة ولكنها مرت بمراحل عديدة من التطور خلال العصور المختلفة

التسلسل التاريخى لتخطيط الحدائق:

اولا: حدائق العصور القديمة.
ثانيا: حدائق العصور الوسطى.
ثالثا: حدائق العصر الحديث .

واهم الحدائق في التاريخ الحضارى للحدائق هى:

1. الحدائق الفرعونية
2. الحدائق الاشورية
3. الحدائق الفارسية
4. الحدائق الهندية
5. الحدائق الرومانية
6. الحدائق العربية في الاندلس
7. الحدائق اليابانية
8. الحدائق الايطالية
9. الحدائق الفرنسية
10. الحدائق الانجليزية

واخذت هذة الحدائق تتطور بشكل سريع ومتلاحق وتزداد اعدادها واهميتها ويتطور معها فن التصميم والتنسيق حتى وصلت الى الحدائق الحديثة في عصرنا هذا والتى تجمع بين التنسيق الطبيعى والتنسيق الهندسى وتميل الى البساطة.

فن الحدائق:

وجود الحديقة ليس بالأمر الحديث وإنما يتميز بالقدم والحداثة في نفس الوقت، فنظرة الإنسان للحديقة لم تتغير بمرور العصور المختلفة: العصور القديمة والوسطى والحديثة، التي هي رمز لتجديد النشاط والحيوية ولإضفاء راحة النفس والتخلص من أعباء الحياة وصخبها. فالتأمل في جمال الدنيا المتمثل في الحدائق يُعطى إحساس بالاسترخاء ممتزجاً بالدهشة، وهناك قول صائب: "إذا كان هناك جنة على الأرض فهي الحدائق."

وكما أشرنا إذا كانت الحدائق فن وعلم، فالعلم هو الذي يُلزم الإنسان معه معرفة علوم الفلاحة والإدراك العميق بأنواع النباتات.. وإذا قلنا أنها فن فيستلزم من الإنسان أيضاً تفهم قوانين التنسيق والإخراج التي يحتاجها أي عمل فني. وفى نفس الوقت، يختلف فن تنسيق الحدائق عن باقي أنواع الفنون المتعارف عليها حيث لا يمكن الحكم عليها بعد الانتهاء من تنسيقها كما الحال عند الانتهاء من نظم بيوت الشعر أو عند الانتهاء من تأليف قطعة موسيقية حيث يتم الحصول على الحكم الفوري عليها بعد سماعها مباشرة.

فالأمر يختلف مع فن الحدائق، والحكم لا يأتي إلا بعد مرور فترة طويلة من الزمن تصل لسنوات حتى تكتمل جميع عناصرها ونمو نباتاتها وأشجارها، فالنتيجة تُبنى من تخيل المصمم وتصويره.

وتأتى روعة هذا الفن بأن جذوره تمتد في أحضان القوانين الطبيعية الغامضة لهذا الكون والتي أظهرت في الوقت ذاته العلاقة الرياضية بين توافق الألوان.

وهذة نبذة مختصرة عن الحدائق عبر العصور المختلفة:

أولا - حدائق العصور القديمة:

أنماط لأنواع الحدائق الموجودة في العصور القديمة، والتي كانت تمثل مختلف الحضارات العريقة. وكانت بداية الحدائق في العصور القديمة هو لخدمة الأغراض الدينية حيث كانت جزءاً لا ينفصل عن المقابر، أو لسد حاجات الإنسان من الغذاء والأطعمة.

ومن أمثلة الحدائق في العصور القديمة:

أ- الحدائق الفرعونية:

كان لقدماء المصريين السبق في الحضارة الحدائقية، وكان على رأس الملوك الذين وجهوا اهتماماً كبيراً بالحدائق الملك "تحتمس الثالث" والملكة" حتشبسوت". كان طراز الحدائق في هذه الحضارة يغلب عليها عنصر الماء وسط الحديقة الذي كان يمثل عند المصريين القدامى نهر الحياة، وكانت تحيط بأحواض الماء المستطيلة من الجانبين أشجار الظل في صفوف مستقيمة وعلى أبعاد متساوية.

والتصميم الهندسي للحدائق الفرعونية كان مسطحاً ليُظهر جمال حوض الماء ومجراه الذي يتوسط الحديقة ومن حوله الأشجار والزهور.

يحيط بالحديقة سور مرتفع وذلك لحجب مناظر الصحراء، كما كانت هناك تماثيل الآلهة لتكسبها طابع المعابد. ومن أشهر الأشجار التي زُرعت في الحديقة الفرعونية: أشجار النخيل والصفصاف والمشمش والرمان والزيتون.

فقد انشأت الحدائق الفرعونية لاغراض دينية بحتة وذلك لتجميل المعابد واعطائها اهمية كبرى في حياة قدماء المصريين وتميزت هذة الحدائق بالاتى:

1- الحدائق كانت هندسية التنسيق والطراز حيث التناظر والخطوط المستقيمة.

2- الحدائق كانت مكشوفة ويتوسطها حوض ماء مستطيل الشكل بة نباتات مائية (كاللوتس)وبعض الاسماك.

3- توجد فسقية يحاط بها نباتات عشبية وشجيرات مزهرة موزعة بشكل منتظم (مثل الياسمين والتفلة والنرجس) ويحاط بها من الخارج صفوف من اشجار التين والجميز وتليها الاشجار العالية مثل (نخيل الدوم والبلح).

4- توجد تماثيل الالهة في الحديقة موزعة توزيعا منتظما بالحديقة ويحيط بها من الخارج سور عالى.

5- النقوش الموجودة على جدران المعابد الفرعونية توضح ان الفراعنة قاموا بقص وتقليم الاشجاروالشجيرات وتشكيلها هندسيا واستخدموا نباتات (النرجس والزيتون والرمان والمشمش والجميز والليليم واللوز.

6- التزيين الداخلى للزهور الحالى برجع الفضل فية الى قدماء المصريين حيث زينوا اعمدة معابدهم باشكال الزهور واوراق النخيل وذلك بحفرها على تلك الاعمدة ورسموا مناظر حدائقهم على جدران المعابد والبيوت وعلى ارضيتها.

ب ـ الحدائق الآشورية (حدائق الصيد):

الحدائق الآشورية هي محاكاة لحدائق القدامى المصريين، حيث نقل الملك "آشور" معه إلى بلاده طراز حدائق مصر الفرعونية عندما غزاها في القرن السابع قبل الميلاد إلا أنه أضاف بعض التصميمات التي أعطتها الطابع الآشوري (لكن الأصل من الفراعنة). وكانت الحدائق الآشورية واسعة لتلائم أغراض الصيد أو القيام بممارسة أنواع مختلفة من الألعاب للترويح عن النفس، كما غلب عليها التصميم غير المنتظم الذي يعكس الإيحاء الطبيعي بدلاً من الخطوط المستقيمة لقنوات الماء.

ج- الحدائق الفارسية:

جمعت في تصميمها ما بين الحدائق الفرعونية والحدائق الآشورية (الحديقة الطبيعية + حديقة الصيد)، فكانت الحديقة الفارسية مربعة الشكل في تخطيطها وقنوات الري ممثلة في أربعة أنهار متعامدة وتلتقي في مركز الحديقة حيث بئر الماء. وغالباً ما كانت الحديقة الفارسية تُحاط من داخل جدرانها الخارجية بقناة من الماء، كما زُرعت في كل ركن من أركانها الأربعة أشجار الفاكهة والنباتات ذات مواسم إزهار مختلفة على مدار السنة.

وقد جمع الفرس ما بين حب الحدائق وحب الصيد الذين عرفوه عن الآشوريين حيث كانوا يصممون بجلود الحيوانات الحدائق ويعلقونها على جدران المنازل وخاصة في فصل الشتاء حيث برودة الجو القارسة والتي لا يستطيعون معها الخروج للتمتع بجمال الحدائق واصطياد الحيوانات، ومن هنا برزت صناعة السجاد الفارسي العجمي.

ومن ولع الفرس بفن الحدائق، قاموا بزراعة الجبال بطرق لا تنهار مع سقوط مياه الأمطار واشتهرت مدينتي بابل وأصفهان بهذا النوع الذي أطلق عليه "حدائق بابل المعلقة"، وكانت تُزرع بها الأنواع الشهيرة التالية :شقائق النعمان، السوسن، القرنفل والبنفسج.

ومن أقوى المدن الفارسية في إنشاء الحدائق هي مدينة "شيراز" التي تعتبر مدرسة لتخريج البستاني الماهر حتى وقتنا الحالي، حيث كانت مهمة البستاني في تلك البلاد من أشرف المهن ويلبسون زياً خاصاً يميزهم عن باقي أصحاب المهن الأخرى.

د- الحدائق الإغريقية (بلاد اليونان القديمة):
كان كل طراز جديد من الحدائق يظهر يقتبس من الحضارة الحدائقية التي سبقته، فحدائق اليونان كانت اقتباس من حدائق الفرس. ويمكننا أن نطلق عليها حدائق بلاد اليونان القديمة أو حدائق الفلاسفة لازدهارها

فى عهد الفلاسفة الإغريق القدامى الذين أكسبوا هذه الحدائق طابع جديد. فكانت الحديقة الإغريقية هي مصدراً لخدمة أحاسيس الإنسان وفكره بدلاً من اقتصارها على إنتاج الغذاء أو الترفيه أو الغرض الديني منها. وصُممت الحدائق على أن تكون مكاناً في الهواء الطلق امتداداً لبهو المعيشة في الحدائق الخاصة.

هـ- الحدائق الرومانية:
قد يكون هناك تشابه كبير بين الحديقة في الحضارة الإغريقية والحديقة في الحضارة الرومانية، ونتيجة لذلك أدمج الكثير هذين الطرازين وأسموه بالحديقة الإغريقية- الرومانية. إلا أنه هناك اختلاف وخاصة للنظام الروماني الأكثر تقدماً بما استورده من ثقافات من مختلف البلاد التي غزاها الرومان في عهد "الإسكندر الأكبر" والتي شملت فتوحاته حتى حدود بلاد الفرس والهند.

كان فن العمارة والنحت سائداً في هذه الحدائق، ويجوز القول بأن الرومان أول من استعمل المقاعد للجلوس عليها في الحدائق وزرعوا حولها الزهور ونافورة المياه. وتطورت هذه الفكرة إلى أن ظهرت في شكل تراسات الحدائق، بالإضافة إلى إنشاء النافورات وقنوات المياه، ونجد رجوع الرومان إلى أصلهم الإغريقي من خلال إطلاق أسماء إغريقية على حدائقهم مثل حدائق الليكيوم.(Lyceum)

و- الحدائق الصينية:
اقتبس الصينيون فن الحدائق من القدماء المصريين، وانتقلت إليهم ما بين عام 140 حتى عام 87 قبل الميلاد إلا أنهم طوروه إلى طراز جديد عُرف بالمذهب الطبيعي(Natural system) في تصميم الحدائق. وكان الغرض

من إنشاء الحديقة الصينية هو التأمل للفلاسفة وأصل الفكر ليصبحوا في عزلة عن الناس، إذا جاء تصميمها يساعد على هذا التأمل وطول التمتع بالمنظر الذي يقع عليه البصر (التمتع البطيء). فكان تصميم الحديقة لا يقوم على تكون المحاور الرئيسية، وتميزت بوجود مساقط المياه فيها والبحيرات والوديان والجبال.

ثانيا: حدائق العصور الوسطي (بعد الميلاد حتى آخر القرن التاسع عشر):

أ- الحدائق اليابانية:

دائماً ما تجمع الحديقة مهما كان نوعها او عصرها ما بين الأشكال الطبيعية والأشكال الهندسية (محاكاة الطبيعة الحرة والتصميمات الهندسية المنتظمة)، بالإضافة إلى إدخال الطابع الحضاري لكل دولة والاقتباس من الحضارات السابقة.. وهكذا كان الحال مع الحدائق اليابانية.

فبعد ظهور الحضارة الحدائقية في الصين عبرت لتصل إلى اليابان والتي كانت تتميز بوجود ثلاث أشكال من الحدائق فيها.

- الحديقة المنبسطة، وغالباً ما تُستخدم في المساحات الصغيرة للمنازل أو الطرق حيث يوضع الرمل على التربة وتوضع فوقه الحجارة بزوايا متلفة ويُزرع حولها بض النباتات.
- الحديقة الجافة، وعنصرها الغالب هو التباب وتوضع الحجارة مكان الماء فيها.
- الحدائق الصخرية والمائية، تجمع ما بين مجاميع من التباب ومجارى عديدة للمياه، وتنسيق لمناظر أمامية من الحجارة وبحيرات تتوسطها جزر.

أما عن الشكل الغالب للحديقة اليابانية وضع أحجار طويلة أشبه بالحرس في مداخلها ووجود كباري فوق مساقط المياه، أكشاك خشبية ذات طراز يابانى بالإضافة إلى تماثيل الآلهة.

ب- حدائق العصر الإسلامي:

ويُطلق عليها أيضاً الحدائق العربية الأسبانية، فأسبانيا تعتبر همزة الوصل ما بين أوربا وما بين الشرق الأوسط خلال العصور التاريخية القديمة لذا فهي جمعت ما بين الحضارة الحدائقية الأوربية والحضارة الإسلامية (حدائق الشرق الأوسط). أي أنها جمعت مابين الطابع الغربي والطابع العربي، إلا أن الطابع العربي هو الأكثر سيطرة وبروزاً.

وكان للحدائق الأسبانية طابعاً مميزاً الذي يعكس فلسفة الفن العربي، وخير مثال على ذلك: حدائق الهمبرا (Alhambra) حيث صحب المسلمون معهم إلى أسبانيا حب الطبيعة التي تمثل حياة البادية لديهم بما فيها حب المناظر الطبيعية والاستمتاع بالماء والهواء. وكانت فكرة الدهليز (Patio) مقدمة في الحديقة الأسبانية التي نُقلت عن

الرومان، وبكل حديقة توجد نقطة مركزية متمثلة غالباً في نافورة تلفت النظر إليها، وينتهي الدهليز عادة بما يحتويه من زهور وأشجار ونافورات بصالة كبيرة مفتوحة للهواء والشمس وقد يتواجد في الحديقة أكثر من دهليز واحد.

كانت الجدران تُدهن باللون الأبيض أو بالألوان الفاتحة، وهناك استخدام للأصص المزروعة فيها النباتات والتي تعتبر جزء من تصميم الحديقة، المدهونة أيضاً بنفس ألوان طلاء الحديقة لكي يتكامل الإطار النهائي الجذاب لها.

اعتنى الأسبان ببناء الشرفات والنوافذ المطلة على الحديقة لكي تكون همزة وصل بين المنزل والحديقة، كما أن ممرات المنازل والحجرات الداخلية كانت تملأها أصص النباتات المحبة للظل وتوضع بجوار المنشآت البنائية. وحيث أن العرب أكنوا يقدسون الماء ويحترمونه نظراً لندرته في حياة البادية عندهم، فُوجه إليه اهتماماً كبيراً كعنصر من عناصر الحديقة، فخرجت النافورات يندفع منه الماء إلى قنوات في شكل هدير أمواج، وكان الاهتمام بذلك حتى لا تركد المياه التي يستخدمونها في الوضوء (من شعائر الدين الإسلامي). كما قام العرب بتزويد الحدائق ببعض الأعمال التنسيقية مثل الأسيجة الإطارية (Boxing hedges) التي تحيط بأحواض الزرع والطرقات ونافورات المياه، كما اهتموا بالأقواس المعمارية فبُنيت الأقواس الرخامية في نهايات الدهاليز.

ج- الحدائق المغولية (الحدائق الهندية):

بمـا أن العـرب أدخلـوا طـراز حـدائقهم فـي بـلاد الأندلس(أسبانيا)، كـذلك فعـل المغـول بحدائق الهنـد بإدخـال الطـراز الفارسـي عليهـا حيـث قـامـوا بغـزو بـلاد الهنـد فـي عـام 1526 ميلاديـة. وكـان طـراز الحدائق الهنديـة أو المغوليـة إن جاز القول يغلب عليه الطابع التالى:

الحديقة أُنشئت حول القصور وحول المقابر وليس في وسطها كما هو متعارف عليه، كانت الأشجار الغالبة في الاستخدام والتي تحيط بالحديقة في صفوف ومسافات متساوية هي أشجار السرو بالإضافة إلى أشجار الفاكهة والنباتات العطرية، استخدام عناصر التنسيق من الماء والظل وذلك لارتفاع درجة الحرارة ببلاد الهند، مساحات الحديقة أكثر اتساعاً عن تلك التي أنشئت في بلاد الفرس.

د- الحدائق الإيطالية:

الحديقة الإيطالية وظهورها في عصر النهضة ما هو إلا امتداد للحدائق الرومانية القديمة، على الرغم من التداخل الكبير بين هاتين الحديقتين. ومن أشهر الأمثلة للحضارة الحدائقية الإيطالية حديقة فيلا لانت (Villa Lante) للمهندس "فيجنولا" 1564.

ومن السمات الغالبة على الحديقة الإيطالية: أولها فن النحت والزخرفة حيث وُضعت التماثيل في أماكن ظاهرة بالحديقة، ثانيها وجود عنصر الماء الذي يربط بين أجزاء الحديقة، ثالثها استخدام النظام الهندسي والذي كان يغلب عليه وجود التراسات

المتتالية مع محاور ثانوية متصلة بتلك التراسات. وكان هناك تنوع في هذه التراسات مثل التنوع في درجات السلالم وفى أوجه التراسات النهائية وفى وضع المجاميع الشجرية حولها.

هـ- الحدائق الفرنسية:

يمكننا أن نطلق عليها الحديقة الأرستقراطية، والسبب في ذلك أن المجتمع الفرنسي عُرف منذ القدم بأنه المجتمع الذي التف حول الملك وحاشيته وظهرت عليه معالم الحكمة والثراء والتحرر والعلم الذي انعكس في كل شيء في حياتهم وخاصة في نظام حدائقهم، فلم يكن تصميمها بسيطاً أو مكاناً للراحة والتأمل بقدر ما كانت مسرحاً يعكس حياتهم المليئة بالعظمة والتي كان يُقام عليها حفلات البلاط الملكي للحفاظ على مظاهر القوة والجاه.

أما الطابع الآخر الذي غلب على هذه الحدائق بعد طابع العظمة والبعد عن البساطة في تصميمها هو شق الطرق العريضة في الحدائق العامة وكذلك وجود شبكات من الطرق التي تربط الأراضي الزراعية ببعضها البعض والتي اقتبسوها من شق الممرات داخل الغابات لاستخدامها في الصيد.

أما مميزات عصر النهضة الإيطالية والتي نُقلت إلى الحديقة الفرنسية على يد "تشارلز الثامن" عام 1494 من معسكراته بإيطاليا ظهور التراسات والنافورات وعمليات التنسيق بالحجارة كجزء من تصميم الحدائق الفرنسية.

كما قام الفرنسيون بتحويل البرك المائية للأسماك والخنادق المائية للدفاع عن الحصون والقلاع أو التي كانت تُستخدم من أجل أغراض الري إلى قنوات واسعة كمذهباً جديداً في الحضارة الحدائقية الفرنسية. ثم جاء المصمم "أندريه لينوتر "لكي يحدث طفرة في فن الحدائق في الفترة ما بين 1656 إلى 1661 <u>والذي اتبع ثلاثة مبادىء في تصميماته للحدائق الفرنسية:</u>

1- وجود مساحة شاسعة أمام المباني تمتد من بعد الحديقة.

2- إتباع البساطة في محاور التصميم على أن يكون هناك محور أساسي تتعامد عليه محاور ثانوية وفى زوايا المحاور تكون هناك تابلوهات أرضية منسقة بالتماثيل والنافورات.

3- التركيز على أهمية المحور الأساسي ورؤية العين له على امتداد النظر رغم اختلاف في وحدات التناظر وهو نفس التصميم الذي استند إليه الملك" لويس الرابع عشر " في تصميم حدائق فرساي.

ثم مرت فترة من اختلال الحدائق الفرنسية حيث كان الفكر السائد بأن الحديقة يجب أن تُترك للطبيعة بدون تدخل للفكر الإنساني، ومرت ثلاثة قرون أخرى وبالتحديد أثناء القرن التاسع عشر أدرك الفرنسيون قيمة مواهب "لينوتر" واتخذوه نبراساً مرة أخرى في كل تصميماتهم للحدائق.

و- الحدائق الإنجليزية:

تاريخ الحدائق الإنجليزية مر بمرحلتين، مرحلة الاقتباس ثم مرحلة التفرد والإبداعية. فالأولى أثمرت عنها الحدائق المتناظرة أما الثانية فأثمرت عنها الحدائق الطبيعية.

أ- الحدائق المتناظرة:

ويتميز هذا النوع من الحدائق على أنظمة خاصة بالحدائق دخلت إنجلترا مع المستعمرين، ظل منها جزء اقتبسه الإنجليز منها وخرج منها الكثير بجلاء المستعمرين. وكان أول تلك الأنظمة التي نزحت إلى إنجلترا الحديقة الرومانية، وعلى الرغم من أن هذه الحدائق لم تترك آثاراً في الحدائق الإنجليزية إلا أنها كانت وسيلة لاستجلاب أنواع مختلفة من النباتات جديدة على المجتمع الإنجليزي كما استُحدث بها أعمال التنسيق الزخرفبالنباتات(Topiary).

وبرحيل الحدائق الرومانية حدث ركود في الفن الحدائقى واقتصر على الأديرة والتي كانت تنحصر الحاجات فيها على تربية الأسماك وزراعة الكروم والخضراوات من أجل الغذاء، والأعشاب للعلاج والزهور لتزيين محراب أديرتهم.

ثم جاء العصر "الساكسونى" لتخرج الحدائق من جدران الأديرة لتقام حول سور المنازل ثم تطورت في مساحتها وما تحتويه من أنواع نباتية. وفى عصر "هنرى الثاني" وبداية السلام في إنجلترا أنشئت الحدائق العامة لأول مرة في المدن إلى أن قامت حروب(War of Roses) ، وعاد السلام من جديد لتظهر الحدائق "التيودورية" نسبة إلى "تيودور" الذي قام بتصميمها في عصر الملك "هنرى الثامن" وتميزت باحتواء الحديقة الواحدة على أقسام مستقلة لا ترتبط بتصميم أساسي (محوري). وأقيمت البرجولات والتراسات بالحدائق الإنجليزية، أزيلت الأسوار العالية، أدخلت البرك المائية التي تربى بها الأسماك.

ب- الحدائق الطبيعية:

كان بداية هذا النوع من الحدائق على يد الطبقة الأرستقراطية الإنجليزية في القرن الثامن عشر التي كانت لديها الرغبة في ذلك الحين بإظهار ثرائها وشغفها لاهتمام بالمساحات الشاسعة من الأراضي التي تمتلكها وتحسين مناظرها حيث أتاحت من اجل ذلك سفر الإنجليز إلى إيطالياً وفرنسا لمشاهدة الحضارة الحدائقية لديهم ليتعلموا منه ومع عودتهم يأتون بأفكار جديدة، بالإضافة إلى أن النبلاء من أصحاب الضيعات قاموا بالسفر إلى بلاد الشرق الأقصى للإتيان بأفكار تُنفذ في صورة حدائق طبيعية.

وبدأت من هنا ظهور فكرة الحدائق الطبيعية البعيدة عن تلك ذات الطراز الهندسي أو ما كان يُطلق عليها" الحدائق المتناظرة."

وإذا كان "تيودور" هو رائد الحدائق المتناظرة فقد جاء" فانبرو" لكي يكون رائد الحدائق الطبيعية والذي قام بتصميم "حدائق قلعة هوارد الطبيعية". ثم جاء اللورد "برلنجتون" لكي يستخدم الحديقة الطبيعية المنزلية ونشرها بين أصدقائه والتي كان يغلب عليها الطرق غير المستقيمة بين الزروع وفى أماكن غير متناظرة، كما أستخدم الماء في أماكن مختلفة بالحديقة.

اشتهرت الحدائق الطبيعية باتساع مسطحاتها الخضراء وعدم استعمال أحواض للزهور إلا في الحدود النهائية للحديقة، وجاء القرن التاسع عشر وكثر استخدام الحدائق ليظهر نوع جديد يُسمى بالحدائق العامة.

ثالثا: حدائق العصر الحديث (القرن العشرين):

تعكس حدائق العصر الحديث شكل الحدائق في بعض البلدان الأخرى مثل أمريكا، سويسرا، أمريكا الشمالية والبرازيل والتي ظهرت مع القرن العشرين.

فالحدائق في أمريكا ما هي إلا مزيج من حضارات حدائقية تاريخية قديمة، فقد اقتُبِست من قواعد الحدائق الإنجليزية التي وضعها كلاً من "روبنسن وجيكل" Robinson & Jekyll، بالإضافة إلى وجود الطابع اليابانى على الحدائق الأمريكية. ثم تأثير مدرسة "بوهومى" الهندسية في استخدام الأشكال الحرة.

وخروجاً من الاقتباسات القديمة لحضارة الحدائق، كان هناك تجديد ملحوظ في استخدام هذا الفن في سويسرا لتخرج أوربا بذلك من قوقعة التقليد والمحاكاة لتشق الطريق للتفرد والتطور في تصميم الحدائق الأوربية، فظهرت التصميمات المرنة للأشكال غير المتماثلة المتداخلة مع بعضها إلى جانب استخدام النسب غير التقليدية في المساحات وإدخال التماثيل التي تعكس الدور الإنساني.

وانتقالاً إلى أمريكا الشمالية والبرازيل تحولت التصميمات إلى الأشكال المتماثلة مع الابتعاد عن الأشكال الهندسية التقليدية ووجود مساحات لونية كالتي تتميز بها اللوحات التجريدية. وكانت هناك لمحة من تأثير الحدائق اليابانية على حدائق أمريكا الشمالية من طريقة تكوين مجموعات صغيرة من الصخور والنباتات، وهناك طراز آخر أسباني لُوحظ في حدائق كاليفورنيا من المساحات الخضراء الواسعة لتعكس أشعة الشمس الساطعة. كما بدأ الاستعانة بعناصر جديدة في إنشاء الحدائق بعيداً عن أشكال الحجر المنحوت مثل الخشب والخرسانة والمعادن والزجاج والذي خرج في أشكال جديدة حيوية.

الحديقة البرازيلية، هي أكثر أنواع الحدائق التي عكست البيئة التي نشأت فيها وهى بالطبع البيئة البرازيلية. فكان الاعتماد الأساسي في تصميم هذه الحدائق استخدام الكتل اللونية للنباتات (فكانت بمثابة الألوان التي يستخدمها الفنان لتلوين تصميماته أو تماثيله). ومن هنا يمكننا القول بأن فن الحدائق البرازيلي قد تأثر إلى حد كبير بفن الرسم التجريدي، حيث تُرجمت لوحات هذا الرسم في شكل ملموس من فسقيات لازوردية وأوراق نباتات ملونة ومسطحات ذات لون أخضر متغيرة الظلال. أكثر أنواع الزروع شيوعاً في بيئة الحدائق البرازيلية هو الصبار والأجاف.

رائد تصميم الحدائق البرازيلية هو الفنان "بيرل ماركس Burle Marx" الذي أوجد حدائق برازيلية خالصة بنسبة مائة بالمائة.

بعض نماذج الحدائق التاريخية
الحدائق الصينية:
من خصائص الحدائق الصينية:

1- المـاء عنصـر اساسي في الحديقـة الصـينية. وعنـد تخطيـط الحديقـة، فـإن الخطـوة الأولـى هـي التحقـق مـن مصـدر وتـدفق الميـاه المتاحـة فـي الموقـع. وهـذا راجـع إلـى إعتقـادهم أن المـاء يخـدم التـوازن للعناصـر الأخرى في الطبيعة وفي الحديقة.

2- اهتمامها بإضافة الصخور والأحجار, وهذا راجع لاعتقادهم أن هذه الصخور تحمل طاقات الجبال إلى حدائقهم.

3- الجسور نصف دائرية حتى ترمز للقمر.

4- مصمموها يتبعوا نوعا من النهج التقليدي في اختيار المواد النباتية. فهم يعمدوا إلى إختيار النباتات الطويلة الامد كالصنوبر، والخيزران، فضلا عن النباتات المزهرة مثل peony ، orchid، وchrysanthemum.

5- في إختيارهم للنباتات كانوا أيضا يعمدون للمعنى الرمزي لهذا النبات, فمثلا: يرمز البامبو (الخيزران) إلى الصلابة مع المرونة, وترمز أزهار اللوتس إلى النقاء,وإستعمل الصنوبر لتمثيل طول العمر والمثابره والاصرار والكرامة.

6- إهتمامها بالمؤثرات البصريه: فانشأوا الاضاءه المركزة dappled lighting على الجدران، وبوضع هذه الإضاءة إلى جانب بعض المؤثرات المائية فإنها تعطي بعدا بصريا برحابة وسعة المكان.

بعض الصور عن الحدائق الصينية

الحديقة أو الحدائق اليابانية

وهو العنصر الأساسي في تركيبة الحدائق اليابانية، يساهم في إعادة إبراز مظاهر الطبيعة. يمثل الماء في الفلسفة الشرقية عملية التجدد، السكون والاستمرارية في العالم الآخر. تشيّد بعض الحدائق، على غرار حدائق سانسوئي، على درجات مختلفة الارتفاع للسماح للمياه بالتدفق. تتعدد مظاهر الماء في الحدائق، بعضها يتجمع في الأحواض، بعضها يتدفق في الجداول، وبعضها الآخر ينصب في الشلالات. يساهم الماء المتدفق في ترطيب الجو أثناء فصل الحر. يتم توجيه الأحواض، البرك والشلالات حسب زاوية معينة، حتى تنعكس أشعة الشمس عليها. يحب البعض أن يشبه الربوة المنتصبة في الحديقة بالإمبراطور، الماء برجال البلاط المتزلفين والصخور بالجند القائمين على رأس الإمبراطور والذين يحاولون عبثا صد هؤلاء المتزلفين عنه.

الصخرة

تولي الفلسفة الشرقية اعتناء خاصا بهذا العنصر. تمثل الصخور حالة الدوام والاستمرارية، كما يتجلى عبرها حضور قوى الطبيعة، تقوم بتثبيت الحديقة في الأرض وتعطي لها طابعا مميزا. تعطي الصخور للحديقة معالم وأبعاد إضافية، يمكن عن طريقها أن تتشكل الشلالات، الجداول والبرك. تحترم العقيدان الشنتوية والبوذية

كل مظاهر الحياة، ولا تفرق بين الإنسان والطبيعة. فالصخرة لها رأس، رجل وبطن، وقد تكون في أوضاع مختلفة، منتصبة أو منبطحة، لا يجب على الإنسان أن يجبرها على شيء من ذلك. يتم اتباع طريقة خاصة عند وضع الصخور، ترتب حسب أشكالها، أحجامها وألوانها (يحضر وضع الصخور الحمراء في ناحية الشمال، والزرقاء اللون في الغرب، والبيضاء في الشرق والسوداء في الجنوب)، عادة ما توضع على شكل أزواج من شكلين مختلفين (إحداهما تمثل الرجولة والأخرى الأنوثة). يجب أن تتم محاكاة الطبيعة بأفضل شكل ممكن عند وضعها وتجنب رصها جنبا إلى جنب حتى لا يتم تعكير صفو تناغم هذا المجسم المصغر للكون (الحديقة) .

الفانوس

مع بداية الاحتفاء بطقوس الشاي، أخذت الفوانيس مكانها في تركيبة الحدائق اليابانية. كانت وظيفتها الأصلية إرشاد الزوار أثناء قيامهم ببعض المراسيم الليلية، يعتقد أن النور التي تبثه هو بمثابة شعاع المعرفة والذي سيقوم بطرد سحابة الجهل التي تطوف في المكان. عادة ما يتم نحت هذه الفوانيس على الصخور .

الجسر

هو مكان العبور إلى العالم الصوري، عادة ما يتوقف عنده الزوار للتمتع بجمال الطبيعة، واستنشاق الهواء المنعش ومراقبة أسماك الشبوط وهي تسبح في البركة. تصنع الجسور من الخشب أو البامبو أو حتى من الصخور .تتخذ أشكال منحنية، دائرية على شكل أقواس، وفي بعض الأحيان تكون متعرجة، يجب أن تتناغم دائما مع طبيعة المكان .

سمك الشبوط

نظرا للكثافة السكانية العالية في اليابان، وقلة المساحات المخصصة على اليابسة لإنشاء البساتين، طور اليابانيون نوعا خاص منها: البساتين المائية. وتعبر أسماك الشبوط بمثابة الورود في هذه الأخيرة. تكاد لا توجد بركة تخلو من هذه الأسماك، تقوم أسماك الشبوط الملونة بإضفاء الحيوية على الأحواض التي تعيش فيها. عرفها اليابانيون منذ قرون عدة، ويتم اختيارها حسب لونها، حجمها، الأشكال المزخرفة فوق جسمها وجودة حراشفها. يمكن لها أن تعيش حتى 50 سنة، وتمثل في الثقافة اليابانية القوة والعناد والثبات .

النباتات

يتمتع اليابانيون بمهارة كبيرة في استخدام النباتات للتعبير من خلالها عن مشاعرهم (الفرح التعاسة، المعاناة). يعتبرون أن استخدام هذه الرموز يتيح لهم التواصل مع الطبيعة والمساهمة فيها. تمثل النباتات الأفكار المتنقلة وأشكال الحياة المختلفة. تشبه طريقة العناية بها، تلك المتبعة في فن البونساي، يتم نحت النباتات حتى تتخذ الشكل المناسب ويكون لها التأثير التعبيري الموافق .

أشكال الحدائق اليابانية

الحديقة الجافة تنسق أكثرها بالمعابد من أجل محاكاة الطبيعة ولكن بطريقة تجريدية وبدل المياه يوضع الحصى وفرش الحصى بطريقة محاكاة المياه وتوضع الصخور بينها.

حديقة التلال وترمز الى محاكاة الفردوس والجنة وهذا الرمز بالعقيدة البوذية وغالبا ما تكون بالشكل الدائري

حديقة الشـــاي وهي مخصصة لطقوس شرب الشاي وأهم عناصر حديقة الشاي طريق الحجارة او الصخور الذي يوصل لمكان تقديم الشاي والحوض الحجري للتطهر به قبل بدء الطقوس

الحديقة الجافة (الطبيعة الناشفة(باليابانية karesansui او حديقة زن:
أهم ما يميزها هو غياب عنصر الماء، وغالبا ما تتخذ في معابد طائفة زن البوذية. تحاول هذه الحدائق محاكاة الطبيعة ولكن بطريقة تجريدية. يتم تعويض فقدان الماء بوجود الحصى ويتم فرشه بطريقة خاصة لمحاكاة حركة الماء في المحيطات والبحر وغيرها. تنتقى الصخور ذات الأشكال الغريبة وتوضع وسط بساط الحصى، كما تنتشر الطحالب والشجيرات في أرجاءها. تستعمل بعض الحدائق صخورا من نفس النوع للزينة، يتم استقدامها من أنحاء متفرقة من البلاد (اليابان). تنموا شجيرات البامبو، الصنوبر الياباني الأسود والقيقب، على حصيرة من السرخس أو الطحلب. تعتبر حديقة معبد "ريو-آن-جي" في "كيوتو "أشهر الأمثلة على هذا النوع من الحدائق.

اللقطة من حديقة نيجوجو- إن في كيوتو

فيها إقامة الشعائر الخاصة، وتتيح هذه الحدائق جوا مثاليا يسمح بالتحضير لطقوس الشاي، كما ترمز إلى تواصل هذه الطقوس مع العالم الخارجي. من أهم عناصرها: طريق الأحجار (tobi-ishi): والتي تؤدي إلى المكان الذي يقدم فيه الشاي، الحوض الحجري (tsukuba)، ويقوم فيها لزوار بالتطهر قبل دخول الملحق، بالإضافة إلى بعض الفوانيس الحجرية (tourou).

طريق الأحجار في حديقة أوراكو- إن الحوض الحجري في حديقة أوراكو- إن (إينويياما- محافظة آيتشي)

الفصل الرابع: عناصر تصميم الحدائق (المجموعات النباتية)

عناصر نباتية (الدور التنسيقى والجمالى للمجموعات النباتية):

الأنواع النباتية

- استخدامات النباتات في تصميم الحدائق:

المجاميع النباتية المستخدمة في تنسيق الحدائق والدور التنسيقى لها:

العناصر النباتية في تصميم وتنسيق الحدائق.

يشتمل تصميم وتنسيق الحدائق على مجموعة من اهم العناصر وهى الأنواع النباتية حيث تعتبر النباتات العناصر الأساسية التي تتكون منها الحديقة وتحدد تصميمها وتنسيقها وهي عناصر حية تتغير مع الزمن. وتقيد حرية مهندس الحدائق في اختيار الأنواع النباتية عوامل عديدة أهمها:

أ- إختيار أنواع النباتات الأكثر ملائمة للظروف البيئية المحلية والمتوفرة في السوق المحلي.

ب- طبيعة ومراحل نمو النبات وملاءمته للموقع الذي يزرع فيه حولي أو معمر عشبي أو خشبي مستديمة

الخضرة أو متساقطة الأوراق والثمار.

ج- الحجم النهائي المناسب الذي يصل إليه النبات بعد سنوات من زراعته وملاءمته للمكان المزروع فيه والغرض من زراعته.

د- رغبة صاحب الحديقة في أنواع معينة من النباتات ومقدرته على صيانتها بالحديقة.

- استخدامات النباتات في تصميم الحدائق:

أ- الاستخدام الجمالي:

وهو الإستخدام الرئيسي للنباتات في تنسيق وتصميم الحدائق. وإستخدمت المجموعات النباتية بصورة عديدة في التصميمات الحديثة خاصة في التصميم المعماري وفي التنسيقات الداخلية، وتستخدم النباتات كنماذج تصويرية لها صفات مميزة أو كعناصر جذب بشكلها الطبيعي وبألوان أوراقها أو سيقانها أو أزهارها أو شكل تيجانها وتفرعاتها أو قابليتها للقص والتشكيل إلى إشكال منتظمة. كما يضفي وجود النباتات عنصر الطبيعة على المكان وتكسر حدة الخطوط الهندسية وتعطي صورة طبيعية للتصميم. كما تستخدم النباتات لإعطاء الألوان المطلوبة في التنسيق وتعمل على إبراز العناصر الأخرى في الحديقة أو تعمل على إخفاء العيوب أو

المناظر غير المرغوب فيها ولفت الأنظار إلى المناظر الجميلة بالحديقة كما تعتبر من العناصر الحية المتحركة والمتغيرة والتي تضفي الحياة على المكان وتبعد الملل مع تغيير ألوانها وأوراقها على مدار فصول السنة.

هذا وينبغي أن تكون هناك معرفة ودراية جيدة في كيفية توزيع وتنسيق النباتات المختارة وربطها بتصميم الحديقة وأن يعطي تناسق النباتات مع بعضها البعض التوازن والجمال والتوافق المطلوب وهذا علم بحد ذاته يسمى (علم فن تنسيق وتوظيف النباتات) ليكون مكملاً لعلم تنسيق الحدائق.

ب – الاستخدام البنائي:

وذلك بتكوين أسوار نباتية يمكن أن تؤدي الغرض الذي تقوم به الأسوار البنائية لحجب المناظر غير المرغوب فيها وذلك بزراعة مجموعة من نباتات الاسيجة متقاربة مع بعضها أو في مجموعات وقد تكون في إرتفاعات وكثافة خضريه مختلفة. كما يمكن إستخدامها لتحديد وتقسيم المساحات في الحديقة وعزل أجزائها عن بعضها البعض أو عزل أماكن للجلوس والاستراحات. وكذلك تحديد المشايات والطرق لتقود الزائر للحديقة إلى اتجاه معين. وتحديد وتجميل مسارات المداخل الواسعة للحديقة وتقسيمها بزراعة مجموعات شجيرية وأحواض زهور ونماذج فردية لها صفاتها المميزة.

كما تستخدم النباتات لتكملة تكوين أو أجزاء معينة أو فراغ في وحدات من المنازل لتربط بين الحديقة والمنزل. كما تستخدم لإعطاء شعور بالاتساع الظاهري كما يمكن استخدامها بزراعتها في مجاميع قصيرة لتكوين إطار لتحديد وإبراز منشأ بنائي له أهمية خاصة في حديقة أو كإطار يحيط بالمبنى ليدخل عنصر الطبيعة ويكسر حدة الخطوط الهندسية المستقيمة (زراعة الأساس أو تجميل المبنى) وليربط المبنى بالحديقة. بالإضافة إلى استخدامها في تغطية عيوب المباني وإعطاء شعور بالعلو والإرتفاع للمباني المنخفضة أو إعطاء تقصير وهمي للمباني العالية.

ج - الإستخدام البيئي:

وجود النباتات عامل مهم في مكافحة التلوث البيئي وامتصاص الغازات غير المرغوب فيها من الجو وتقليل الضوضاء عن طريق امتصاص الموجات الصوتية والحد من تأثيرات انعكاس الضوء والبريق عن طريق أدمصاص الأشعة على المجموع الخضري للنباتات.

ولذا تستخدم في بعض المدن الكبيرة (زراعة الأحزمة الخضراء) تتكون من نباتات مستديمة الخضرة مقاومة للتلوث البيئي ووجد بالتجارب أن الشوارع غير المزروعة بالأشجار بها من ثمانية إلى عشرة أضعاف كمية الأتربة بالنسبة للشوارع المزروعة بها الأشجار على الجانبين.

كما تستخدم النباتات لتلطيف درجة حرارة الجو ولنشر الظل خاصة للمناطق الصحراوية وفي وسط المدن كما تقوم بكسر حدة الرياح وتقليل سرعتها، كما يمنع وجود النباتات عن طريق جذورها انجراف التربة وتحد من تحرك الرمال أو زحفها

سواء بواسطة رياح أو مياه الأمطار. كمـا أن أفـرع وأوراق النباتـات الكثيفـة تمنـع سقوط حبيبات المطر على الأرض وتقلل من تأثيرها على تركيب التربة.

المجاميع النباتية المستخدمة في تنسيق الحدائق:

يمكن تقسيم المجاميع النباتية المستخدمة في الحدائق العامة إلى الآتي:

اولا: الأشجار Trees

هى نباتات لا يقل ارتفاعها عند تمـام نموهـا عـن 4 أمتـار ذات سـاق رئيسـي متميز وتكون مستديمة الخضرة أومتساقطة الأوراق وتعتبر الأشجار من أهم النباتـات التـى تستعمل في تجميل وتنسيق الحدائق والطرق سواء لطبيعية نموها وتفريعها أو لشكل أوراقها وأزهارها الجميلة بألوانها المتعددة وأحياناً لرائحتها الزكيـة لتعويض نقص الأزهار في الحدائق كما تستخدم للحصول على الظل حيث أنها تضفى علـى الحديقـة ظلاً فتلطف الجو وتعطى منظر خلفى وتحدد المساحات الواسعة وتكسر خط الأفـق وتقسم الحديقة الـي أجزاء وتخفى المناظر القبيحـة فتستخدم كستائر نباتيـة لحجب المناظر وكمصدات للرياح وتعالج عيوب المباني علاوة على كونها عنصر المفاجأة في الحديقة.

وتقسم إلى:

أ- أشجار مزهرة ب- أشجار الظل

ومن أشجار الزينة:

فلفل بورق رفيع Shinus molle
فلفل بورق عريض Shinus terebinthifolia
شجرة عيد الميلاد Araucaria excelsa
جاكاراندا Jacaranda ovealifalia
المشطورة (أم النجف) Kigelia Pinnata
بومباكس Bombax malabaricum
كوريزيا Chorisia speciosa
المخيط Cordia myxs
كازوارنيا Casuarina equistifolia
السـرو Cuptressus sempevirens
البلـوط Quercus rubra
السنط العربي Acacia Arabica
الفتنـة Acacia farnesiana
اللبـخ Albizzia lebbeck
خف الجمـل Bauhinia alba
كاسيا ندوذا Cassia Fistula
الخـروب Cerationis siliqua
السرسـوع Dalbergia aissoo

البوانسيانا Poinciana regia
الفيكس .Ficus sp
التوت الأبيض Morus alba
الصفصاف Salix safsaf

تستخدم أشجار الزينة في العديد من الأغراض التنسيقية وذلك كما يلي:

- الحصـول على الظـل في الحـدائق والشـوارع والميـادين مثـل البوانسيانا والأكاسيا واللبخ والباركنسونيا
- تجميل وتـزيين الطرق والشـوارع ومنع دخـول الملل إلى نفـوس السـائقين والمشاة مثل الفيكس العادي وخف الجمل والكافور والزيزفون والنيم .
- التقليـل مـن حـوادث السـيارات الناتجـة مـن إستعمال النـور العـالي وذلـك بزراعتها في وسط الطريق للفصل بين الإتجاهين مثل الفيكس العادي والفلفل العريض.
- كسر حدة الضوضاء عن الطريـق لمقدرتها علـى امتصـاص الصـوت مثـل الفيكس العادي والأثل .
- منع الأتربة وسفي الرمال مثل أشجار الكازوارينا والكافور.
- صد وكسر حدة الرياح وحماية المزارع من العواصف الرملية والترابية مثل الكازوارينا والسرو .
- الأسوار الشجيرية مثل الفيكس العادي والفلفل العريض.
- كنماذج فردية فوق المسطحات مثل البوانسيانا والسرو .
- كمنظر أمامي للمباني مثل السرو واللبخ.
- منظر خلفي للمباني والنباتات الأقل إرتفاعاً مثل السرو والكازوارينا والسدر .
- لتهيئـة العزلـة والفصـل بـين المبـاني المختلفـة مثـل الفيكس العـادي واللـوز الهندي .
- عنـد الجسـور والشـواطئ مثـل السرسـوع وفرشـة الزجـاج والسـنديان والصفصاف .
- كنباتات أصص أو أحـواض للتنسيق الـداخلي أو أمـام المبـاني مثـل الفيكس المطاط والفيكس المبرقش.
- كنباتات ذو صفات تصويرية خاصة في الحدائق العامة والميادين مثل الفلفل العريض والتين البنغالي والسنديان .
- إعطاء كتلة متجانسة من لون واحد مثل الجكراندا .
- إصلاح العيوب الهندسية للمباني بحجبها لها مثل السرو والفلفل الرفيع .
- للفصل بين الملكيات والتحديد مثل الحور والصفصاف العادي والكازوارينا .
- تثبيت ووقف زحف الرمال مثل الكازوارينا والكافور.
- تناسب حجم الأشجار مع مساحة الحديقة فلا تزرع أشجار ضخمة في حديقـة صغيرة.
- مراعاة الظروف البيئية وملائمة نوع الأشجار المزروعة للمواقع التي تزرع فيها الحديقة.

- في حالة زراعة أشجار بجوار المباني أو السور يجب أن تبعد مسافة لا تقل عن 1.5متر حتى لا تؤثر عليها.
- عند زراعة أشجار الظل يجب التأكد من وقوع الظل على المكان المراد تظليله على مدار اليوم حتى لا يأتي الظل في وقت من الأوقات على مكان يرغب بدخول الشمس إليه (حساب ظل الشجرة مع حركة دوران الشمس).
- بالنسبة للأشجار الضخمة (أشجار الظل) يراعى أن تزرع على مسافة 3 متر على الأقل من لمشايات.

<u>التكاثر:</u> ويتم التكاثر من خلال عدة طرق

بالبذرة: تزرع في فبراير ومارس

العقلة: تؤخذ العقل بأنواعها في بداية الربيع وتزرع في إصص أو في الأرض المستديمة

السرطانات: تنتج بعض الأشجار، سرطانات ويمكن فصلها مع جزء من الساق وزراعتها في المشتل ونقلها بعد تكوين الجذور

الترقيد: تستعمل هذه الطريقة في بعض الأنواع التي تنجح في تكوين نموات جذرية على الأفرع الهوائية، وذلك بترقيدها في التربة، إلى أن تتمكن من الاعتماد على نفسها حيث تفصل كأفراد مستقلة

التطعيم: تستعمل للأشجار الحساسة وذلك بتطعيمها على أصول مقاومة

زراعة الأشجار

يتم زراعة الأشجار بحفر الحفرة بأبعاد (1×1×1) متر، وتملأ بمخلوط التربة والسماد العضوي وتنقل الشتلة بعمر 1-3 سنوات، مع الأخذ في الاعتبار أن بعض الأشجار تحتاج إلى دعائم بجوارها لتنمو دون اعوجاج

ثانيا: الشجيرات Shrubs

وهى عامل الربط بين الأشجار والأعشاب المزهرة وهى تزرع لجمال أزهارها أو أوراقها أو لإنتظام شكلها وسط المسطحات مجتمعة أو منفردة أو على جانبي الطرق أو في الداوئر أو المنظر الخلفي وتلائم الشجيرات أغراض التحديد وفصل أجزاء الحديقة إلى وحدات مستقلة نسبياً ويكتمل نموها في فترة تتراوح بين 4- 5 سنوات وهى نباتات خشبية ذات ساقين أو أكثر أو ساق واحد متفرع وهى أقل إرتفاعاً عن الأشجار فقد تكون مستديمة الخضرة أو متساقطة. تعتبر الشجيرات من أهم المجموعات النباتية في تنسيق الحدائق

<u>ومن أمثلة الشجيرات</u>
بستاشيا بيضاء Adatoda vasica
بستاشيا زرقاء Daedalacanthus nervosun
أكوكانثيرا (ألوكانتا) Acokanthera spectabilis
تبرنـا Ervatamia coronaria
التفلة – الدفلة – ورد الحمار Nerium oleander
الياسمين الهندي الأبيض Plumeria alba
الياسمين الهندي الأحمر Phumeria rabra
تيفيديـا Thevitea nercifolia
تويـا Thuja orientalis
أكاليفـا Acalypha wilkesiana
الاكاليفا الحمراء Acalypha marginata

الفتنة Acacia farnesiana
بنت القنصل (الرشدة) Euphorbia puleherrima
بداليا Buddl asiatica
تمر حنة أفرنجي Lawsomia indica
تمر حنة بلدي Lusonia inermis
هيبسكس Hibiscus rose – sinensis
بزروميا Myoporum pictum
ميرسين عطرى Myrtus communis
الفل المجوز Jasminum sambac
بوتوسبورم Pittosporum tobira
رمان الزهور Punica granatum
الورد. Rosa spp
سيبريا Spiraea cantoniensis
موريا Murraea exotica
دودونيا Dodonaea viscose

<u>وتستعمل الشجيرات فى العديد من الأغراض التنسيقية التى يمكن إيجازها فيما يلى:</u>

- الزراعة في مجموعات شجيرية متقاربة مع بعضها لتكون كتلة خضرية واحدة تستخدم في تصميم الحدائق الطبيعية مثل الهيبسكس واللانتانا.

- تزرع الشجيرات في الحدائق الصغيرة المساحة حيث يتناسب حجمها مع المساحة ومع المكان المخصص لزراعتها ويجب أن تزرع بطريقة منتظمة على جانبي الطريق لتحديد الطريق وليوصل لمكان معين كمظلة (برجولة) أو مقاعد، أو تقاطع طريقين أو عند مدخل الحديقة الطبيعية.

- يمكن أن تزرع في مجاميع كما في الحدائق الواسعة في منحنيات الطرق أو يمكن زراعة بعض أنواعها كنماذج منفردة لكل منها صفاتها الذاتية المميزة وسط المسطحات الخضراء. ويجب أن يراعى التوازن والتوافق بين المجموعات المتقاربة مثل النمو النهائي للشجيرات وتناسق الألوان وكذلك الأزهار.

- الزراعة كنماذج فردية لكل منها صفاتها المميزة والمحددة والتي تجذب النظر إليها مثل ملكة الليل والورد.

- الزراعة بجوار المباني مثل الياسمين الزفر.

- الزراعة في الأركان أو لملأ الفراغات مثل الدورانتا والأكاليفا.

- العمل كوسيلة ربط بين الأشجار والنباتات العشبية مثل اللانتانا وتزرع خلف أماكن الأزهار لتوجد تدرجاً في الارتفاع بين الأشجار المرتفعة خلفها والنباتات العشبية المزهرة أمامها.

- كنباتات أصص مثل الورد وبنت القنصل.

- كنباتات براميل مثل التيكوما الصفراء.

- في الأحواض مثل الأكاليفا.

- الزراعة في العراء كنباتات تغطية مثل الحصالبان والشيح.
- للزراعة حول المناحل مثل البدليا.
- تزرع بعض أنواع الشجيرات في دواير الأزهار في صفوف متباعدة عن بعضها خاصة الشجيرات المزهرة ولتعوض عن الحوليات المزهرة عند انتهاء موسم أزهارها. لإعطاء لون للحدائق في وقت قلة أزهار الحوليات والعشبيات مثل رمان الزهور والياسمين الهندي والتيكوما.
- تزرع كستائر نباتية ورقية أو مزهرة أمام الأسوار وأسفل الأشجار وخلف دواير الأزهار لتوجد تدرجاً في الإرتفاع.
- بعض الشجيرات يسهل تشكليها إلى أشكال عديدة مما يعطي الحديقة منظر مميزاً.
- تستخدم بعض الشجيرات كأسيجه طبيعية بدون قص وتشكيل.

تجديد الشجيرات
أفضل وقت لإجراء ذلك هو بدء نمو البراعم ويتم ذلك باتباع الآتي:

- تختار 3-4 أفرع غير مسنة وموزعة بانتظام ويزال ماعدا ذلك
- تقليم هذه الأفرع المنتخبة على ارتفاع 50-100سم
- ترش الشجيرات بعد ذلك ببعض المبيدات لعلاجها من الأمراض والحشرات
- تسمد سماد عضوي متحلل وتقلب في التربة ثم تروي

زراعة الشجيرات كنماذج فردية

وذلك للشجيرات التي تتميز بخاصية فريدة أو أكثر وتزرع على جانبي الطرق وفي مواقع متناظرة على مسافات متساوية أو تزرع منفردة على المسطحات الخضراء

زراعة الشجيرات في مجموعات شجيرية

تزرع كل مجموعة تحتوي على ما يتراوح بين 3-5 شجيرات بحيث تكون متوافقة في قيمتها التنسيقية من ناحية اللون والارتفاع، وذلك كي تكسب المكان منظرا جميلا

الشروط الواجب مراعاتها عند اختيار الشجيرات للتنسيق

1- تفضل الأنواع المستديمة الخضرة ذات الأوراق الملساء
2- أن تكون ذات موسم إزهار طويل
3- أن تتناسب من حيث الحجم مع المكان المراد زراعتها فيه
4- يفضل عند عمل مجموعات من الشجيرات التنويع فيما بينهما من ناحية الألوان
5- يفضل أن تكون أفراد المجموعة الواحدة من الشجيرات في الحديقة مكونة من جنس واحد حتى لا يحدث التنافر.

مميزات بعض الشجيرات

اللانتانا: من الشجيرات المحبة للشمس

التيكوما: شجيرة سريعة النمو ومحبة للشمس

الهبسكس: من شجيرات المناطق الصناعية

المرسين: من شجيرات المناطق الصناعية السريعة النمو

الدفلة: من شجيرات المناطق الصناعية المقاومة للصقيع

الديدونيا: من شجيرات السواحل

بتل بروش (فرشة الزجاج): من شجيرات الزينة تزرع لجمال أزهارها.

ثالثا: الأسيجة النباتية

الأسوار ضرورية لإحاطة المبنى أو الحديقة لصيانتها وحفظها، وتستخدم فيها المباني مواد الإنشاء الأسمنتية أو الخشبية. إلا أنه إكتساباً للمنظر الأخضر الجميل يمكن إقامتها من النباتات التي تزرع في صف منتظم بدلاً من إقامة السور المبنى وتسمى السياج النباتي، وهي نباتات تزرع متجاورة بعضها الي جوار بعض في صفوف منتظمة مع موالاتها بالقص والتشكيل لتعطي في النهاية شكل جدار أو سور يمكن إستخدامه كسياج نباتي تقص على هيئة الحائط لتأخذ الشكل المنتظم حول الحديقة من الخارج أو بين أقسام الحديقة الداخلية ويمكن أن تكون من نباتات الأشجار أو الشجيرات أو المتسلقات المتحملة للقص والتشكيل. ولبعض أنواعها أوراق وأزهار ملونه أو أشواك أو ثمار أو رائحة عطرية بالأوراق أو الأزهار، ولكل منها فائدة في

التنسيق وأهمية عند الحاجة إلى إقامة الأسيجة الملونة أو الزهرية أو العطرية أو الشائكة المانعة.

ومن أمثلة النباتات التي تصلح كسياج
الأكاليفا **Acallypha marginat**
بستاشيا **Adhatoda vacica**
أتربلكس **Atriplrx lentiformis**
بدليا **Buddlia asiatica**
سسترم **Cestrum elegans**
ياسمين زفر **Clerodendron enerme**
دورانتا **Duranta plumieri**
لانتانا كامارا **Lantana camra**
مورايا **Murraya exotica**
بزرميا **Myoporum pictum**
فيللنتس **Phyllanthus nivosus**

وتستخدم نباتات الأسيجة في أغراض تنسيقية متعددة من أهمها :

- تحديد الحديقة وحمايتها لتظهر مستقلة بذاتها ومعزولة عما يجاورها .

- تقسيم أجزاء الحديقة الواسعة وفصل أجزائها عن بعضها البعض مثل فصل الطرز المختلفة من الحدائق وتخصيص أماكن الجلوس والاستراحات بها .

- حجب المناظر غير المرغوب فيها داخل الحديقة .

- تحديد الطرق والمشايات بالحديقة وذلك بزراعة سياج منخفض لا يتجاوز ارتفاعه 50 سم على جانبي الطريق وحواف المشايات مثل الديدونيا وذلك ليقود الزائر إلى اتجاه معين .

- الزراعة في المجرات(أحواض) كشجيرات صغيرة مثل آس الريحان لتكون كتلة خضرية متجانسة .

- تكوين ستار خلفي مثل ياسمين الزفر للأزهار المزروعة على المسطح الأخضر .

- تكوين أسيجة اطارية مثل البتسبورم أو الياسمين الزفر لتحديد جسم أو منشأ بنائي معين .

- تكوين أسيجة اطارية مثل البتسبورم أو الياسمين الزفر لتحديد جسم أو منشأ بنائي معين .

- للزراعة على جانبي الشوارع فوق الأرصفة مثل التمر حنه الإفرنجي والهيبسكس .

- تعمل الأسيجة الشجرية على منع زحف الرمال والأتربة وكسر حدة الرياح .

أسيجة زينة مانعة هي نباتات تحمل أشواكا حادة وتزرع حول الحدائق، لمنـع دخـول الغرباء مثل شوكة مدراس

<u>اختيار نباتات السياج</u>: عند اختيار نباتات السياج يجب الحـرص علـى تـوفر الشـروط التالية:

- أن تكون قوية وسريعة النمو وتتحمل القص والتشكيل

- أن تكون مستديمة الخضرة
- أن تكون جذورها وتدية
- أن تكون مناسبة للموقع المراد زراعته من حيث الحجم واحتياجات البيئة

<u>تكاثر الأسيجة</u>

- تتكاثر أسيجة الزينة بالعقل الساقية
- تتكاثر الأسيجة المانعة بالبذرة

<u>خطوات زراعة الأسيجة</u>

1- حفر خندق بعمق نصف متر وعرض نصف متر

2- ردم الحفرة بمخلوط التربة والسماد البلدي بنسب متساوية

3- الري ثم العزق للمرة الثانية

4- إجراء عملية التقليم للنباتات قبل نقلها إلى الأرض المستديمة

5- زراعة النباتات على مسافة 75سم، مع دفن جزء من الساق في التربة

6- الموالاة بالقص والتشكيل حسب الطلب

رابعا: نخيل وأشباه نخيل الزينة

تلامس أطرافها مع بعضها كما تستعمل بعض أنواع النخيل في تسجير جوانب الطرق حيث لاتعوق حركة المرور أو تزرع في المنظر الخلفي للحدائق أوأمام المباني الكبيرة كذلك يمكن استخدام أشجار النخيل الصغيرة في أغراض التنسيق الداخلي كنبات أصص ويراعي عند زراعة أشجار النخيل في المكان المستديم وضع القيمة التنسيقية لها في المكان المناسب وبحيث تتناسب من حيث الارتفاع واللون وسرعة

النمومع المباني القريبة منها وطرز هذه المباني حيث يوحي نخيل الزينة بالفخامة والعظمة والجمال المتفرد

أمثلة النخيل وأشباه النخيل:

أريكا Areca lutesens
أرينجـا Arenga seccharifera
نخيل ذيل السمكة Caryota seccharifera
نخيل الكوكس Cocos Plumosa
الكاميروبس Chamaerops humilis
شاميدوريا Chamaedorea elegans
كنتيـا Kentia belmorian
النخيل الملوكي – الرخامي Oreodoxa regia
النخيل الكنارى Phoenix cenariensis
سيفورنيا Seaforthia elgens
كاميروبس Chamaerops humilis
الـدوم Hyphaene thebaica
لاتانيا – ليفيستونيا Livistonia chinensis
الرابسي Rhapis excelsa
نخيل ذيل الطاووس Sabal palmetto
واشنجتونيا Washingtnia filifera
نخيل ذيل الجمل Sycas revolute
الزاميا zamia spp.

وتستعمل في العديد من الأغراض التنسيقية التي أهمها ما يلي:

- الزراعة كنماذج فردية فوق المسطحات الخضراء.
- تجميل الشوارع والميادين.
- الزراعة في الحدائق العامة والعامة ذات الصفة الخاصة والحدائق الخاصة.
- الزراعة كمنظر أمامي للمباني، خاصة الرسمية أو ذات الطابع الشرقي.
- الزراعة كمنظر خلفي للمباني المنخفضة الإرتفاع.
- للزراعة في الأصص كنباتات تنسيق داخلي.
- لتحديد الملكيات الكبيرة نسبياً.

التكاثر بالبذره تزرع البذور في بدايه الربيع وتنقع قبل زراعتها وتختلف مده النقع باختلاف النوع من يوم الي 15 يوما. ثم تزرع البذور في البتموس حتي الانبات او مخلوط من التربة مع رمل بنسبه 2: 1 حتي الانبات ومن فتره الانبات تظل تحت البيوت البلاستيكه لمده 5 الي 7 شهور. وبعدها تنقل الي مكان اكبر في المكان المستديم في الربيع مع تغطيتها من حراره الشمس حتى يتم اقلمتها تدريجيا.

التكاثر بالخلفات او الفسائل

نقوم بفصل الخلفات من حول نبات الام بجزء من الجذور في الربيع والخريف وتنقل الي مكان مظلل واذا زرعت في مكانها المستديم يجب حمايتها من الشمس..

<u>الزراعه في الارض المستديمه</u>

تنقل الشتلات الي المكان المستديم في الربيع بعد تجهيز الحفرة المناسبة وتخلط تربتها جيدا بالسماد العضوي المتحلل مع رمل ثم نظلل الشتله ونسقيها جيدا ويجب تغطية النخيل المزروع بغطاء (كياب) حتي ظهور الورقه الاولي.

<u>تصنيف النخيل:</u> يصنف حسب شكل الورقه الى نوعان اما انواع ريشيه الاوراق او انواع مروحيه الاوراق.

<u>الانواع ريشيه الاوراق</u>

النخيل الملوكي (الرخامي Oreodoxa ragia) الموطن الاصلي كوبا وبنما له ساق طويله ناعمه ملساء لونها ابيض الاوراق خضراء ريشيه يتكاثر بالبذور التي تزرع في الربيع وهو محب للشمس.

<u>فيونكس كناري</u> Phoenix canariensis يشبه الي حد كبير نخيل البلح ارتفاعه يصل الي 15 متر له اشواك حاده ينجح في كل الاراضي وفي الاماكن المشمسه.

<u>نخيل البلح</u> phoenix dactylifera الموطن الاصلي شمال افريقيا يصل ارتفاعه الي 20 متر اوراقه ريشيه وثماره تؤكل وله اشواك حاده كما انه ينجح في الاراضي القلويه يتكاثر بالبذور والخلفه في الربيع.

<u>ذيل الجمل</u> Cycas revoluta الموطن الاصلي اليابان يصل ارتفاعه الي مترين ينجح في معظم انواع الاراضي وينجح في الاماكن النصف مظلله ويستخدم كنبات تنسيق داخلي ويتكاثر بالبذور والخلفات.

كوكوس رومانزوفيانا Cocos romanzofana تزرع لجمال وعلي الساق تظهر حلقات داكنه ريشيه وتتكاثر بالبذره.

<u>Caryota mitis</u> الموطن الاصلي الملايو يصل ارتفاعها الي 15 متر والاوراق ريشيه تنجح زراعتها في الاماكن الظليله

منظرها والاوراق

<u>ذيل السمكه</u> الموطن الاصلي الملايو ريشيه

والمشمسه وتتكاثر بالخلفات والبذور.

كنتيا Kentia Belmoriana وهي قصيره نسبيا تستعمل بكثره في التنسيق الداخلي تنجح في الاماكن الظليله والنص ظليله.

الانواع المروحيه الاوراق

لاتانيا بوربونيكا الموطن الاصلي جزيره بوربونيا والصين يصل ارتفاعها الي 6 متر وتشبه اوراقها باوراق الواشنجتونيا وتنجح في الاماكن النصف ظليله والمشمسه وتتكاثر بالبذور.

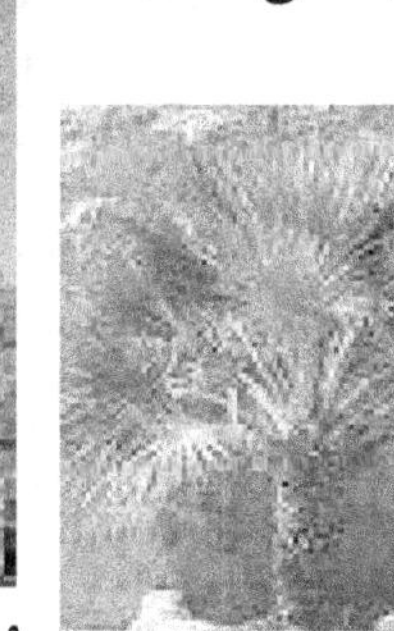

نخيل الدوم Hyphaene thebaica الموطن الاصلي افريقيا الاستوائيه ويزرع في صعيد مصر ثماره تؤكل وهو الوحيد الذي تتفرع الساق منه ويستخدم بذوره في صناعه الازرار. يجود في المناطق الحاره الاستوائيه ويتكاثر بالبذره.

نخيل الـ Chamaerops humilis الموطن

الاصلي اوربا يصل ارتفاعه الي 4 امتار يمتاز بكثره الخلفات حوله ينجح في الاماكن المشمسه ويتكاثر بالبذور والفسائل.

رابس Rhabis flabelliformis الموطن الاصلي الصين واليابان ارتفاعه يصل الي مترين اوراقه مروحيه تعطى خلفات كثيره تنجح في التنسيق الداخلي وهو بطئ النمو يتكاثر بالبذره والخلفات.

سابال Sabal palmetto الموطن الاصلي امريكا ارتفاعه يصل الي 12 متر يجود في معظم انواعي الاراضي وينجح في المناطق الدافئه ويتكاثر بالبذره.

واشنجتونيا Washingtonia Filifera كالفيورنيا يصل ارتفاعها الي 20 متر سريعه النمو الموطن الاصلي صحراء في الاراضي القلويه او ويتحمل ملوحه التربه لايجود في الاراضي القلويه او الرطبه ويتكاثر بالبذور.

خامسا: المتسلقات والمدادات

هى نباتات ضعيفة لا تقوى سوقها على النمو رأسيا بمفردها لذلك تتسلق بطريقة أو بأخرى على جسم يجاورها مثل جزوع الأشجار أو الأسوارأو الحوائط لترتفع وتصل الي ضوء الشمس (المتسلقات) وتتسلق

امـا بواسطه محاليق او السـاق او الاشـواك او الجذور الهوائيـه او بواسـطه زوائد خاصه تسمي المخالب او تتسلق بواسطه الدعامات. أو تمتد بالسـاق زاحفة علـى الأرض (المدادات).(وفي كلتا الحالتين تعمل أوراقها وأزهارها علـى تغطيـة المكـان وتجميله أو عزله عن غيره أو حجب المناظر غير المرغوبة عنه.

<u>ومن أمثلتها:</u>
الياسمين Jasminus giandiflorum
الشبرفايد Lonicera japonica
ست الحسن Ipomaea palmate
الأنتيجون Antigonon leptopus
طربوش الملك Clerodendron splendens
الكويس كواليس Quisqualis indica
الجهنمية Bougainvillaea glabra

<u>تزرع المتسلقات والمدادات لإستخدامها في الأغراض التنسيقية المتعددة مثل:</u>

- للتسلق على المداخل والبوابات والمظلات (البرجولات والتكاعيب) وأمـاكن الجلوس في الحديقة.

- تغطيـة واجهـات المبـاني والأسـوار والجـدران الخارجيـة للمنـازل لإكسـابها شخصية مميزة وإتصال الحديقة بالمنزل.

- تزرع كأسيجة نباتية لعزل الحديقة وحمايتها وحجب المناظر غير المرغوب بها المجاورة للحديقة.

- تغطيـة الأسقف المائلـة والميـول والمنحـدرات وجذوع الأشجار المايتـه فـي الحديقة.

- تزرع كمغطيات تربة وكنماذج فردية على المسطحات الخضراء.

- تعطي منظرا جميلا عندما تزرع امام الشرفات.

- بعض المتسلقات تزرع من اجل رائحتها العطريه مثل الياسمين

- تجميل المداخل والبوابات مثل الجهنمية والورد البلدي المتسلق والبيجونيا (مخلب القط) وكلير(طربوش الملك) .

- تجميل الأكشاك وتظليل البرجولات والتكاعيب مثل الياسمين البلدي والورد البلدي المتسلق والوستيريا.

- تجميل وتظليل المقاعد في الحدائق مثل الياسمين زفر وشبرفايد والأنتيجون.

- للزراعة على المنحدرات وفي العراء كمغطيات تربة مثل حبل المساكين والشبرفايد.
- للزراعة في الشرفات المنزلية وفي حدائق النوافذ مثل حبل المساكين والورد المتسلق.
- لتغطية الأسوار البنائية وتجميل الأسوار الصناعية مثل الجهنمية والياسمين الزفر وست الحسن (ايبوميا(
- كنباتات أصص للتنسيق الداخلي مثل حبل المساكين.
- للتسلق على المداخن وتغطيتها مثل الجهنمية وست الحسن .
- لعمل الستائر النباتية وإستخدامها كسياج لحجب المناظر غير المرغوب فيها مثل الياسمين الزفر والورد المتسلق والبلمباجو .
- تغطية الجدران والحوائط، خاصة غير المطلية أو القديمة وكذلك واجهات المباني والجدران لإكسابها شخصية مميزة مثل إيبوميا (ست الحسن) ومخلب القط .

مميزات بعض المتسلقات

الياسمين: متسلقات مستديمة الخضرة – مقاومة للحرارة – تتحمل الأدخنة والغبار – مقاومة للحشرات والأمراض

العنب: متساقط الأوراق – مثمر – سريع النمو – محب للضوء – ويستخدم أحيانا كغطاء نباتي

الأيبوميا: من المتسلقات العشبية

الجهنمية (الجميلة): متسلقات عالية – كثيفة الحجاب – مقاومة للحرارة – مقاومة للحشرات والأمراض.

الأنتيجونين: متسلقات متساقطة الأوراق – سريعة النمو

سادسا نباتات الأصص المزهرة

هى مجموعة من النباتات التى تزرع في الأصص بغرض الاستفادة من جمال أزهارها في التنسيق وإمكانية نقلها من مكان لأخر في الحديقة أوفى التنسيق الداخلي في الأماكن ذات الاضاءة العالية والتى تدخلها الشمس .

ومن أمثلة نباتات الأصص المزهرة: <u>**Pot Plants**</u>

Spathiphyllum spp.
Zantedeschia aethiopica
Saintpaulia species
Pelarjonium spp.
Hudrangea macrophylla
Gardenia jasminoides
Cyclamen Persicum
Camellia japonica
Azalea spp.
Aphelandra squarrosa

Pelargonium grandiflorum البلارجونيم
Saintpaulis iorantha البنفسج الافريقى

سابعا: نباتات الظل والصوب

هى مجموعة غيرمتجانسة من النباتات تشترك في انها تحتاج الى كثافة ضوئية منخفضة نوعا ورطوبة جوية مرتفعة نسبيا لذلك فهى تربى داخل الصوب ويتستخدم في التنسيق الداخلى داخل المنازل.

<u>ومن امثلتها:</u>

Aglaonema spp. اجلونيما
Diffenbashia picta ديفنباخيا
Scindapsus aureus البوتس
Codiaeum variegatum كروتون
Coleus blumei كوليوس
Dracaena fragrans دراسينا
Anthuriun andreanun انتورتم
Pepermia floridana ببروميا
Nephrolepis exaltata فوجير
Alocassia الالوكاسيا

ثامنا: مجموعة النباتات العشبية المزهرة الحولية والمعمرة:

النباتات العشبية الحولية والمعمرة بصفة عامة تلعب دوراً أساسياً ومهماً في تنسيق الحدائق سواء في الحدائق العامة أو الحدائق الخاصة، ووظيفتها الأساسية أن تكمل الصورة النهائية للحديقة مع الأشجار والشجيرات وخصوصاً مع تعدد ألوانها وأشكال أزهارها وبأحجامها المختلفة.

أـ العشبيات المعمرة

هى نباتات عشبية يمكنها أن تعيش عدة سنوات وتقسم الى: -

أعشاب معمره شتوية وهى التى تنمو وتزهز خلال فصلى الشـتاء والربيـع مـن كـل عام.

ومن امثلتها :
المندلية Chrysanthemum coronarium
جازانيا Gazania splendens
جيربيرا Gerbera jamesonii
البنفسج Viole odorata
طماطم الزهور Solanum peudocap sicum

أعشاب معمرة صيفية وهى التى تنمو وتزهر خلال فصلى الصيف والخريف من كل عام.

ومن امثلتها :

الونكا Vinca rosea
العتر الانجليزى Pelargoniun grandiflorum
العتر البلدى Pelargonium graveolens
الجاورنيا Pelargonium zonate
الجارونيا المدادة Pelargonium pelatum
السلفيا المستديمة Salvia splentens
فيربينيا مستديمة Verbena vigida

أعشاب معمرة تزهر على مدار السنة وهى يمكن ان تحمل ازهار في جميع فصول السنة.
واهم امثلتها نبات القرنفل Dianthus caryophyllus

ب- الحوليات الشتوية والصيفية وذات الحولين

الحوليات:Annuals تعرف بأنها مجموعة من النباتات تكتمل دورة حياتها في موسم واحد فقط سواء في الموسم الشتوي، وفي هذه الحالة تسمى"حوليات شتوية" أو في الموسم الصيفي وتسمى"حوليات صيفية"، وهي تنبت من البذرة وتعطي مجموعاً خضرياً وتزهر وتكون بذوراً وثماراً خلال هذا الموسم. أما النباتات ذات الحولين فهي التي تكمل دورة حياتها خلال موسمين أو سنتين، والجدير بالذكر أن بعض النباتات قد تعتبر حولية في مناطق معينة ولكنها تعتبر عشبية مستديمة في مناطق أخرى أي أن هذا التقسيم خاضع لعوامل وراثية وبيئية متعددة.

الحوليات الشتويه

تنمو نباتات هذة المجوعة وتزهر في فصلى الشتاء والربيع وحيث تزرع بذورها في الفترة من يوليو الى سبتمبر بينما يبدأ موسم الازهار في الفترةمن ديسمبر الى مايو.

ومن امثلتها

سيلين Silene spp.
برجمان Ageratum houstonianum
اركتوس Arctotis spp.
استر Callistephus chinensis
مرجريت Chrycanthemum
سنانير Cineraria cruenta
اقحوان Calendula officinalis
حنك السبع Antrrhinum majus
المنثور Motthiola incana
البانسية Viola tricilar
ابو خنجر Tropaeolum majus
البتونيا Peyunia hybrida

الحوليات الصيفية:

هي مجموعة من النباتات العشبية ذات الازهار المتباينة وتنمو هذه النباتات وتزهر في فصلى الصيف والخريف وتزرع بذورها في منتصف فبراير حتى أبريل وتزهر من يونيو الي نوفمبر.

ومن أمثلة الحوليات الصيفية

أمارنتس Amaranthus tircolor
عرف الديك Celosia argentea
مدنه Gomphrena globosa
بلظمينا Impatiens belsamina
كوكيا Kochia spp.
كوزمس Cosmos bipinnatus
عباد الشمس Helianthus annus
قطيفة Tagetes erecta
زينيا Zinnia elegans
رجلة الزهور Portulaca grandifl
شب الليل Mirabilis jalapa

النباتات ذات الحولين:

هى مجموعة من النباتات العشبية تكمل دورة حياتها في موسمين زراعين متتالين فتزرع بذورها في شهر مايو ويستمر نموها الخضرى طوال العام ثم تبدأ في الازهار في شهر مايو ويونية من العام التالى للزراعة.

<u>ومن أمثلتها</u>
كامبنيولا **Companula medium**
شيرانتس **Cheirnranthus allionii**
ليوناريا **Lunaria biennis**
عباد الشمس **Helianthus annus**
هيد يسارم **Hodysarn coronarium**
اينيثيرا (زهرة الميولا المسائية) **Oenothera biennis**
ديانتس **Dianthus barbatus**
ديجيتالس **Digitalis gloxiniodes**
عنبر كشمير **Gaillardia gloxiniodes**
اكويليجيا **Aquilegia spp.**

<u>طريقة الزراعة</u>: تزرع على أبعاد تختلف من 20-40سم حسب الحجم في صفوف متوازنة بالأبعاد نفسها ثم الري

<u>الخدمة والعناية بأحواض الزهور</u>

- الترقيع: يتم بعد أسبوعين للجور التالفة

- الري: حسب الحاجة ويمكن الاستدلال على ذلك بالنظر لسطح التربة واللمس بالإصبع لمعرفة كمية الرطوبة المتوفرة.

- العزيق: يجري بعد أسبوعين سن الزراعة لإزالة الأعشاب النامية وزيادة احتفاظ التربة والرطوبة

- التسميد: يتم في أثناء النمو التسميد بالأسمدة الكيماوية المركبة يضاف مرتين خلال موسم النمو الخضري، المرة الأولى بعد زراعة الشتلات بأسبوعين والثانية قبل الإزهار

- قطف الأزهار: يفضل قطف الأزهار المبكرة لمساعدة النبات على التفرع الجانبي

<u>تستخدم النباتات العشبية المزهرة والحوليات في الأغراض التنسيقية التالية</u> :

1- تكمل الصورة النهائية للحديقة مع الاشجار والشجيرات نظرا لتعدد الوانهاواحجامها واشكال ازهارها

2- يستخدم بعضها في تحديد احواض الزهور والرسموالكتابة على المسطحات الخضراء .

3- تزرع في أحواض الزهور وحدائق النوافذ .

4- يستعمل بعضها كنباتات أصص ومعارض.

5- الزراعة في الأحواض مثل نباتات الأقحوان وعرف الديك والقطيفة والزينيا .

6- زراعة الزهور للقطف مثل الأستر والقرنفل المجوز والجربيرا، والإستفادة منها من الناحية التجارية .

7- إستخدام النباتات العشبية المزهرة مثل القرنفل كمنظر أمامي للشجيرات .

8- للزراعة في حدائق النوافذ والشرفات مثل الجارونيا العادية والبيتونيا.

9- إستخدامها للتحديد على جوانب الطريق مثل البفته .

10- إستخدام بعض الأنواع للكتابة مثل الحصالبان والشيح فوق المسطحات الخضراء .

11- إعطاء كتلة متجانسة من لون واحد مثل السلفيا المستديمة.

12- كستارة مزهرة مثل بسلة الزهور .

13- كمنظر خلفي للنباتات القصيرة مثل عباد الشمس.

تاسعا:أبصال الزينة

وهي مجموعة من النباتات المزهرة المعمرة التي تتشابه في عدة صفات خاصة بدورة حياتها أو طبيعة نموها وتشمل أبصال حقيقية وأبصال غير حقيقية مثل الكورمات والدرنات والجذور المتدرنة والريزومات وتمتاز الأبصال المزهرة عن باقي العشبيات بعدة خصائص تعطي لها مميزات لا تتوفر في الأزهار الأخرى وإستخداماتها عديدة في التنسيق، حيث يمكن زراعتها في الأحواض والمجرات وفي الحدائق الصخرية وفي التنسيق الداخلي كما يمكن إستخدامها كأزهار للقطف .

وتستعمل في أغراض تنسيقية متعددة أهمها مايلى:

- أزهار قطف مثل الجلاديولس والزنبق والتيوليب والإيرس والنرجس والليلم للاستفادة منها من الناحية التجارية .

- الزراعة في أحواض مثل التوليب والنرجس.

- الزراعة في المجرات (أحواض على طول الطريق أو المشاية) مثل السوسن والليلم .

- الزراعة في الفراغات بين الأشجار والشجيرات مثل النرجس.

- زراعة بعض الأنواع مثل الكنا فوق المسطحات الخضراء أو كمنظر خلفي للنباتات العشبية المزهرة الصغيرة.
- الزراعة في الحدائق الجبلية أو الصخرية مثل النرجس.
- الزراعة في العراء أو كمغطيات للتربة مثل الكنا.
- الزراعة في الأركان مثل النرجس والتيوليب.
- الزراعة كنماذج فردية مثل توليب.
- الزراعة في الدوائر الشجرية والشجيرية مثل النرجس والتيوليب.

التكاثر: تتكاثر بجزء ينمو تحت سطح الارض سواء كان سواء كانت كورمة أو بصلة أو رايزوم أو جزءا متدرنا.

بصلة حقيقية وهى تعرف نباتياً على أنها ساق قرصية منضغطة تنمو تحت سطح الارض وتحمل براعم ساكنة في اباط قواعد اوراق متشحمة عصارية يختزن فيها النبات المواد الغذائية.
ومن امثلتها
النرجس Narcissus tazetta
الليليم Lilium longiflorum
التيوليت Tulipa spp.
كورمة ومن امثلتها
الكليفيا Clivia miniata
الجلاديوس Gladiolus spp.
الفريزيا Freesia refracta
التريتونيا Tritonia spp.

ريزوم وسن امثلتها
الهيديكيوم Hedychium coronarium
الكنا Canna indic
الكلا البيضاء Zantedischia aethiopica
الكلا الحمراء Zantedischia Rehmanir
الكلا الصفراء Zantedischia elliottiana
درنات جذرية من امثلتها
البيجونيا الدررنية Begonia spp.
الداليا Dahlia spp.
الانيمون Anemoma coronaria
شقائق النعمان Ranunculus asiaticus
وتقسم الأبصال إلى الأبصال الشتوية

وهي الأبصال التي تزرع من سبتمبر الى نوفمبر وتزهر في مارس وأبريل مثل الايرس والفريزيا والليلم والنرجس والتيوليب أما الأصناف التي تزرع على مدار السنة مثل الجلاديولس.

<u>الأبصال الصيفية</u> وهي التي تزرع في مارس وأبريل وتزهر في يوليو وأغسطس وتقضي فترة سكون من أكتوبر حتى فبراير مثل الداليا – الزنبق البلدي

<u>الزراعة</u>: تزرع الأبصال في خطوط والمسافة بين النباتات والعمق يختلف حسب النوع والحفرة فمثلا التيوليب يزرع على عمق 14 سم والمسافة بين النباتات 12 سم. وتزرع البصلة قمتها إلى أعلى ثم تغطي بطبقة مفككة من التربة ثم توالى بالري على فترات متقاربة ويكون الري حسب حالة الطقس.

التسميد يضاف السماد الكيماوي المركب قبل الأزهار ويجب وضع الأبصال في مكان مظلم ومظلل لكي تزهر.

وهناك طريقتان للتخزين هما

1- تخزن بعض الأبصال في صناديق بها نشارة خشب لأنها لا تتحمل حرارة التخزين.

2- يخزن بعضها دون الحاجة إلى نشارة الخشب لأنها مغلفة بأوراق حرشفية

عاشرا: النباتات المائية ونصف المائية

هناك نوعين من النباتات التي تعيش في البيئات الرطبة:

النباتات المائية:

هي النباتات التي يمكن أن تعيش وتنمو وتكمل دورة حياتها تحت سطح الماء سواء كان جارياً أو راقداً وتستطيع جذورها أن تتحمل نسبة رطوبة أرضية عالية وتسمى النباتات الغاطسة، وهناك أيضاً أنواع مزهرة أي أنها تزرع بغرض طفو الأزهار فوق سطح الماء مثل ورد النيل والأبصال المائية وكذلك اللوتس، وهذه الأنواع لها أصناف كثيرة جداً تختلف من حيث شكل وحجم وألوان أزهارها، كذلك منها ما تتفتح أزهارها ليلاً فتنعكس عليها أضواء القمر على سطح المياه كذلك لتعطي صورة غاية في الإبداع، كذلك بعض الأصناف ذات أزهار عطرية الرائحة. فهى مجموعة غير متجانسة من النباتات تشترك في أنها تقضى حياتها في الماء.

ومن أمثلتها:

خس الماء Pistia stratiotis

البردي المصرى Cyperus papyrus

الايلوديا Elodea Canadensis

الكنا المائية Thalia dealbata

اللوتس Nymphaea spp.

البشنين الملوكي Victovia spp. amazonica

ياسنت الماء Eichhornia azurea

كرفس الماء Apium graveolens

النباتات النصف مائية:

هي نباتات تنمو على حواف وشواطئ المساحات والمجاري المائية أو على الجزر التي توجد بها وكذلك في المستنقعات والأراضي الغدقة، أي أنها نباتات تتحمل نسبة رطوبة أرضية أعلى من النباتات العادية ولا تستطيع إستكمال نموها إذا أستمر غمرها بالماء وتسمى النباتات النصف مائية.

ومن أمثلتها:

الكنا Canna indica

الهيديكيم Hedychium cerenarium

البينيا Alpinia sandereae

الغاب الهندي Dendrocalamus strictus

الغاب البلدي Bambusa vulgaris
غاب الأروندو Arondo donox
الغاب الافريقي Arundinara falcata
الكـلا Zantedeschia aethiopice
ألوكاسيا خضراء Alocasia sanderiana
ألوكاسيا حمراء Alocasia regina

وتستخدم النباتات المائية والنصف مائية في عدة أغراض تنسيقية أهمها ما يلى:

- تنسيق الفساقي والنافورات مثل اللوتس.
- تنسيق البرك الصناعية مثل البردي.
- تنسيق الحدائق المائية مثل النيلوبيم.
- تنسيق شواطئ المجاري المائية مثل البردي.
- تنسيق الجزر الصناعية مثل الألبينيا.
- تنسيق الطرق في الجزر الوسطية والأحواض مثل الكنا.
- في أحواض الزهور والأركان مثل الكنا والكلا .
- في تنسيق المداخل والتنسيق الداخلي مثل البردى.
- كمصدات رياح مثل الغاب الهندي.
- **تنسيق المجرات الرطبة مثل الكانا.**

حادى عشر:المسطحات الخضراء ومغطيات التربة

المسطحات الخضراء: وهي مجموعة من نباتات عشبية نجيلية خضراء معمرة أو حولية تغطي المساحات الواسعة من الحدائق والمنتزهات وبالإضافة إلى دور المسطحات الخضراء في معالجة المناخ فإنها تؤدي أغراضاً تخطيطية ووظيفية بالحديقة، حيث يؤدي تغطية المساحة إلى ربط أجزاء الحديقة المختلفة معاً وتحقيق الوحدة والترابط بين أجزاء الحديقة. فهى الإطار الأخضر الجميل الذى يظهر جمال المباني وأحواض الزهور كما أنها عامل أساسي في تقليل الأتربة وتساعد الي حد كبير في تلطيف الجو وتختلف المسطحات الخضراء عن مغطيات التربة في أن المسطحات الخضراء تتحمل الدوس وتستخدم في الملاعب والمطارات ومضمار السباق وتعطي اللون الأخضر للمساحات التي تزرع فيها من الحدائق والمنتزهات والملاعب وذلك فهي من أهم مكونات التنسيق والتجميل.

أما مغطيات التربة: فهى غالباً عصارية أومداده ولا تتحمل الدوس وهى تنمو في الحدائق لتغطية سطح التربة دون أن تحتاج الي عناية كبيرة أو مجهود لصيانتها مثلما تحتاج المسطحات الخضراء الي القص المستمر المنتظم كما أنها تزرع في العراء وفي الأماكن المهجورة أو المهملة لتغطيتها وكسوتها ببساط نباتي بدلاً من تركها عارية، وتزرع لتغطية المناطق المظللة والضيقة والحادة وكذلك المنحدرات التي لا يجود فيها النجيل الأخضر وتتميز بأن بعضها ذو مجموع خضري ملون أو يعطي أزهارا متعددة الألوان .ويمكن تطعيم بعضها بالآخر في مسطح واحد ليعطي شكل تنسيقي أجمل وأرق.

<u>أمثلة المسطحات الخضراء:</u>

Cynodon dactylon النجيل البلدي

Stenotaphium secodatum النجيل الفرنساوى

Zoysia wild الزويسيــا
Festuca spp. الفســتوكا
Agrostis spp. الحشائش المعوجة
Lolium spp. الراى

<u>أمثلة لمغطيات التربة:</u>

Rosnarinus officinales حصى لبان
Heder spp. حبل المساكين
Vinca minor ونكــا
Dianthus plumarius قرنفل
Phlox Subulata فلوكس
Begania spp. بيجونيا
Alyssum spp. أليسم
Iris cristata أيرس
Impatiens spp. بلظامينا
Tropaeolum majus أبو خنجر

<u>تستعمل فى أغراض عديدة أهمها مايلى:</u>

- كمنظر أمامي لأحواض ومجرات الزهور وكذلك للمباني.

- مساحة خضراء رطبة لتلطيف الجو، خاصة في المناطق الحارة أو في فصل الصيف.

- كأرضية للملاعب الرياضية المختلفة.

- كمساحات للجري واللعب في حدائق الأطفال.

- كمساحات للجلوس والتمشية وللعب في الحدائق العامة.

- كمتنفس للعائلة في الحدائق الخاصة.

- كمهبط للطائرات في المطارات لتقليل الصدمات عند الهبوط.

- كشرائط خضراء وسط وعلى جانبي الشوارع للفصل بين الإتجاهات وأنواع المركبات المختلفة والمشاة.

- في المجرات والأركان وأمام الحوائط وفي المداخل كأعشاب زينة في مجموعات أو مع النباتات الأخرى.

- في الحدائق الصخرية كأعشاب زينة بين الأحجار والنباتات الأخرى.

- لتثبيت التربة ومنع إثارة الأتربة.

- لمقاومة التلوث.

<u>أنواع المسطحات:</u> تنقسم المسطحات إلى نوعين

مسطحات مستديمة: مثل النجيل- الليبيا وتزرع من أول مارس إلى سبتمبر

مسطحات مؤقتة: مثل الجازون وتزرع في نوفمبر وديسمبر

<u>كيفية زراعة المسطحات</u>

- تجهيز الأرض بالعزق والتسميد والتسوية
- خلط البذور بالرمل الناعم
- تخطيط أرض المسطح بعصا لتسهيل معرفة الأماكن التي سيتم بذرها
- تغطية البذور بوساطة المشط
- الري بوساطة الرشاشات

ثانى عشر: النباتات العصارية والشوكية

هى مجموعة كبيرة من النباتات المتشحمة أغلبها يحمل أشواك قليلة أوكثيرة وقد وجدت منتشرة في المناطق الاستوائية وشبه الاستوائية ونباتات هذه المجموعةالتى تنتمى الي العائلة الشوكية تسمى النباتات الشوكية أما فيما عداها فتسمى بالنباتات العصارية وقد حدثت تحورات عديدة لهذه النباتات لكى تحفظ لها فرصتها في الحياة مع الظروف البيئية الغير مناسبة مثل الحرارة المرتفعة أو الإضاءة الشديدة وندرة المياة، ومن هذه التحورات أن تكون الأوراق مبرومة أو ملتفة حول نفسها أو رفيعة جلدية مغطاه بمادة شمعية سميكة أو يغطيها وبر كثيف أو تتحور الأوراق إلى أشواك لتقليل فقد الماء من النباتات، أما من ناحية الجذور فغالباً ما تكون منتشرة أفقياً قريبة من سطح التربة حتى تمتص أكبر كمية من المياة التى تسقط على الأرض.

بعض أنواعها تحمل أشواكاً والأخرى لا تحمل، وتنقسم هذه العائلة إلى فصائل وأجناس وأنواع وأصناف يبلغ الأعداد المختلفة منها حوالي ألفين نوع. وتنمو أنواع هذه الفصيلة في ظروف جوية متعددة المناخ. والإختلاف الكبير والواسع لأشكال وألوان وأطوال النباتات في هذه المجموعة يعطي خيالاً خصباً وإمكانيات واسعة لاستخدامات عديدة لهذه المجموعة في التنسيق، فمثلاً أنواع Cereus (السيريوس) وهو ذو شكل طويل قائم اسطوا ني النمو يعطي منظراً جميلاً مع خلفية السماء الزرقاء، كذلك نبات Yucca (اليوكا) ذات الشكل النخيلي يمكن زراعته كنموذج فردي على المسطحات الخضر.

وهي مجموعة من النباتات واسعة الانتشار في العالم أجمع، وعموما فإنه لا توجد مجموعة نباتية إستطاعت جذب أعداد هائلة من الهواة أكثر مما استطاعت مجموعة النباتات العصارية والشوكية بأشكالها وأنواعها المختلفة .

ومن أمثلة تلك النباتات:

الصبار الامريكي Agave amerivana

الصبار العادي Agave attenuate

عمه القاضى Echinocactus grusnii

صبار صباع الكافر Atapelia gigantean

سيرس منتظم التضليع Cereus chalybaeus

سيرس غير منتظم التضليع Cereus peruvianus

سيرس ثلاثى التضليع Hylocereus undatus

التين الشوكي Opuntria spp.

ماميلاريا Mammillaria cemtricirrha

كالانشو Kalanckoe marmorat

صبار أم المسيح Euphorbia splendons

صبار أم اللبن Euphorbia tirucallii

ألوى عادي Aloe arborescens

ألوى مخطط Alloe varigata

رجلة صبار Portulacaria affra

ممكن إيجاز إستعمالات النباتات العصارية والشوكية فى التنسيق فيما يلى:

- جمع الأصناف والأنواع والأجناس المختلفة وتنسيقها وتبادلها كهواية.
- الزراعة في حدائق الأطباق.
- الزراعة في الحدائق الصخرية.
- الزراعة في الحدائق الصحراوية.
- الزراعة على المنحدرات.
- الزراعة في العراء كنباتات تغطية.
- تنسيق المرافق.
- تغطية الجدران المشوهة.
- كسياج مانع.

-النباتات الطبية والعطرية

النباتات الطبية هي النباتات التي تحتوي في جزء أو أكثر من أجزائها على مادة كيماوية أو أكثر يمكن إستعمالها طبياً، أما النباتات العطرية فهي النباتات التي تحتوي في جزء أو أكثر من أجزائها على زيوت عطرية، وقد يجمع النبات بين الصفتين فيصبح نباتاً عطرياً طبياً، وبجانب الفوائد الطبية والاستعمالات المختلفة للنباتات في صناعة العطور فإنه يمكن أن تستعمل في الأغراض التنسيقية التالية :

- كمواد مالئة في عمليات تنسيق الباقات الزهرية لتكسبها رائحة عطرية جميلة مثل العتر والريحان.
- الزراعة في الأحواض والدوائر الشجيرية مثل العتر.
- للتحديد على جانبي الطريق مثل الريحان.
- كمنظر خلفي للنباتات القصيرة أوكفواصل مثل عباد الشمس.
- الزراعة في العراء أو كمغطيات للتربة مثل الشيح.

الفصل الخامس: عناصر تصميم الحدائق (المجموعات الغير نباتية)

عناصر تصميم وتنسيق الحدائق (الإنشائية)

أولا: عناصر بنائية

ثانيا: عناصر الاضاءة

ثالثا: عناصر مائية

رابعا: قطع الصخور والاحجار

خامسا: عناصر خدمات عامة

سادسا: عناصر العاب الاطفال

سابعا: عناصر الاسوار والبوابات والمداخل

اولا: العناصر البنائية:

1- ممرات المشاة:

الطرق والممرات

الطرق هي الممرات التي تصل بالحديقة كما تربط أجزاء الحديقة ببعض وهي من المستلزمات الأولية التي لا تخلو منها حديقة مهما صغر حجمها والأصل في إنشاء الطريق أن يكون مستقيما ومباشرا ما أمكن حتى يمكن الوصول إليه بسهولة وبأقصر مسافة إلى الطريق المقصود ولكن هناك حالات عديدة يضطر فيها المصمم إلى أن يضع الممر غير مستقيم وذلك إذا اقتضت طبيعة التصميم كما هو الحال في التصميم الطبيعي غير المتناظر وفي الحدائق الصغيرة جدا يمكن الاستعاضة عن عمل الطرق بوضع قطع من الأحجار المستوية السطح أو البلاط على مسافات متقاربة من بعضها وترك مسافات كافية لنمو نباتات المسطح بينها

يوجد في الحديقة عدد من الممرات أو المشايات التي تربط مداخل الحديقة وأجزائها وتوصل إلى الأماكن المختلفة فيها وعند إنشاء هذه الممرات يجب أن يراعى طراز الحديقة المستعمل، ويلاحظ أن هناك عدة إعتبارات هامة يجب مراعاتها في ممرات المشاة تتمثل في الآتي: -

• ميول ممرات وطرق المشاة في العادة يتراوح بين 1.5-1% في اتجاه طولي أو عرضي.

• أقصى ميول مسموح به في حالة عدم استخدام (مقابض السلالم)الدرابزين Handrail %8.

• في حالة استخدام الدرابزين Handrail يمكن زيادة الميول حتى 15% ولكن لمسافات قصيرة فقط.

• يجب ألا يقل عرض الممرات عن 60سم لكل فرد وذلك لتحقيق سهولة وراحة في المرور.

• يلاحظ في ممرات المشاة ذات الحجم المنخفض أن ممر بعرض 1.5متر يسمح بمرور ثلاث أشخاص.

• حركة المشاة تميل دائماً إلى أن تسلك أقصر طريق بين نقطتين لذلك يجب أن يأخذ في الإعتبار عند تحديد

• أماكن ممرات المشاة.

● يجب الإهتمام بالنواحي البصرية على جميع محاور وممرات المشاة وخاصة التي في مستوى النظر

● لإعطاء متتابعات بصرية متنوعة وممتعة.

<u>المواد المستخدمة في أرضيات ممرات وطرق المشاة.</u>

أ - الخرسانة:

استخدام الخرسانة في ممرات المشاة يأخذ أشكال ومقاسات مختلفة إضافة إلى التنوع في الملمس، ومن أكثر استخدامات الخرسانة شيوعاً هي البلاطات التي توضع متداخلة بأشكال متنوعة فوق طبقة رملية وفي وهذه الحالة تتحمل الأحمال الثقيلة – مرور السيارات – كما يتيح إستخدام الخرسانة مرونة شديدة في صب البلاطات بالموقع بأشكال مختلفة مع إمكانية التحكم في الملمس واللون والشكل النهائي.

ب – الأحجار:

إن استخدام الأحجار في الرصف يعطي إمكانيات وإشكال إضافة إلى قوة التحمل وعدم الحاجة إلى صيانة مستمرة. ويعتبر الجرانيت من أكثر أنواع الأحجار تحملاً.

ج – البلوك (الطوب):

يعطي إستخدام البلوك أو الطوب الأحمر في رصف ممرات المشاة تنوعاً كبيراً في الملمس والألوان والمقاسات والأشكال، كما يعطي سطحاً قوياً مقاوماً للعوامل الجوية، كما أن متطلبات الصيانة له قليل إذا ما قورنت بمواد أخرى.

د – البلاط:

يمكن إستخدام بلاطات الرخام، أو الموازييك أو البلاطات الفخارية في ممرات المشاة حيث يعطي تنوعاً كبيراً في الأشكال والمقاسات والألوان، ولكن يلاحظ أن ملمسها بصفة عامة لا يتلاءم كثيراً مع التنسيق الخارجي وخاصة في الأماكن المزدحمة والساحات الكبيرة.

هـ - الرمل:

يمكن استخدام الرمل في ممرات المشاة بحيث تغطى بطبقة من الرمل بسمك من 2-3 سم ويتميز برخص التكاليف ويتناسب لونها مع اللون الأخضر للحديقة ولكن يعاب عليها كثرة نمو الحشائش بها، كما أن مياه الري الزائدة أو الأمطار وكذلك الرياح الشديدة تجرف جزء من الرمل.

و- الإسفلت:

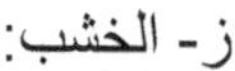

يمكن استخدام الإسفلت في ممرات المشاة وهو قليل الحاجة إلى الصيانة مع تحمله للحمولات الثقيلة والسيارات الكبيرة ولكنه بشكل عام لا يتلاءم مع التصميم الخارجي والمحيط.

ز- الخشب:

قد تستعمل الأشجار في الرصف، ولإجرائها ينتخب الخشب المتين المقاوم للرطوبة والعفن مثل الجميز والسنط والسرسوع. فتختار منه السيقان التي لا يقل قطرها عن 20 سم وتقطع أجزاء سمكها 15-10 سم ثم يغمر القطع السفلي في إحدى مركبات الفينول أو ورنيش شفاف ليظهر لون الخشب الطبيعي وحتى تتكون طبقة عازلة فوق سطح الخشب تمنع تسرب الفطريات والبكتيريا التي تسبب تعفن الخشب وتآكله، ولإجراء عملية الرصف ترص هذه القطع بعد معاملتها متجاورة على مسافات مناسبة ليسهل المشي عليها ثم تملأ الفراغات بينها في حالة رصف المشايات بالحصى أو الطمى أو بالنباتات المسطحات. ويختلف عرض المشايات ونوع المواد المستخدمة في أرضيتها حسب نوع الحديقة ومساحتها وحسب طراز الحديقة وتصميمها ويفضل أن تكون المشايات في الحدائق العامة منحنية وتشعر الإنسان باتساع الحديقة.

صنع أرضية الممر أو flagstone walkway

حدد حواف الممر أو path باستخدام الجبس أو الطحين. ثم قدر كمية المواد التي تحتاج إليها لتشتريها استخدم المجرف لتنكيل التربة لعمق 4 انش وبعد ذلك سو السطح وزع طبقة من الأسمنت أو decomposed granite سمكها 2 انش ويفضل استخدام اليد

مباشرة لتكون متأكد من ان السمك جيد.. استخدم الحصى وضعه على خطوط التحديد واربط خيط أو لوح كما في الصورة

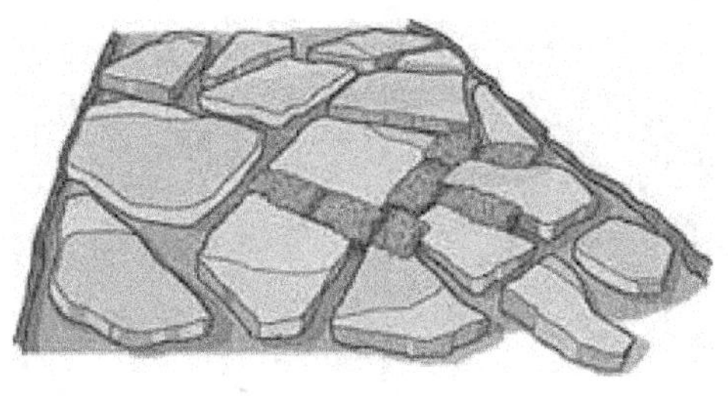

وضع السيراميك أو flagstone slabs على طبقة الإسمنت ويجب الحذر فهذه أهم خطوة ويجب ترك فراغات بينهم كما في الصورة

بعد وضع جميع الصخور ستحتاج لوضع نباتات بينها وبعد ذلك وضع طبقة صغيرة من الأسمنت عليها

2- المقاعد وأماكن الجلوس:

يراعى في تصميم الحديقة توفر أماكن للجلوس خاصة في الحدائق العامة الواسعة ويعمل على إبراز مواقع هذه الأماكن أو مقاعد الجلوس وتكون مطلة على مناظر أساسية في تنسيق الحديقة ويعمل على رصف الطرق المؤدية إليها. كما يتجنب وضع أماكن الجلوس على المسطحات الخضراء لرطوبتها المستمرة بل يخصص منطقة للجلوس يوضع بها رمل أو ترصف بالبلاط. وكما يتوقف تصميمها على طراز الحديقة والغرض الذي من أجله تنشأ كمكان منعزل يشعر فيه الإنسان بهدوء الطبيعة ولإستراحة عائلية أو كمكان لتناول الطعام مع وجود بعض المقاعد والطاولات البنائية أو تظلل بعض الطرق بنباتات متسلقة تغطي سقفها مسطحاً يسقفها ويمتد بامتداد الطرق وتكون أماكن للجلوس فيها. كما أن موقع أماكن الجلوس ونوعية المقاعد المستعملة فيها لها أهمية كبيرة في دراسة النواحي الوظيفية والجمالية لممرات المشاة والساحات الرئيسية في الحديقة وعموما فإن أماكن الجلوس يجب ألا تعترض إنسيابية الحركة في الممرات الرئيسية والساحات لذلك يجب مراعاة الآتي:

أ- في المناطق الحارة يجب مراعاة حماية أماكن الجلوس من أشعة الشمس واستخدام مواد تتلاءم مع الظروف المناخية.

ب- يفضل في المناطق الحارة استخدام المقاعد الخرسانية أو الخشبية أو الحجرية وأن كانت المقاعد الخشبية هي أكثر هذه الأنواع توفير للراحة ألا إنها أكثر احتياجاً للصيانة، وفي هذه الحالة يمكن حماية المقاعد بتظليلها.

ج- يمكن على ممرات المشاة أو الساحات استخدام المقاعد الحجرية أو الخرسانية (بدون ظهر) وفي هذه الحالة يمكن استخدامها كعناصر تشكيلية بتصميمات جذابة.

د- إندماج أماكن الجلوس في التكوين مع أحواض الزرع والجدران الخارجية للمباني بحيث تكون هذه الأماكن مواجهة لمحاور حركة المشاة.

هـ- يمكن إستخدام قمة حوض الزرع أو الجدران كأماكن للجلوس وفي هذه الحالة يراعى أن تكون بإرتفاعات مناسبة ومريحة ويؤدي هذا إلى زيادة أعداد أماكن

الجلوس على محاور الحركة والساحات من خلال الوظيفة المزدوجة لأحواض الزرع أو الجدران.

<u>صـور نماذج وأشكال مقاعد الحدائـــق</u>

مقاعد حدائق الاطفال

3- المظلات (البرجولات):

وهذه تعتبر من أهم العناصر البنائية في الحديقة والتي تضفي منظراً جمالياً وفنياً للحديقة وهي عبارة عن تكعيبة تنشأ على إمتداد بعض الطرق أو المشايات في الحديقة وتربى عليها بعض النباتات المتسلقة لتغطي سطحها وتعمل على تغطية وتظليل هذه الطرق تؤدي هذه البرجولات إلى مكان معين ذو قيمة جمالية ومهمة في الحديقة. وقد كان منشأ المظلات (البرجولات) في إيطاليا وتعتبر من أجمل وأهم العناصر الفنية في الحدائق وهي تقام في الأماكن المشمسة أو في أركان الحديقة بهدف تهيئة العزلة والراحة.

وتقام المظلات (البرجولات) عادة من مواد الخشب أو المباني أو فروع الأشجار وأجملها المصنوعة قواعدها وأعمدتها من الطوب الأحمر أو الأبيض وقد تكون من الرخام وتزرع عليها النباتات المتسلقة المزهرة وبجوارها الأسيجة المقصوصة وكذلك أحواض الزهور لتكملة التنسيق. والبرجولات اوالمعرشات إما أن تكون هندسية مستديرة أو مربعة مسدسه أو مثمنة أو متناظرة ... الخ أو تكون طبيعية غير متناظرة وذلك تبعا لتصميم الحديقة نفسها، وتبدو المعرشات ذات أهمية خاصة في حدائق المدن المرتفعة الحرارة لصعوبة الجلوس في الحديقة تحت أشعة الشمس المباشرة.

4-الأقواس (العقود):

تعتبر الأقواس من المنشآت المعمارية التي تكمل جمال الحديقة، فهي بسيطة التكوين لا تكلف كثيراً وتعتبر دعامات للمتسلقات وتجميل المداخل والبوابات وإذا وضعت فوق الطرق الطويلة فإنها تكسر من حدة هذا الطول وما يبعثه من ملل. وتوضع في أول الطريق ونهايته أو على أبعاد منتظمة منه أو في مفترق الطرق كما قد توضع عند فتحة سياج أو فوق بوابة.وتكون الأقواس عادة من الخشب الطبيعي أو المشغول كما قد تصنع من الحديد على أن تأخذ قمة القوس شكلا دائرياً أو هرمياً.

5- المجسمات البنائية:

المجسمات البنائية تصمم وتقام في بعض الحدائق لتمثل فكرة أو لتخليد ذكرى معينة أو تراث وتاريخ حضاري للمجتمع وتنشأ عادة في وسط النافورات أو في الميادين العامة أو في وسط الحدائق المتناظرة أو عند نهايات الطرق مع إبراز معالمها بزراعة نباتات كمنظر خلفي لها وتظهر كعنصر سائد على ما يحيط بها سواء كانت في حديقة هندسية أو في حديقة طبيعية كما يمكن أن تكون بعض هذه المجسمات نوافير للماء بأشكال جمالية جذابة.

6- الأحواض البنائية والجدران الحافظة:

وتنشأ الأحواض البنائية في أماكن ملاصقة أو مجاورة للمنزل وقد تكون مبنية على جانبي مدخل المنزل وتستخدم لزراعة الأزهار فيها وتعمل بأشكال هندسية منتظمة ومتوافقة مع تصميم المنزل والحديقة.

كما قد تحجز بعض المساحات المنخفضة والمنحدرات المرافعة ببناء جدار حافظ لتثبيتها من الانهيار وتجميل المنطقة والمساحات المرتفعة والمنخفضة في الحديقة بأنواع من النباتات المزروعة ضمن تصميم وتنسيق الحديقة.

7- عناصر فرش أخرى:

وتشمل صناديق وسلال القمامة التي تختلف في شكلها والمادة المصنوعة منها، لذلك فهي تحتاج إلى عناية خاصة في تصميمها لكي تتوافق مع باقي العناصر في الحديقة. كذلك التليفونات العامة يمكن أن توضع في كبائن أو بدون في الأماكن المفتوحة وفي هذه الحالة يجب حمايتها من العوامل الجوية، ومراعاة تحقيق الخصوصية الصوتية لها. ومبردات المياه يمكن أن تصنع من المعدن أو الخرسانة أو من المباني، ووضع لوحات إرشادية في مكان بارز لسهولة الوصول إليها.

8- عناصر خدمات مسانده:

عملية مهمة مكملة للتخطيط والتجميل مثل إنشاء دور الحضانة وأماكن الشرطة الأمنية والإسعاف والحريق وفندق للأجانب وكافتيريا لتقديم المشربات ومطاعم صغيرة للوجبات السريعة وتخطيط أماكن الانتظار وأماكن للمخازن والإدارة،

وتوفير غرفة للحارس، ومستودع، وكذلك غرفة للتجهيزات الميكانيكية والكهربائية ويجب طبعا تنسيق الأماكن المحيطة بهذه المنشآت كل فيما يناسبه.

ثانيا: عناصر الإضاءة:

إن إضاءة الحديقة بالأنوار الصناعية تطيل من فترة التمتع بها، والإضاءة إما أن تكون ثابتة كمدخل الحديقة وأماكن الجلوس بها أو تكون غير ثابتة بوضع أنوار أو حبال الزينة على الأشجار والشجيرات وأحواض أزهارها في المناسبات كما يفضل إخفاء مصدر الإضاءة ما أمكن عن العين فتوضع المصابيح بين أفرع الأشجار أو خلف الشجيرات والصخور ويجب ألا تزيد قوة المصباح عن 150 وات وإذا كانت الحاجة إلى إكثار من ذلك فيجب وضع عدة مصابيح بدل مصباح واحد. كذلك تستخدم المصابيح في الأحواض والبرك المائية لإضاءة أحواض السباحة أو النافورات والبرك أو البحيرات الاصطناعية وفي هذه الحالة يجب تصميم شبكة الكهرباء بشكل خاص يمنع تسرب المياه إليها.

بالإضافة لأهمية عنصر الإضاءة في إعطاء الإحساس بالأمان فإنها تسهم في التركيز على بعض العناصر الجمالية والمجسمات التشكيلية مثل النباتات والنوافير، وغيرها من المنشآت البنائية. وبالنسبة لإضاءة ممرات وساحات المشاة يجب ألا يزيد ارتفاع مصدر الإضاءة عن أربعة أمتار مع إعطاء عناية خاصة لإضاءة المناطق التي تشمل على سلالم. وعموما يراعى في عناصر وأنظمة الإضاءة أن تعمل على الآتي:
-

أ-   تحديد وتوضيح هوية الطريق والمكان من خلال التحكم في شدة ونظام الإضاءة.

ب-   التمييز بين إضاءة طرق السيارات وطرق المشاة.

ج-   توفير إضاءة كافية عند تقاطعات ممرات المشاة.

د- تركيز الإضاءة على التكوينات المتميزة والجذابة والعلامات الإرشادية.

ه- إزالة جميع مصادر الانعكاس والإبهار الضوئي.

و- يراعـى أن تتناسـب وتـتلاءم جميـع العناصـر والمـواد المسـتخدمة مـع البيئة الطبيعية.

وسائل الإضاءة الخارجية وفن انارة الحدائق

تظهر انارة الحدائق في المساء جمال حديقتك وتسمح لك بتمضية متسع من الوقت فيها بحيث يمكنك ان تمارس فيها نشاطات مختلفة كالإسترخاء والقراءة والأكل والسمر أيضا, الا اننا عندما نفكر في انارة المسكن فإن الإنارة الخارجية لا يكون لها نصيب من هذا التفكير بصورة كافية, رغم ان الحقيقة والتي تبدو غريبة ان الإنارة لها تأثير مباشر على كيفية ادراكنا واحساسنا بالمناطق الداخلية .فعندما لا تكون الإنارة الخارجية كما يجب , فإن النوافذ تصبح كالمرايا السوداء التي تعكس ما بداخل الغرف ويحصل الإحساس بالإنغلاق وانحصار الفراغ الداخلي. والمفتاح الرئيسي في الحصول على الإحساس الكامل بالخارج ومن الداخل هو في الموازنة الدقيقة بين كمية الإضاءة في الداخل والخارج.

اضاءة الحديقة :

من الأمور التي يجب الاهتمام بإبرازها في الحديقة عن طريق الإضاءة:

- الممر الأساسي المؤدي للمنزل حيث ترتب على جانبي الطريق وبشكل منتظم وحدات أرضية غير متوهجة يحدد ارتفاعها حسب الرغبة .

- السلالم والعتبات في حال وجودها يجب توفير إضاءة مناسبة لها لتحقيق الناحية الأمنية أولا ثم الجمالية حيث تشع كل عتبة من السلم بضوء يحدد موضعها بشكل رائع.

- الأماكن المخصصة للجلوس في الحديقة بحاجة لإضاءة مناسبة كالمناطق المحيطة بالمسبح أو المنصات المخصصة للجلوس والإضاءة هناك متنوعة من أرضية وجدارية أو علوية مثبته على عريش أو مظلة تحدد منطقة الجلوس.

- الإنشاءات الجمالية كالأقواس والأعمدة والأسطح الحجرية , وواجهات المنزل بحاجة لضوء يميزها ويبرز قيمتها الجمالية أيضاً .

- السور الخارجي للمنزل بحاجة لإضاءة تحدده أولا وتبرز قيمته الجمالية الإنشائية وإذا كان هناك نباتات على السور تبرزها الإضاءة بشكل أفضل , والإضاءة على السور تعتبر عنصر أمني أيضاً .

- النباتات والأشجار في الحديقة تحتاج لإضاءة تبرز قيمتها الجمالية والكشافات الأرضية بمختلف أحجامها وألوانها حيث تعكس ظلالها على السور أو تظهر تفاصيل سطحها الجميل كجذوع النخيل.

و لإظهار وإبراز جمال حديقتك والعناصر الأخرى الموجودة في خارج محيط مبنى مسكنك وداخل السور. ويمكن الاعتماد على العديد من التقنيات المختلفة في تصميم النارة الخارجية, وتكمن الإختلافات في وضعية مصادر الإنارة واتجاهاتها الى فوق أو الى تحت أو على الجوانب ونستعرض بعضا من هذه التقنيات المختلفة.

1- الإنارة الفوقية up lighting

وهي انارة توجه الى الأعلى وبها تحصل على انارة شاعرية للغاية خصوصا عندما تكون موجهة الى شجرة ذات غصون ممتدة وعادة ما تكون الانارة غاطسة في الارضية او البساط العشبي. ويستخدم هذا النوع من الانارة في ابراز شجرة كبيرة او على واجهة المسكن لابراز احد التفاصيل المعماريةقفيه. وللحصول على أفضل نتيجة لا توجه الاضاءة نحو الهدف المراد اضائته وابرازه بصورة مباشرة وانما بعيد عنه قليلا بحيث نتجنب حدوث الوهج.

2- الإنارة السفلية Down lighting

و هي انارة تركب في الأعلى بحيث تنتشر وتغطي منطقة ما سواء لمداخل ومخارج المسكن أو للحديقة الخلفية بحيث تخدم النواحي الأمنية وتركيبها ليس مقتصرا فقط على البروزات في الحائط الخارجي للمسكن وانما فوق التعريشات او الأشجار أو أي منطقة اخرى بحيث يكون اتجاه الإضاءة سفلي. كما انها مناسبة لإضاءة أحواض الزهور لأن الزهور تميل للإتجاه نحو الأعلى

صورة تجمع بين الإنارة الفوقية والسفلية

3- الإنارة القمرية Moon lighting

و هي نفس الإنارة الفوقية ولكنها تكون باستخدام مصادر اضاءة أنعم وتركب على ارتفاع كبير وعادة ما تكون فوق شجرة عالية الإرتفاع, وتحصل على اضاءة مشابهة للإضاءة القمرية وإحساس شبه طبيعي.

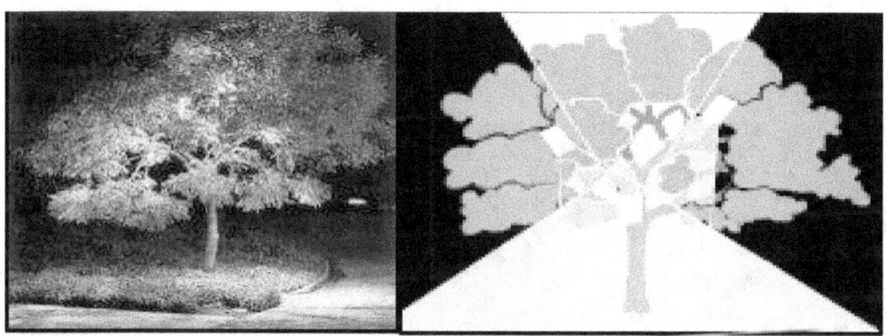

4- اضاءة المرآة Mirroring 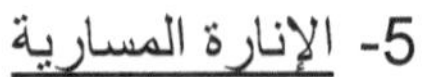

عندما يكون لديك مسبح أو بركة مائية ويكون لديك منحوتة ديكورية فإن الحصول على صورة هذه المنحوتة على سطح الماء سيكون جميلا وممتعا, ويتم ذلك بتسليط إنارة موجهة خلف الجسم المراد انعكاسه على سطح الماء.

5- الإنارة المسارية

عندما يكون لديك مسار منحني يؤدي الى مداخل ومخارج المسكن أو الى أجزاء الحديقة المختلفة ويكون هذا المسار محدد بأحواض من الشجيرات المنخفضة الإرتفاع أو أحواض الزهور فإن إنارته بإنارة مسارية على امتداد المسار سيعطي جمال وارتياح وخصوصا عندما تختار نوع الإنارة الذي في أعلاها صحن على شكل مشروم بحيث تخفي المصباح وتنشر الإضاءة على كامل عرض المسار.

أهمية الإضاءة لأي حديقة منزلية, في إبراز جماليات الحديقة, وإضفاء طابع السحر عليها. من الأمور التي يجب الاهتمام بها في الحديقة:

1- ترتيب وحدات الإضاءة على جانبي الممر الأساسي وبشكل منتظم

2- تمديدالتوصيلات الكهربائية بشكل آمن, وإلا فأستبدلها بوحدات الإضاءة التي تعمل بالطاقة الشمسية.

3- عناصر الحديقة المتعددة كالنباتات والأشجار والسور والأماكن المخصصة للجلوس والمسابح أو النوافير تحتاج لإضاءات مختلفة (كالإضاءة الظلالية أو الشبحية أو التقاطعية أو اضاءة المرآة أو غيرها) كي تبرز قيمتها الجمالية .

ثالثا: عناصر مائية (مسطحات مائية):

تعتبر النافورات والتكوينات المائية المختلفة عنصر جذب أساسي للمواطنين والزوار حيث أنه من الصعب تصور حديقة أو ساحة عامة بدون الاستفادة من العناصر المائية فيها سواء بشكل طبيعي من خلال الشلالات الطبيعية أو البرك، أو بشكل معماري. كما ترجع أهمية استخدام العناصر المائية والنافورات في الحدائق إلى تأثيراتها الجمالية والوظيفية وذلك من خلال شكل التكوينات المائية وجمال مظهرها وحركة الماء الانسيابية وخرير صوته، بالإضافة إلى الدور الهام الذي تقوم به المسطحات المائية في تلطيف درجة حرارة الجو وزيادة الرطوبة النسبية. بالإضافة إلى ذلك يجب مراعاة الآتي:

أ- في حالة المسطحات الخضراء التي تحتاج إلى ري مستمر في المناطق الحارة يمكن أن يأخذ نظام الري بالاعتبار في التصميم بحيث يتم إضافته كعنصر مائي جمالي.

ب- غالبا ما تلعب النافورات دور هام كتكوين جمالي أو عنصر تشكيلي لذلك يجب أن يأخذ في الاعتبار وضع النافورة في الفراغ بالنسبة لضوء الشمس لدراسة الانعكاسات من أو على الماء.

ج- دراسة تأثير الماء من خلال الاستفادة من إمكانياته المتمثلة في الرذاذ، والتدفق، والانسياب أو الاندفاع إضافة إلى سكون الماء داخل الأحواض.

د- الإضاءة الليلية في النافورات تعطي بعد جديد وتأثير جمالي إضافة إلى تأثير الماء لذلك يجب أخذها في الاعتبار كمعيار تصميمي هام في تصميم النافورات .

ومن أهم المسطحات المائية التي تستخدم في تنسيق الحدائق ما يلي:

1. البرك والبحيرات الصناعية:

تعمل البرك والبحيرات الصناعية في الحدائق العامة ذات التصميم الطبيعي وتغذى بالماء من قنوات غير منتظمة الشكل ويكون حولها مكان فسيح للجلوس. ويراعى أن لا يكون الماء عميقاً لحماية الأطفال من الغرق وبفضل عمل سياج حولها بارتفاع 50 سم للحماية كما يمكن أن تربي بعض الطيور المائية كالبط والإوز في البحيرات لتكسبها صبغة طبيعية كما يمكن زراعة بعض هذه البحيرات بالنباتات المائية أو تزويدها ببعض أنواع الأسماك الملونة.

2. الشلالات:

ويمكن عمل شلالات صناعية من مناطق صخرية مرتفعة في الحديقة ويسيل الماء منها بطريقة طبيعية على الصخور المنخفضة وذات مستويات مختلفة ينساب الماء عليها من أعلى إلى أسفل في شكل شلال. ويمكن زراعة على جانبية بعض النباتات النصف مائية ويمكن إنشاء هذه الشلالات في الحدائق العامة وخاصة في الحدائق الصخرية.

3. النافورات:

وتنشأ النافورات لتجميل وتنسيق الميادين العامة في المدن بالإضافة إلى أنها تعتبر من عناصر التنسيق الجذابة في الحدائق أو تعمل النافورة على قذف الماء إلى أعلى وفي اتجاهات مختلفة يتفق مع قوة ضغط الماء وحسب التصميم المستخدم لها والذي ينبغي أن يتماشى مع تصميم الحديقة وتوضع محاذاة وسط الحديقة أو قريبة من نهاية محورها الأصلي. تختلف النافورات في أشكالها وألوانها وطريقة اندفاع الماء منها وقد ينساب الماء من قمة النافورة إلى أسفل على شكل شلال وتعكس الأضواء الملونة في النافورة على الماء فيزيد من جمالها في الليل.ويوجد بعضها بأشكال فنية على هيئة مجسمات وتماثيل تخرج منها الماء.

ويوجد ما يسمى بنافورة الجدار والتي يمكن إنشاؤها بالحدائق الهندسية الصغيرة وتعمل النافورة في حائط تقذف الماء إلى أسفل في حوض وقد يكون هذا الجدار في

نهاية طريق بالحديقة ويزود بداخلة بماسورة تنساب منها المياه وتشكل فوهة هذه الماسورة على هيئات مختلفة مثل رأس حيوان أو فوهة تمثال أو أي شكل هندسي آخر يخرج الماء من فوهته.

تستعمل في ترطيب الجو وتنسيق وتجميل الحدائق وتختلف اختلافا كبيرا من حيث شكل وشدة اندفاع الماء وعدد فتحات خروجه وزوايا الخروج وبالتالي شكل وارتفاع الماء المندفع. وتبعا لذلك تكون النافورات عمودية أو محورية أو مخروطية أو هرمية كما قد تكون بسيطة أو متعددة.

4. الفسقيات:

وهذه عبارة عن أحواض مائية تمثل ابسط وسائل استخدام الماء في تنسيق الحدائق وتصمم بأشكال هندسية فنية تتلاءم مع تصميم الحديقة ومساحتها ويغلب عليها الشكل المستطيل إلا أنه يمكن أن تكون مربعة أو سداسية أو دائرية أو بيضاويه أو أي شكل هندسي آخر. وتنشأ الفسقية في وسط المسطح الأخضر أو في وسط الحديقة في منطقة مكشوفة غير مظللة لتسقط أشعة الشمس على سطح الماء فيها ويرتبط تنسيق الحديقة بشكلها. ويفضل أن تكون الفسقية غاطسه في الأرض وحافتها لا تترفع عن سطح الأرض أكثر من 5 سم ويتراوح عمقها بين 50 – 100سم حسب اتساع مساحتها ولا يقل قطرها عن 180سم وقد تكون الفسقية وحدة قائمة بذاتها أو مكملة لعنصر آخر أكثر أهمية في تنسيق الحديقة وترتبط بالسلالم والشرفات والتماثيل المبنية خلفها كما ترتبط بالنافورات التي يصب فيها الماء في حوض وينساب من قاعه في مجرى ضيق ينتهي بالفسقية.

وقد تستخدم التماثيل والنافورات في تجميل وتزيين الفسقية وتوضع في وسطها وتعمل النافورات على قذف الماء إلى أعلى ويتساقط الماء في داخل الفسقية وليس في خارجها وتكون النافورات بسيطة الشكل ويتناسب حجمها وارتفاعها مع مساحة الفسقية.

كما يمكن تربية بعض أنواع الأسماك وكذلك زراعة بعض النباتات المائية في الفسقية والتي ينبغي أن تكون مياهها متحركة ومتجددة بصورة مستمرة ومن النوع النقي الصالح للشرب ويبنى هيكل الفسقية بالطوب أو الخرسانة المسلحة ويبطن

قاعها وجدرانها بمؤونة الأسمنت وبعض المواد العازلة للماء ثم يغطى بطبقة من قطع البلاط القيشاني أو السيراميك أو الرخام.

رابعا: قطع الصخور والحجارة:

وهذه تستخدم بين المجموعات النباتية بالحديقة لتمثل إحدى عناصر التنسيق القوية التي تصور الطبيعة وتستخدم في تنسيق جزء ليمثل حديقة صخرية في الحدائق العامة أو أن تكون الحديقة بأكملها متخصصة وتمتاز باستعمال الصخور في عناصر تنسيقها.

وتستخدم أنواع عديدة من الحجارة والصخور وخاصة الأحجار الجيرية والرملية والجرانيت بألوان وأشكال وأحجام مختلفة. ويراعى البساطة في استخدامها في تصميم الحدائق الصخرية. وتكون الصخور مكملة لتأثير النباتات وليست سائدة عليها كما تكون الصخور المستعملة في التنسيق متوفرة محلياً ومن نوع ولون واحد وبأحجام مختلفة. وترص الصخور ويتم توزيعها بطريقة منتظمة وطبيعية ويدفن ثلث حجم الصخرة في الأرض لتبد وكأنها مكملة للتربة أو امتدادا لها. وتوزع الصخور المتماثلة في الحجم في مجموعات مختلفة الأحجام وفي مناطق غير قريبة من بعضها حتى تقارب الطبيعية بقدر الإمكان. وقد توضع الصخور على سطح تل مرتفع أو منحدر تنشأ علية الحديقة الصخرية وأن تكون مواجهة للمنزل. كما تحتاج بعض الحدائق الصخرية الهندسية في تصميمها إلى استخدام قطع من الصخور والحصى الملون.

خامسا: مناطق ألعاب الأطفال:

يجب توفير مناطق ألعاب للأطفال بالحدائق العامة، وقد حددت الهيئة الأمريكية الوطنية لخدمات الترفيه المعايير التخطيطية لإنشاء ملاعب الأطفال في الحدائق العامة والمنتزهات كما يلي:

- منطقة لعب للأطفال دون سن المدرسة لا تقل عن 1000م2 (المجمعات السكنية الكبيرة – مراكز الترفيه في الأحياء السكنية).

- مناطق ملاعب الأطفال العامة والحدائق العامة الكبيرة وملاعب المدارس المساحة المقترحة 2023م2 لكل 1000طفل.

- مناطق ملاعب الأطفال في حدائق ومنتزهات الأحياء السكنية، والحدائق والمنتزهات العامة المساحة المقترحة 6091م2 لكل 1000 طفل.(كما تشمل هذه المعدلات الحدائق والمنتزهات التي تخدم سكان المدن والمنتزهات الكبيرة).

وبناء على المعدلات السابقة فإنه يلزم أن يتم تصميم مناطق ألعاب الأطفال بحيث يتم توفير ألعاب لمختلف الأعمار، كما يجب مراعاة عامل السلامة أثناء التصميم والتنفيذ لإحتياجات الأطفال الجسدية والذهنية.

سادسا: عناصر خدمات عامة:

1- دورات مياه للجنسين.

2- بوفيه: يجب توفير بوفيه لتقديم المأكولات الخفيفة والمشروبات.

3- مصلى: توفير مصلى لعدد مناسب من المصلين.

4- الأسوار والمداخل.

تستخدم الأسوار لأغراض مختلفة منها تحقيق الخصوصية، والحماية، ودواعي الأمن ويلاحظ أنها تتأثر بالعوامل الجوية لذلك يجب الاهتمام بصيانتها كما يجب الاهتمام بتصميمها بحيث يتوفر فيها الحس الجمالي مع مراعاة تكاملها مع المباني والعناصر المحيطة بها، وتختلف المواد التي تشيد بها الأسوار فهي إما أن تكون من الحديد أو من الخرسانة أو الطوب، أو الأحجار، وأن تكون من النباتات وفي هذه الحالة يجب اختيار النباتات المناسبة لذلك. أما المداخل فيجب أن تكون في أماكن مناسبة ولا تقل عن مدخلين للحديقة ويجب أن تكون المداخل متناسبة مع باقي العناصر، ويمكن أن تصنع من الحديد أو الخشب مع حمايتها من العوامل الجوية.

الفصل السادس: طرق صيانة الحدائق (صيانة العناصر الزراعية)

<u>أعمال الصيانة والتشغيل.</u>

اولا: أعمال القص والتشكيل والتقليم.

ثانيا: أعمال التعشيب والعزيق والنظافة من المخلفات.

ثالثا: التسميد.

رابعا: الري.

خامسا: الوقاية والمكافحة.

سادسا: صيانة المسطحات الخضراء.

سابعا: تعديل منسوب المسطحات الخضراء وتجديد التالف منها.

ثامنا: صيانة نخيل البلح.

تاسعا: الترقيع

عاشرا: تسنيد وتدعيم الأشجار

حادى عشر: عملية الغسيل للتربة الزراعية والأشجار والشجيرات

<u>مهام المهندس والفنى الزراعى</u>

1- مهام المهندس الزراعي

2- مهام الفني الزراعي

أعمال الصيانة

وتشمل صيانة جميع المسطحات الخضراء والأشجار والشجيرات والأسيجة النباتية والمتسلقات والزهور ومغطيات التربة وأحواض الزهور وشبكات الري والخزانات والنوافير والحدائق العامة بكامل إنشاءاتها وذلك بالقيام بأعمال الصيانة والخدمات الزراعية المختلفة، كذلك تشمل إستبدال التالف من نفس النوع وبنفس المواصفات. وأعمال الصيانة هي كالتالي:

أولا: أعمال القص والتشكيل والتقليم:

1- يتم قص المسطحات الخضراء بالحصادات الميكانيكية كلما إرتفع النجيل (من 10-15سم).

2- يتم تقليم الأشجار تقليماً يتناسب مع حجمها وحسب نوع الشجرة وفي الموسم المناسب للتقليم، كما يراعى عند التقليم السماح بالرؤية وتسهيل مرور المشاة والتوازن في التقليم من جميع نواحي الشجرة. ويتم تشكيل الأشجار والشجيرات والأسيجه وسائر النباتات التي تقبل التشكيل حسب الذوق الجمالي وبموجب الأسلوب الفني.

3- يجب إزالة الأشجار والنباتات الميتة والتالفة ونقلها إلى المقالب العمومية.

<u>القص والتشكيل:</u> توجد عدة طرق لقص وتشكيل الأشجار أهمها الطريقة الهندسية، حيث يمكن قص وتشكيل بعض الأشجار إلى أشكال هندسية كما يلي:

الجانبية العليا تقليما جائرا مع التدرج في التقليم إلى أسفل حتى يتكون عندنا الشكل الهرمي أو المخروطي.

1. الشكل القمعي: تترك الساق الرئيسية لتنمو إلى أقصى ارتفاع، ثم تقرط قمتها بعد ذلك لتشجيع نمو الأفرع الجانبية، وبعد ذلك تقلم الأفرع العليا منها لتنمو، بينما تقلم السفلية بشكل تدريجي من أعلى لأسفل، مع مراعاة انتظام الأفرع حول الساق الأساسية على أبعاد حوالي 20 سم.

2. الشكل الأسطواني: تترك الساق الرئيسية لتنمو عموما، ثم يقرط من أعلى لتشجيع النمو الجانبي، بعد ذلك تقلم بانتظام من أعلى إلى أسفل، مع المحافظة على تساوي طول الأفرع وانتظام القص، حتى تحصل على الشكل الأسطواني المنتظم.

فوائد القص والتشكيل تفيد في:

1- تكوين هيكل منتظم وقوي للشجرة.

2- الحفاظ على الاشجار بارتفاع مناسب وحسب الرغبة.

3- تربية وتشكيل الاشجار بأشكال مرغوبة ومناسبة.

4- إزالة الافرع الضعيفة والمصابة بالآفات الحشرية والمرضية المختلفة وإزالة الافرع المتزاحمة وإنتاج نموات قوية جديدة.

5- تعريض كافة أفرع الشجرة للضوء بشكل كافي لتحسين خصائصها بإزالة الافرع الظليلة المتزاحمة

6- تجديد الاشجار المسنة وتقوية الضعيف منها عن طريق التحكم في كمية النمو الخضري وإزالة الافرع المسنة.

7- إطالة عمر الاشجار يخلق توازن ما بين الافرع والجذور عند تقليم النباتات الكبيرة والصغيرة.

التقليم أو التشذيب (pruning)

هو قطع للأفرع الخضرية للنباتات وذلك لتقوية الساق الرئيسة ومنع زيادة تفريعها مع إزالة الأجزاء الجافة والمتشابكة القريبة من سطح التربة. يتيح التقليم وصول الضوء إلى كل أجزاء الشجرة ويسهّل رش الأشجار وقطف الثمار الناضجة. وتتم

هذه العملية وفقاً لنوعية النبات والغرض من زراعته. يمكن تقليم أشجار الفواكه حينما تُنقل إلى الحقل من المشتل، حيث يتم تقليمها إلى ارتفاع حوالي (90 سم) مما يؤدي إلى نمو الفروع. وفي السنة التالية، يختار البستاني أقوى وأجود الأغصان لتبقى في الشجرة، ويقطع الأخرى. وتحتاج أشجار الفواكه في أولى سنواتها لقليل من التقليم. وعادة تُستخدم أنواع متعددة من أدوات التقليم والقص والتشكيل للأشجار والشجيرات.

<u>كيفية التقليم:</u> قبل البدأ بعملية التقليم , عليك أن تبحث عن نوعين من الأغصان:

1- الأغصان الرئيسية Leaders -

2- الأغصان الفرعية (أو الجانبية) Laterals –

كما يجب ان نحدد ايضا: الأغصان التي تحمل البراعم الثمريّة والأغصان الخشبية (التي لا تحمل براعم الثمار) البراعم إما أن تكون زهرة النبات قبل أن تتفتّح (و تسمّى البراعم الزّهريّة) أو يمكن أن تكون ورقة النبات قبل أن تتفتّح (البراعم الورقية). إن الأغصان الرئيسية (leaders) هي التي تنموا وتمتد عند أطرافها. أما الأغصان أو الفروع الجانبية (laterals) هي التي تنموا على الأغصان الرئيسية بإتجاه جانبيّ. تكون الأغصان الخشبية التي تحمل براعم الأوراق رفيعة ومستدقّة الرأس أما الأغصان التي تحمل براعم الأزهار تكون مدوّرة وسمينة. أنظر إلى الرسم على اليمين.

عادة عند التقليم , يتم تقليم الأغصان الجانبية بأكملها عن طريق تقصيرها إلى ثلاثة أو أربعة براعم (لاحظ الصورة) في السنة الأولى , أما الأغصان الرئيسية يتم تقليم ثلثها (أي إذا كان طول الغصن 30 سنتم , يتم تقليم 10 سنتم) في السنة نفسها.

في الشتاء , يتم تقليم أشجار التوت وما شابهها , وتتكوّن العملية من تقليم الأغصان المتشابكة , في داخل الشجرة , التي تمنع وصول الهواء وأشعة الشمس إلى الداخل. إذا قلّمت هذه الأغصان ستجعل الشجرة تنتج ثمارها بشكل أفضل , وستسمح لنفسك أن تقطف المحصول بشكل أسهل أيضا. إذن , قم بتقليم الفروع النابتة عند طرف الأغصان الرئيسية كلها إلا إلى أول عُقدة على الغصن الحديث النمو. عند تقليمك للأغصان إلى حدود عدد معين من العُقد , لا تقطع الغصن من الجهة السابقة للبرعم فتقطع البرعم معه ولكن قم بقطعه من الجهة بعد البرعم. (أنظر إلى الرسم الأول).

أما الطريقة التي يجب أن تتبعها في قطعك للغصن مصوّرة في الرسم التالى:

إذا كنت ستزرع أشجار جديدة هذا الشتاء , فإنه من الأفضل أن تنتظر البراعم حتى تتفتح ثم تقطع الأغصان الجانبية إلى حدود ثلاثة أو أربعة عُقَد وتقطع الأغصان الرئيسية شطرين.

وفي هذا الموضوع سنتطرق لجماليات تقليم شجرة Ligustrum delavayanum وهو الأسم اللاتيني له، ومجال زرعه يستخدم لعمل سور الحدائق في وطننا العربي، ولعمل مشروع جميل منه يجب على البستاني أو الفنان الذي يقوم بتقليم هذه الأشجار، أن يضع مخططاً مسبقاً للعمل الذي يرغب في تنفيذه، كي يصل للنتيجة النهائية التي سنراها، ولتسهيل هذا الفن يجب أن نتعرف على الخطوات التالية لتنفيذ المشروع:

1- إختيار الأصيص المناسب للمشروع..
2- وضع مخطط لرسمة أو فكرة ينطلق منها تنفيذ المشروع.
3- عمل هيكل من سلك معدني على هيئة شكل المشروع كمنطلق تقريبي للمشروع المراد تنفيذه.
4- تغطية هيكل السلك المعدني بشبك معدني، كالمستعمل في عمل السياج، كي ينمو عليك الشجرة، وتغطيه بالكامل.

بعض اشكال التقليم

في الصورة التالية نجد حديقة تم تخطيطها بأشكال هندسية جميلة لتصبح ممراتها كممرات المتاهة بالتقليم

الصورة التالية مشروع لسيارة مرسيدس حجمها 120 X80 سم مزروعة على حوض حدائق، بنفس نوع النبات الذي نستخدمه في عمل أسوار الحدائق

في العمل التالي لشخص يجدف، مزروعة على حوض زهور، لاحظوا جمالية التقليم لتجسيد العمل

في العمل التالي مشروع عمل لفارس حجمة X190 240سم مركز على شجرتين من نفس النبات السابق

في العمل الجمالي التالي، هو لمقطورة شاحنة إرتفاعها 210 سم

في العمل التالي هو لإبريق مزروع في حوض بحجم 60 X40سم

مشروع التقليم للشجر التالي هو لديناصور مركز على خمس أحواض

العمل الإبداعي التالي، لعربة يجرها حصانان وسائق العربة وركابها العمل مزروع في خسمة أحواض، إرتفاع العمل 230 سم

العمل الإبداعي التالي، يشابه العمل السابق ويختلف فقط بعدد الحصن الأربعة، إرتفاع العمل 230 سم

العمل التالي لحصان مزروع في حوض لشجرة واحدة، بحجم 290X210X150 سم

العمل التالي مزروع على خمسة أحواض، وهو لأربعة كراسي وطاولة بإرتفاع متر.

ويتم تقليم الأشجار والشجيرات والمتسلقات لتحقيق الأغراض التالية

1- التخلص من الأفرع الجافة

2- تشجيع النموات والأفرع الجانبية

3- التخفيف من وزن النبات على المنشأة الخشبية

4- التخلص من الثمار الجافة

لتقليم الأشجار أنواع وأهداف عدة، أهمها

1- التقليم العادي قبل سريان العصارة

2- تقليم التشكيل في أي وقت للمحافظة على الشكل الهندسي

3- تقليم الأزهار عقب موسم الأزهار

4- تقليم التجديد للأشجار التي تظهر عليها علامات الضعف

5- أما بالنسبة لأشجار الظل فهي لا تحتاج لأي نوع من التقليم

تقليم الشجيرات وهي تقلم للأغراض التالية

1- تحديد حجم الشجيرات وتنظم شكلها

2- إزالة الأفرع الجافة أو المصابة بالحشرات والأمراض

3- إزالة الأفرع المتزاحمة حتى يتخللها الضوء والهواء

4- إزالة الأفرع المسنة لتجديد الشجيرة

ويجب مراعاة موسم الإزهار لملاحظة ما يلى

ان الشجيرات التي تحمل أزهارها على النموات الحديثة تزهر في الصيف ويفضل تقليمها ابتداء من أكتوبر والشجيرات التي تحمل أزهارها على النموات القديمة تزهر عادة في الشتاء وتقلم في أواخر الربيع وبداية الصيف.

أدوات التقليم والقص والتشكيل:

من الأدوات التي تستعمل في التقليم نشير إلى ما يلي:

1 مقص التقليم:

هو أداة تقليم رئيسة ولا يستغني عنه البستاني. ينبغي بقاء المقص حاداً جداً حتى لا تتأذى الأفرع أو يحدث تمزق لمقاطع القطع وقد تلتئم بصورة سيئة. عندما يقطع فرعاً بمقص يوجه الجزء المحدب من النصل الثخين للمقص نحو الخارج.

2 سكين التقليم:

هي سكين قوية ذات شفرة مقعرة تنتهي بنتوء، تفضل السكين القابلة للطي والتي يستفاد منها عادة لتنعيم الجرح. عندما تكتسب المهارة الكافية للمناورة بهذه الأداة ستستفيد منها لتقليم النموات الزائدة في أشجار الفاكهة تامة التشكيل. يتم الحصول بسكين التقليم على قص أملس أكثر مما يحصل عليه بمقص التقليم ويكون الإلتئام أفضل. لذلك ينصح بإستخدام هذه السكين لتقليم الدراق ذي التربية المسندة على حائط. إن نتوء السكين قابل للإنكسار جداً وهو خطر ومؤذي أيضاً.

3 المحطب (الساطور):

أداة من نصل حديدي ذي حافة حادة ومثبت جيداً إلى مقبض. هناك أشكال مختلفة من المحاطب، فالشكل ذو المنقار والمنحني كالكلاب يلائم أعمالاً عند مستوى الأرض خاصة. يستخدم البستاني بالأحرى محطباً من غير منقار منحن ذا شكل مستقيم. يستفاد من المحطب في قص الأفرع الغليظة عند تشذيب الأشجار. هذه الأداة تتطلب بعض الخبرة في إستخدامها من أجل الشجرة وكذلك من أجل العامل.

4 المنشار:

توجد عدة نماذج من المناشير، وتستخدم لقطع الأفرع الكبيرة والتي يعجز عن قطعها بمقص التقليم، وكذلك في تهذيب الأشجار وذلك عندما لا تستخدم المحطب بمهارة. بعد النشر ينعم سطح القص أملس ناعماً حيث لا نحصل على هذه النتيجة بإستخدام المنشار.

5 مقص تقليم بساعد:

هو نموذج لمقص قوي مثبت على ساعد صلب وخفيف، يقص به عن بعد بوساطة حبل رفيع. تسمح هذه الأداة بقص أفرع ذات أقطار من 30 إلى 35مم.

6 مقص تقليم للأفرع:

تتشكل هذه الأداة من شفرتين منحنيتين بشكل منقار ببغاء. تحرك هاتان الشفرتان بمقبضين طولهما من 50 إلى 60سم. يناور بهذا المقص بكلتي اليدين ويسمح بقطع أفرع ذات أقطار متوسطة (كبيرة بالنسبة لمقص تقليم عادي وغير كبيرة بالنسبة للمنشار أو المحطب). هذه الأداة مفيدة جداً ولاسيما بالنسبة للتقليم الدوري للأسيجة المعمرة.

7 مقص الأسيجة:

تتألف من شفرتين سميكتين وصلبتين متطاولتين كل منهما تنتهي بقبضة خشبية، تتمفصلان حول محور لولبي. يستخدم هذا المقص لتقليم الأسيجة والشجيرات تامة التشكيل. يقلم به بكلتي اليدين. تتوفر مقصات تعمل بمحرك كهربائي لقص الأسيجة بمبدأ مماثل لشفرات قص الحشيش، ولابد من إستخدام السلم المناسب لإرتفاع السياج.

8- المشذب الهلالي:

له شكل منجل صلب مقوس جداً ومثبت عند نهايته بقبضة متفاوتة في الطول تسمح بحركة دائرية شاقوليه بقص الأغصان الرفيعة والتي إذا تجاوزت حداً معيناً من النمو فإنما تتطلب مزيداً من المهارة الفنية لقصها.

– وسائل السلامة:

يمكن حدوث أضرار ومشاكل خطيرة للأشخاص الذين يقومون بإستخدام المعدات والأدوات الخاصة التي تستخدم في تقليم الأشجار العالية والأشجار المزروعة في الشوارع كالمقصات والسلالم العالية.

لذلك يجب أن تتبع شروط السلامة الآتية:

1_ يجب عدم إستخدام المناشير ذات القدرة الكهربائية العالية إلا من قبل أشخاص مدربين ولديهم خبرة كبيرة على إستخدامها.

2_ يجب على الشخص الذي يستخدم المناشير الحادة أن يرتدي ملابس آمنة مثل الخوذات وأدوات حماية الجسم.

3_ يجب عدم بدأ العمل بالمناشير الكهربائية من قمة الشجرة. والعمل الأمثل يجب أن يجري باستخدام روافع متحركة أو روافع ثابتة. كما يجب عدم إستخدامها إلا من قبل الشخص المسئول.

4_ يجب منع السير في الشوارع التي يتم فيها العمل لسهولة وسرعة الإنتهاء من العمل، وفي حالة الضرورة يمكن تحويل مسار السير في الشوارع.

5_ يجب إرتداء ملابس آمنة مثل الملابس الزاهية الألوان وأن تكون الأحذية آمنة وأن يتم إرتداء هذه الأدوات أثناء جميع أوقات العمل.

6_ عقد دورات تدريبية للعاملين.

شكل يوضح طريقة قص وتشكيل الأسيجة

كالأوراق المتساقطة من الأشجار وغيرها من المخلفات الأخرى والأوساخ كما يتبعي

عزيق التربة المزروع فيها النباتات لتهوية الجذور وتفكيك الكتل المتصلبة وتسهل عملية الصرف.

العزيق (الشقرفة) والتعشيب

تعتبر عملية الشقرفة أو العزيق من العمليات الحيوية والضرورية في عمليات الخدمة الزراعية حيث أنها تعمل على تهوية الجذور وتعريض التربة لأشعة الشمس بالإضافة إلى إزالة الحشائش والنباتات الغريبة والمنافسة للنبات حول منطقة الجذور وتتم مرتين في الشهر وتزيد أو تقل حسب قوام التربة والظروف البيئية السائدة. ويفضل إجراء هذه العملية عند إضافة الأسمدة الكيماوية. وتكون في المنطقة السطحية حول الجذور وتترك التربة بدون ري لمدة يومين بعد إتمام عملية الشقرفة.

شكل يوضح الشقرفة والعزيق

شروط عملية الشقرفة:

1_ تتم عملية الشقرفة كلما دعت الحاجة وذلك حسب نوع النباتات والتربة والحشائش المتطفلة وغيرها لتهوية التربة وتنظيفها من الحشائش.

2_ تجرى عملية الشقرفة والتربة مازالت شبة رطبة حتى يسهل إزالة النباتات الغربية والمتطفلة وإقتلاعها من جذورها.

3_ يجب الحذر من عدم التعمق في عملية الشقرفة حتى لا تتهتك جذور النباتات.

4_ يجب إزالة جميع المخلفات الموجودة على سطح التربة قبل عملية الشقرفة.

5_ يجب عدم ري التربة لمدة يومين بعد إجراء عملية الشقرفة تجف ولا تعطى الفرصة لنمو الحشائش الأخرى.

6_ يجب إزالة النباتات المتطفلة على النبات الأصلي وعدم رميها خارج حدود الأحواض حتى لا ترمي بذورها، والتخلص منها في أماكن بعيدة مع الإهتمام بحرق النباتات المتطفلة الأكثر ضرراً مثل الحامول.

ثالثا: التسميد:

يجب توفير الأسمدة العضوية والكيماوية لجميع العناصر الزراعية من مسطحات خضراء وأشجار وشجيرات وأسيجة نباتية وزهور ومغطيات تربة وغيرها من النباتات،

التسميد من أهم عوامل التغذية لنمو النباتات، حيث يحتاج النبات إلى حوالي (16) عنصراً. ثلاثة منها يحصل عليها الماء والهواء (الأكسجين والكربون والهيدروجين) و6 عناصر رئيسية تحتاج إليها النباتات بكميات كبيرة وهي النتروجين والفوسفور والبوتاس والماغنسيوم والكالسيوم والكبريت وعناصر نادرة تحتاجها بكميات قليلة إلا أنها ضرورية وهي الحديد والنحاس والزنك والمنجنيز والبورون والموليبديوم والكلور. في حالة نقص أحد العناصر تظهر على النبات أعراض نقص التغذية وبالتالي يمكن تعويض النقص عن طريق إضافة العنصر أو العناصر التي يحتاجها النبات عن طريق السماد.

1- أنوع الأسمدة:

-أسمدة عضوية تعمل على تحسين الصفات الطبيعية للتربة وتزيد من خصوبتها.

- أسمدة كيماوية أحادية تحتوي على عنصر واحد أو مركبة تحتوي على مجموعة من العناصر الغذائية وتتميز بسهولة إستعمالها وسرعة إستفادة النبات منها، إلا أنها تحتاج إلى الحرص الشديد عند إستعمالها.

2- طرق إضافة الأسمدة العضوية والكيماوية:

أ_ تنشر الأسمدة بأنواعها المختلفة حسب معدلات التسميد لكل نبات أسفل الساق في المنطقة المحيطة بالمجموع الجذري وتقلب جيداً مع الطبقة السطحية للتربة.

ب ـ يضاف السماد العضوي لأحواض الزهور قبل الزراعة ويضاف السماد الكيماوي على فترات بين الشتلات وتقلب مع التربة.

ج ـ يضاف السماد العضوي للمسطحات الخضراء أثناء تهيئة الأرض للزراعة، ويرش السماد الكيماوي على فترات فوق المسطح الأخضر.

د ـ يفضل عند إستعمال نظام الري بالرش أو بالتنقيط إضافة الأسمدة الكيماوية في أوعية التسميد على هيئة محاليل مركزة توصل أو تحقن بنظام الري المستخدم على هيئة محول سمادي أثناء عملية الري.

هـ ترش أسمدة العناصر النادرة على هيئة سماد ورقي باستخدام مرشات خاصة بذلك.

3- كميات ومواعيد إضافة الأسمدة:

وتتفاوت كميات ومواعيد التسميد بإختلاف نوعية النبات وعمره. ويمكن تحديد الكميات فيما يلي:

- تسمد الأشجار سنوياً بمعدل 5كجم من سماد عضوي متحلل لكل شجرة. أما في موسم النمو فتسمد كل شهر بواقع 150جم سماد كيماوي مركب.

- تسمد الشجيرات سنوياً بعد التقليم بسماد عضوي متحلل بمعدل 2كجم لكل شجيرة، كما تسمد بواقع 50جم من سماد كيماوي.

- أما أحواض الزهور فيضاف السماد العضوي المتحلل أثناء التجهيز للزراعة بمعدل 5كجم/م2. أما السماد الكيماوي المركب فيضاف على فترات كل شهر بمعدل 20-25جم/م2.

- يفضل إستعمال الأسمدة الكيماوية المركبة لتسميد المسطحات الخضراء بعد القص وخاصة في الشتاء بمعدل 20-25جم/م2 من المسطح الأخضر سن السماد (5:5:10).

4- الشروط الواجب إتباعها عند إجراء التسميد:

أ ـ عدم زيادة كمية الأسمدة عن المعدلات التي يحتاجها النبات وعدم تسميد النباتات على فترات متقاربة.

ب ـ أن يتم الري الغزير بعد إضافة السماد للتربة.

ج ـ عدم التسميد عند إرتفاع درجات الحرارة.

د ـ عدم القيام بعملية التسميد بالرش أثناء هبوب الرياح.

هـ ـ يمكن إستخدام بعض أنواع الأسمدة ذات التحليل البطيء لتقليل عدد المرات اللازمة للتشجير.

و- يجب على العاملين الأخذ بمبدأ السلامة عند إضافة الأسمدة من لبس القفازات والكمامات وعدم ملامسة الجسم لأي مواد كيماوية.

شكل يوضح طريقة إضافة السماد

رابعاً: الري:

1- تعريف الري: هي الوسيلة الصناعية لإمداد التربة بالماء ليتمكن النبات من الحصول على الرطوبة اللازمة للنمو.

2- مصادر مياه الري:

أ- مياه الآبار السطحية أو الارتوازية. ب- مياه الأمطار والسيول والينابيع وغيرها.

ج- مياه الصرف الصحي المعالجة. د- مياه التحلية

3- نظام الري:

أ- نظام الري السطحي. ب- نظام الري تحت السطحي. ج- نظام الري بالرش. د- نظام الري بالتنقيط.

هـ- نظام الري بالببلرز.

أ- الري السطحي (الري بالغمر): ويقصد به إضافة الماء الى سطح الأرض لغمره والإنسياب فوقه وتعتبر من أكثر الطرق شيوعاً وإستعمالاً. ويستخدم في ري نباتات

الشوارع والحدائق والجزر الوسطية بواسطة الليات والوايتات. ويجب أن لا تزيد نسبة الملوحة في الماء عن 4000جزء/مليون.

ب - نظام الري تحت السطحي: وتستخدم هذه الطريقة في المناطق الرطبة من العالم، ويمكن استخدامه في ري المسطحات الخضراء في الملاعب الرياضية.

ج - الري بالرش: يتم توزيع المياه في هذه الطريقة فوق النباتات على هيئة رذاذ من خلال رشاشات تخرج من شبكة أنابيب يسري فيها الماء تحت ضغط عالي وله عدة نظم مختلفة ويستخدم في حالات الزراعة في تربة ذات نفاذية عالية وعندما تكون الأرض غير مستوية وكثيرة الإنحدارات. ويفضل استخدام هذا النظام في ري المسطحات الخضراء (النجيل الأخضر) وما تحتوي عليه من نباتات كما يفضل إستخدامه في ري الأراضي ذات التربة عالية النفاذيه والأراضي ذات التربة ضعيفة النفاذيه والأراضي غير المنتظمة وذات الميول الكبيرة

د ـ الري بالتنقيط: يعني الري بالتنقيط إيصال مياه الري إلى نباتات منفردة أو في صفوف بكميات محسوبة وبطريقة بطيئة على شكل نقط منفصلة أو متصلة ومن خلال أجزاء صغيرة تسمى منقطات. يتكون هذا النظام من شبكة متشعبة من أنابيب صغيرة تقوم بتوصيل المياه المرشحة الى التربة بالقرب من النبات بكميات محسوبة ويجب أن لا تزيد نسبة الأملاح في الماء عن 2000جزء/مليون.

هـ-الري بالببلرز (الينابيع أو العيون): وهي تحديث وتحسين لطريقة الري بالتنقيط فقد لوحظ أن الفتحات التي يخرج منها الماء في الري بالتنقيط كثيراً ما تغلق بالأملاح أو حبيبات التربة فاستغنى عن الصمامات في هذه الفتحات بإستعمال أنبوبتين واحدة داخل الأخرى يخرج ماء الري منها لفروقات الضغط.

الري اليدوي الري بالرش الري بالببلرز

4- مواعيد وعدد مرات الري:

أ ـ يفضل أن تكون مواعيد الري في الصباح الباكر أو المساء خاصة في فصل الصيف.

ب ـ تحديد عدد مرات الري وفقاً لحاجة النباتات والظروف المناخية ونوعية التربة.

ج_ تتوقف عملية الري في حالة هبوب الرياح إذا كان بنظام الرش وتستخدم عندئذ طريقة الري بالغمر إذا كانت النباتات بحاجة إلى ري.

د_ يجب أن يكون عمق التربة في أحواض الزراعة مناسباً، بحيث لا يقل عن 15سم من السطح العلوي للبردورة، حتى تحصل النباتات على الكمية المناسبة من الري.

5- فترات الري:

يتم تحديد فترات الري بالنسبة لنظام الزراعة على مدى فصول السنة المناخية وفقاً للظروف المناخية السائدة في المنطقة ونوعية النباتات المزروعة ويمكن تلخيصها على النحو التالي:-

أ- المجموعة الأولى: وتشمل هذه المجموعة النخيل والأشجار المزروعة في أحواض أو جور فردية سواء كان ذلك في الشوارع الرئيسية أو الفرعية.. ويتم تحديد فترات الري كما يلي:

1-الفترة الأولى: ويتم فيها الري، رية كل 10 أيام وتشمل الشهور التالية نوفمبر - ديسمبر - يناير وحسب برودة الجو وإحتياج النباتات للري.

2- الفترة الثانية: ويتم فيها الري مرة كل 2-4 أيام وتشمل بقية شهور السنة وحسب حرارة الجو وإحتياج النباتات للري.

ب- المجموعة الثانية: وتشمل هذه المجموعة المساحات المزروعة بالمسطحات الخضراء والزهور والشجيرات بما تحتويه من النخيل والأشجار ويتم تحديد فترات الري كما يلي:-

1-الفترة الأولى:ويتم فيها الري، رية كل 4-5 أيام وتشمل الشهور التالية:

نوفمبر-ديسمبر-يناير ووفقاً لبرودة الجو واحتياج النباتات للري.

2- الفترة الثانية:ويتم فيها الري مرة كل 2-3 أيام وحسب حرارة الجو وإحتياج النباتات للري وتشمل الشهور التالية:

أ- سبتمبر وأكتوبر. ب- فبراير ومارس وأبريل.

3- الفترة الثالثة:ويتم فيها الري كل يوماً بعد يوم وتشمل بقية شهور السنة وحسب الظروف الجوية وحالة النباتات.

- ويتم تحديد الري حسب التقسيم المعد للمواقع في برنامج العمل الشهري.

6- برنامج الري:

يشمل برنامج الري مجموعة من النقاط أهمها:

أ- تحديد نوعية النباتات التي سيتم ريها (نخيل، أشجار، شجيرات، أسيجة، متسلقات، مسطحات خضراء..).

ب- تحديد كميات المياه التي تحتاجها النباتات ويتوقف هذا العامل على نوع النبات وعمره ونوع التربة والظروف المناخية السائدة.

ج- يتم تحديد مصدر المياه التي سيتم الري بها(مياه صرف صحي معالجة أو ينابيع أو آبار سطحية أم إرتوازية..

د- تحديد طريقة الري التي سيتم استخدامها(بواسطة الوايتات، الري بالتنقيط، الري بالرذاذ، الري بالببلرز، بالحنفيات، بالليات).

هـ- تحديد درجة الملوحة التي تتحملها النباتات المزروعة والمراد ريها.

و- تحديد المناطق المراد ريها والتوزيع المعتمد للمواقع.

ز- تحدد دورات للري لكل منطقة حسب احتياجاتها وحسب فصول السنة ويتم تحديد المناطق التي تستوعبها إمكانيات المشروع في اليوم الواحد.

ح- تحدد مواعيد الري اليومي لكل منطقة وعدد النباتات أو المساحات التي يتم ريها في اليوم الواحد.

ط- يعد مخطط عام للري كل شهر يوضح فيه المناطق ودورات الري في كل منطقة ويرفق ببرنامج الري الشهري.

ي- حصر الآليات والمضخات لبرنامج الري.

ك- تحديد مسئوليات والتزامات (المقاول والبلدية) فيما يخص عملية إستبدال وإصلاح الأعطال والأضرار في المضخات والآليات المختلفة.

7- طرق ترشيد إستخدام المياه لأعمال التشجير:

سياسة ترشيد استهلاك المياه هي الإستراتيجية المميزة لعملية التنمية الزراعية في معظم البلدان العربية. ويجب وضع الترتيبات اللازمة للمحافظة على المياه وترشيد إستهلاك المياه الباطنة وهي:

أ- العمل على إستبدال الوايتات المستخدمة في عملية ري النباتات المزروعة في الشوارع والحدائق بشبكات ري نظامية تشغل أتوماتيكيا أو يدوياً، ويفضل أن تكون وفق نظام الببلرز (النبع).

ب- انتهاج أسلوب حديث للري تستغل فيه كميات صغيرة نسبياً من المياه ويعود بمردود عالي أو بعبارة أخرى مضاعفة العائد من الوحدة المائية الواحدة. ومن أفضل هذه الطرق ما يلي:

1- الري تحت السطحي(طريقة إضافة المياه إلى منطقة إنتشار الجذور تحت سطح التربة).

2- الري بالتنقيط(طريقة إضافة المياه في صورة نقط).

3- الري بالرش(طريقة إضافة المياه في صورة رذاذ أو مطر).

ج- الإقلال من إستخدام طرق الري الانسيابي (الغمر) لأنه يتم هدر كميات كبيرة من المياه بالإضافة لمساعدة هذا النظام من الري على ملوحة التربة.

د- إجراء صيانة لشبكات الري في الأوقات التي تقطع فيها المياه وخارج أوقات أو فترات الري للنباتات.

هـ-إختيار نباتات تتحمل الملوحة والجفاف أو ذات إحتياجات مائية قليلة.

و-زيادة المخزون الجوفي من المياه عن طريق حفر آبار إختيارية ليتم تجميع فيها أكبر كمية من المياه.

ز- يجب وصل(ربط) الآبار المالحة بأجهزة الفلتره قبل إستخدامها في عمليات الري.

ح- الإستفادة إلى أكبر حد من مياه الأمطار النادرة الهطول بتجميعها والاستفادة منها عن طريق حفر الآبار السطحية أو إنشاء السدود أو أي طريقة أخرى.

ي- تحلية مياه البحر، مع زيادة عدد محطات التحلية وإستخدامها في الزراعة (مع إنها طريقة مكلفة جداً).

ط- إتباع العمليات الزراعية الملائمة وخاصة فيما يتعلق بأعداد المهد المناسب للزراعة وتوفير البيئة الزراعية التي لها مقدرة عالية على الإحتفاظ برطوبة التربة بالإضافة إلى توفير العناصر الغذائية فيها والتي تساعد على نمو الجذور.

ك- تنفيذ عمليات الخدمة الزراعية بالشكل الأمثل لأنها تساعد على تحسين إمتصاص الماء.

ل- إستخدام مياه الصرف الصحي المعالجة في الزراعة بشرط ألا تكون المعالجة أقل من المرحلة الثانية.

م- تغطية التربة بمواد عضوية أو كيماوية(مغطيات تربة Soil Mulching) وذلك لتقليل عملية "البخر- نتح".

ن- إستعمال بعض المواد الكيماوية على النباتات والمسماة بمثبطات النتح والتي برهنت على مقدرتها في تخفيض معدل النتح دون تأثير على عملية تبادل الغازات الأخرى.

وهذه الطريقة مكلفة من حيث المبدأ. ولكنه أساس علمي صحيح وجديد وفعال في حال المقدرة على تكلفته. حيث أن الدراسة تبحث في كل الطرق الممكنة لترشيد إستهلاك المياه بغض النظر عن التكلفة.

ش-إجراء الدراسات اللازمة للمياه من حيث تواجدها وكمياتها ونوعيتها وذلك لمعظم التكوينات الجوفية والسطحية وأحواض الأودية الرئيسية.

ص-العمل على المتابعة الدقيقة للمخزون المائي الجوفي والسطحي وذلك عن طريق شبكة هيدرولوجية تتضمن قياسات السيول والأمطار ومراقبة المياه الجوفية.

ض- إستخدام بعض المواد ذات المقدرة على الاحتفاظ بالماء Hydrogen وإضافتها مع خليط التربة لتقليل كمية المياه المستخدمة في ري النباتات وتوفيرها للنبات.

ف- إختيار الوقت المناسب للغرس والتشجير من كل عام وفقاً للظروف المناخية السائدة في المنطقة.

ق- تحديد كمية الماء المناسبة لكل نبات باللتر وتحديد مواعيد الري على مدار السنة ومتابعة ذلك من قبل المختصين والمشرفين على مشاريع التشجير والتشغيل والصيانة.

8- الحالات التي يتم فيها تغيير برامج الري:

أ- أثناء الفترة التي تسقط فيها الأمطار بكميات كافية لعملية الري، فيجب عدم القيام بعملية الري لتوفر مصدر جيد للري من مياه الأمطار، لذلك تعتبر فترة سقوط الأمطار من الموجبات لتعديل برنامج الري طبقاً لمقتضى الحال.

ب- في حالة إرتفاع درجات الحرارة إلى معدلات كبيرة. فقد يحدث في بعض الأحيان إرتفاع درجة الحرارة إلى معدلات أكثر من المعدلات المعتادة في الفترات المماثلة من السنة وبذلك يكون تأثيرها على النباتات كبير وتتضرر النباتات إذا لم تعالج الأمور على وجه السرعة. لذلك يتطلب الأمر في مثل هذه الحالات زيادة معدلات الري بزيادة عدد الريات تلافياً للأضرار التي قد تحدث. مما يستلزم معه تعديل برنامج الري طبقاً للتقديرات الجديدة لحالة الجو من حيث إرتفاع الحرارة وإنخفاض الرطوبة النسبية وإحتياجات النباتات من الماء في مثل هذه المرحلة. وعادة ينصح بالري في الفترات المسائية والصباحية.

ج- في حالة تقليص فترات الري وتقليل المقننات المائية.

د- الحالات التي ترى أنه من الضروري تعديل برنامج الري عن ما هو مقرر لأي سبب من الأسباب تحقيقاً لصالح النباتات أو للصالح العام.

9- تقدير الاحتياجات المائية للنباتات(المقننات المائية):

فيما يلي المقننات المائية اللازمة ـ في الرية الواحدة ـ لكل نوع من أنواع النباتات حسب طريقة الزراعة المستخدمة:-

1-النخلة الواحدة 100لتر ماء يومياً.

2- الشجرة الواحدة 50 لتر ماء يومياً.

3- الشجيرة الواحدة 25 لتر ماء يومياً.

4- المسطحات الخضراء 7 لتر/متر مربع ماء يومياً

- ويتحقق التوازن في الإحتياجات المائية اللازمة للنباتات في فصول السنة الأربعة وذلك بتباعد أو تقارب فترات الري. حيث أنه في الفصول الباردة تتباعد فترات الري وفي الفصول الشديدة الحرارة تتقارب فترات الري.

وأمكن قياس الاحتياجات المائية للنباتات بطرق مختلفة من أهمها معرفة عملية (البخر-النتح) أو (الإستهلاك المائي). إما مباشرة بإستعمال الإناء الموزون أو بطرق غير مباشرة بإستعمال طرق عديدة على التربة أو النبات أو المناخ مثلاً طريقة تشتت النيوترونات، البر ومتر، الأفابرومتر والمعادلات الحسابية.

10- شروط استعمال مياه الري:

أ-عند إستعمال طريقتي الري بالرش والتنقيط وفي حالة تراكم الملوحة فوق الطبقة السطحية من التربة يجب إجراء عملية غسل التربة وذلك بريها بطريقة الغمر عدة أيام متتالية حتى تزول آثار الملوحة المتراكمة فوق سطح التربة.

ب- المواقع التي تتم فيها عملية الري بنظام التشغيل الآلي تخضع عملية توزيع المقننات المائية فيها إلى الأسلوب المتبع في الري وطبيعة الموقع فيمكن إعطاء المعدل اليومي من مياه الري على دفعة واحدة أو على عدة دفعات. ويتم تحديد نظام الري الآلي على أساس إحتياجات الري في كل فصل من فصول السنة وعدد مرات الري في اليوم الواحد.

11- طرق الري المفضلة:

لكل نوع من أنواع النباتات طريقة مفضلة للري، وفيما يلي تحديد لأهم أنواع النباتات وطرق الري المفضلة لهم:

أ- النخيل والأشجار المزروعة بشكل مفرد: طريقة الري بالببلرز.

ب- الشجيرات والأسيجة: طريقة الري بالتنقيط.

ج- المسطحات الخضراء: طريقة الري بالرذاذ.

د- المسطحات الخضراء والأشجار والشجيرات داخل حيز مغلق: طريقة الري بالرذاذ.

خامسا: الوقاية والمكافحة:

1- يجب إجراء الوقاية اللازمة ضد الآفات الحشرية والمرضية وذلك بتفقد النباتات بصورة دائمة خاصة في مواسم الإصابة المعتادة حسب دورات حياة الحشرات أو تغيرات المناخ والقيام بالرش الوقائي الضروري.

2- وفي حالة ظهور إصابة حشرية أو مرضية يبادر فوراً إلى أعمال المكافحة اللازمة حسب طبيعة الآفة الحشرية أو المرضية، وبالمبيدات الفعالة الملائمة والحديثة الصنع.

3- يراعى عند الرش التزام الأصول الصحية من استخدام الكمامات من قبل العاملين إلى جانب تجنب الرش عند اشتداد الرياح أو ارتفاع درجة الحرارة.

مكافحة الآفات الحشرية والمرضية

ينبغي العمل على وقاية النباتات المزروعة من الأمراض الفطرية والبكتيرية والفيروسية أو الآفات الحشرية والديدان الثعبانية (النماتودا) وتختلف مقاومة النباتات من نبات لآخر إلا أنه في حالة تعرض النبات للإصابة يجب تحديد السبب المرضي ومن ثم تحديد طريقة المكافحة اللازمة وكما يقال درهم وقاية خير من ألف علاج، لذلك يفضل زراعة الأصناف النباتية المقاومة للأمراض والحشرات إن أمكن ذلك ومن ثم إتباع الرش الوقائي للنباتات قبل تعرضها لأي إصابة.

1- الرش الوقائي:

على مهندس الوقاية وضع برنامج للرش الوقائي يشمل ما يلي:

1_ تحديد أنواع المبيدات التي يجب إستخدامها.

2_ تحديد تركيز المبيدات الواجب إستعمالها.

3_ تحديد مواعيد وأوقات الرش الوقائي.

2- المراقبة واكتشاف ظهور الإصابات وتحديد نوعيتها:

تتم عملية المراقبة وتفقد حالة النباتات لتلافى الإصابة على النحو التالي:

1_ يراعى تفقد الحالة العامة للنباتات من الناحية الصحية لتلافي إنتشار الإصابة بالآفات الزراعية بصورة وبائية، والتعرف على أنواع الإصابات التالية:

أ- الإصابة المرضية التي تسببها البكتريا والفطريات والفيروسات.

ب_ الإصابة بالحشرات والعناكب والحيوانات الضارة.

ج- الإصابة بالديدان القارضة والديدان الخطية.

ويتم الفحص الدقيق على العلامات الأولية للإصابة لتحديد نوعها حتى يكون التشخيص سليم وتتم المعالجة المبكرة قبل استفحال الإصابة.

2_ بعد تحديد نوع الإصابة يشرع في حصر الأماكن المصابة ويتم إختيار نوع المبيد والتركيز المناسب للمعالجة وتحديد مواعيد وفترات الرش الملائمة للقضاء على الإصابة.

3_ عند إستعمال المبيد يجب إتباع تعليمات الشركة الصانعة في تحديد نسب إستعمال المبيد والفترة بين الرشة والأخرى.

4_ في بعض الحالات يلزم إزالة النباتات المصابة والتخلص منها، فيجب أن يتم ذلك بحرص شديد وعلى وجه السرعة

5_ بعد إنتهاء الفترة المحددة للحصول على فاعلية كل نوع من أنواع المبيدات يتم تفقد المناطق المصابة والمناطق المحيطة بها للتأكد من درجة فاعلية المبيد وأن الإصابة لم تنتقل من المناطق المصابة إلى مناطق أخرى مجاورة.

6_ بعد انتهاء الفترة المشار إليها وإعادة الرش مرة أخرى في المواعيد المحددة لذلك، تتم عمليات المتابعة. والفحص للتأكد من إزالة آثار الإصابة والقضاء عليها نهائياً وفي حالة إستمرار الإصابة أو وجود آثار لها مازالت متبقية فيجب أن تتم المعالجة الفورية بمبيد آخر أقوى فاعلية من المبيد الأول، وبعد إنتظار الفترة المناسبة تعاد عمليات الفحص وتفقد الحالة.

3- الوقاية المكثفة:

تنشأ بعض أنواع الإصابات عن فيروسات أو آفات يتعذر معها المقاومة بالطرق العادية وتحتاج إلى برنامج مكثف من الوقاية مثل الحقن وخلافه، وفي مثل هذه الحالات يتم إبلاغ الأمانة على الفور بنوع الإصابة التي تظهر ودرجتها حتى يتم اتخاذ اللازم على وجه السرعة لتلافي إنتشار الإصابة بصورة وبائية مع العلم بأن مثل ذلك لا يدخل ضمن مسؤوليات المقاول إلا إذا حدد ذلك في المواصفات الخاصة.

4- الرش العلاجي:

يتم الرش بالمبيد المناسب لنوع الإصابة التي تظهر ويتم رش جميع النباتات السليمة وغير السليمة وذلك بمعدل مرة كل 15 يوم.

5- الإحتياطات الواجب مراعاتها عند إستخدام المبيدات: قبل أن تبدأ الرش نفذ العمليات التالية بالترتيب:

1- اقرأ التعليمات المسجلة على العبوة وتفهمها.

2- تأكد من صلاحية المبيد.

3- تأكد من أن المبيد فعال بالنسبة للآفة التي ترغب بمكافحتها.

4- تأكد من الفترة التي يستمر فيها فعالية المبيد ولا تحاول جني الثمار أو النبات خلال هذه الفترة التي تعتبر محرمة إذ قد يصاب الإنسان والحيوان إذا ما تغذى على النبات أو الثمار خلالها.

5- لا تحاول خلط المبيد بنسب أقوى مما هو مبين على العبوة وحسب تعليمات المصنع.

6- إذا كنت تستعمل مبيد للحشائش عن طريق الرش لا تستعمل نفس المرشة للمبيدات الحشرية خوفاً من بقاء آثار المبيد الحشائشي السابق وتأثيره على النباتات الأخرى.

7- لا ترش في الأيام المشمسة أو في الأيام شديدة الحرارة.

8- رش بعد الغروب أو في العصر.

9- رش مع إتجاه الرياح حتى لا تصاب بالمبيد الذي قد تحمله الرياح إليك.

10- ألبس المعاطف الواقية وغط الأنف وألبس نظارة وقفازات وجميع ما يطلبه المصنع من إحتياطات.

11- لا ترش خلال الفترة التي تكون الزهور متفتحة وتطلق حبوب اللقاح.

12- إستعمل مرشة من نوع جيد وتعمل بالضغط وتطلق رذاذ ناعم.

13- إغسل أي بقعة تصيبك من المبيد فوراً.

14- يجب أن ترش النبتة وأوراقها جافة ليس عليها ندى من الماء.

15- رش النباتات بكمية وافرة من المبيد حتى تغطي جميع الأوراق ويتصبب المبيد منها على شكل قطرات.

16- إستعمل مرشة ذات قصبة طويلة لرش الأشجار أو استخدم سلم في حالة الأشجار العالية وتجنب الرش وأنت جالس تحت الأشجار حتى لا تصاب عينيك بآثار المبيد.

17- لا تستعمل أغراض المبيد لأي غرض آخر.

18- لا تحتفظ بأي مبيد مخلوط بالماء لمدة طويلة لاستعماله لاحقاً.

19- لا تستعمل أوعية الشراب وزجاجاته لتخزين المبيد.

20- أحفظ المبيد في مكان مظلل.

21- أحفظ المبيد بعيداً عن الأطفال.

22- لا تسمح للأطفال باللعب أو لمس النباتات المرشوشة حديثاً.

23- إحتفظ بالعبوة الفارغة للمبيد بعد الرش لمدة خمس عشر يوماً. وإذا حدثت أي حالة تسمم خذها للطبيب حيث أن مضادات التسمم تختلف من مبيد لآخر.

24- أترك الملابس التي إستعملتها في الرش في الشمس والهواء الطلق لمدة عشرين يوماً على الأقل.

25- لا تدخن وأنت تقوم بالرش.

26- تأكد من الآثار المصاحبة للتسمم في المبيد الذي تستعمله.

27- لا تستعمل المبيدات المنزلية للأشجار والنباتات فقد يؤثر عليها الإيروسول المستعمل.

28- إجراء الغسل الكامل للجسم بعد الإنتهاء من عملية المكافحة.

سادسا: صيانة المسطحات الخضراء:

الري:

تروى المسطحات الخضراء جميعها بصورة مستمرة في الشهر الأول من حياتها حسب الحاجة إلى الري، وقد تحتاج الري وحسب الظروف البيئية بمعدل مرتين يومياً في الأراضي الخفيفة ومرة واحدة يومياً في الأراضي الثقيلة. وبعد الشهر الأول تقل فترات الري وقد يكون كافياً الري مرة واحدة كل يومين عند إشتداد الحرارة أو كل ثلاثة أيام عندما تكون درجة الحرارة معتدلة.

القص والحدية:

هما عمليتان متلازمتان في المسطحات الخضراء حتى يأخذ المسطح شكلاً نظيفاً منتظماً. ويجري عادة قص المسطح الأخضر صيفاً مرة كل أسبوع وتطول المدة عن ذلك خلال فترة الخريف والربيع، وأكثر منها في وقت الشتاء وذلك لضعف إستطالة ونمو النباتات وتجرى عمليات القص بواسطة ماكينة القص اليدوية في المسطحات الصغيرة أو الماكينات ذات الموتور في المساحات الواسعة، وتجهز الماكينة من خلفها وعلى قرب سطح الأرض بمندالة تساعد على انتظام سطح التربة وتثبيت ما يحتمل أن يقتلع من نباتات أثناء قصها بالماكينة. أما الحدية فتجري بواسطة مقصات خاصة أو آلة يدوية للحدية أو بسكينة عقب عملية القص وذلك لقطع النباتات الزائدة عن حدود المسطح. ويحسن إجراء عملية الحدية أو التهذيب على أحبال تشد على أوتاد تثبت على نهايات المسطح.

الشقرفة أو العزيق:

تجرى عملية الشقرفة مرة كل أسبوع حتى تقتلع الحشائش الغريبة وتكون السيادة للمسطح الأصلي ويتبع ذلك باستمرار حتى يضمن نظافة المسطح دائماً. وإذا ظهرت بعض الأجزاء من المسطح معراة بسبب تلف أصابها من الصقيع أو الحشرات أو الحشائش الضارة فتعزق هذه الأجزاء جيداً وتهوى ويعاد زراعتها وتسميدها وذلك في فصلي الخريف والربيع.

التسميد:

من الأفضل عدم تغطية المسطحات بالسبلة أو أي سماد عضوي يحمل روائح غير مرغوب فيها بقصد تدفئته أو تغذيته، وذلك لأن هذه الأسمدة تكون بيئة جيدة لنمو الميكروبات الضارة ومرتعاً ليرقات الذباب والناموس وهذا لا يتمشى مع مبدأ نظافة الحدائق لروادها وخصوصاً إذا كانت حديقة خاصة بالمنزل أو حدائق المرافق العامة. ولا يخفى عنا الأضرار التي تجلبها أو المضايقات التي تحدثها تلك الحشرات بالإضافة إلى أن هذه الأسمدة تحمل كثيراً من البذور التي يحملها الروث وتكون هذه البذور معرضة بعد ذلك للإنبات فوق المسطح وبالتالي انتشار الحشائش الغريبه مما يسبب زيادة في التعب والجهد للتخلص منها، لذا فأنه إذا أريد تغطية المسطح بقصد

تدفئته يفضل العمل على إضافة طبقة من الطمي النظيف بسمك 2 سم إلى سطح التربة.

وقد وجد أن مخلوطاً من الأسمدة المركبة(غير العضوية) بنسبة 4 – 12 – 4 أو 10 – 6 – 4 من الأزوت والفسفور والبوتاسيوم تضاف للتربة في شهر مارس بواقع 25 كجم للدونم تعطي نتائج حسنة للمسطحات الخضراء. كما أن التسميد بأسمدة أزوتية مثل اليوريا أو بكبريتات الأمونيوم بمعدل 4-6 كجم نيتروجين صافي /1000 م2 في الأراضي الرملية أثبت نجاحاً كبيراً في تغذية المسطحات الخضراء وخصوصاً في المناطق الرملية الساحلية بحيث يعطي دفعة منها في شهر سبتمبر أو أكتوبر (الخريف) والدفعة الثانية في شهر مارس أو أبريل (الربيع).

سابعا: تعديل منسوب المسطحات الخضراء وتجديد التالف منها.

وذلك بقطع المسطح إلى عمق 30سم من المستوى العام للمسطح أو 40 سم تحت حدود الجانب العلوي من البردورات، ونقل المخلفات التالفة إلى المقالب العمومية ثم ردم التراب الزراعي المكون من إضافة السماد الحيواني النقي المتحلل والخالي من الأعشاب إلى الرمل الحر الخالي من الأملاح بنسبة (1 سماد: 3 رمل) وذلك إلى العمق المناسب وإعادة زراعتها بالنجيل.

ثامنا: صيانة النخيل.

يجب عمل الصيانة العامة للنخيل عامة ولنخيل البلح القائم وذلك بتوفير مياه الري والتسميد والأعمال الزراعية الأخرى الخاصة بالنخيل كالتكريب والتلقيح والتذليل والصرام وفصل الفسيل وإزالة السعف اليابس والليف والعراجين وأعمال المكافحة الضرورية وإستبدال التالف منها والفاقد بنفس الطول والمواصفات.

صيانة النخيل

نظراً لأهمية النخيل البلدي فلقد تم التركيز عليها هنا لتوضيح أهمية عناصر الخدمة الزراعية:

1 – الري

من العوامل الهامة التي يتوقف عليها نجاح زراعة النخيل هو تزويده بالمقننات الكافية من الماء وتوالي عملية الري في مواعيدها المنتظمة ويراعى ما يلي في عملية الري:

أ – النخيل حديث الزراعة: عند زراعة نخيل جديد يتوقف نجاحه على طريقة الري بالكيفية التالية:

1 – يوالى الري يومياً ولمدة أربعون يوماً الأولى من غرس النخيل دون إنقطاع مع ملاحظة نسبة الرطوبة الأرضية.

2 – يراعى الغمر الكامل وتخلل الماء إلى المنطقة المحيطة بالمجموع الجذري والتأكد من عدم وجود فراغات هوائية حول المجموع الجذري.

3 – أن تتم عملية الري في ظروف معتدلة مع تجنب الري أثناء فترات إرتفاع درجة الحرارة ظهراً والقيام بعملية الري في الصباح الباكر أو عند المساء.

4 – بعد تكوين المجموع الجذري يروى النخيل مرتين أو ثلاثة مرات أسبوعياً حسب الظروف المناخية من حيث درجة الحرارة والرطوبة.

ب – النخيل القائم في المشروع: يتبع في ريه الفترات والكميات الذي سبق الإشارة إليه.

جـ – فترات الاهتمام بعملية الري: توجد بعض الفترات التي يجب الإهتمام فيها بعملية الري للنخيل وإعطائها رعاية خاصة وهي:

1 – قبل موسم التلقيح لتنشيط نمو الطلع والتعجيل في عملية التلقيح مبكراً.

2 – بعد عقد الثمار مباشرة لإحتياج النخيل إلى كمية أكبر من الماء لنمو الثمار.

3 – عند إجراء عملية التقويس.

4 – أثناء نضج المحصول.

5 – بعد الانتهاء من جني المحصول لأن الري يساعد على تنشيط النخيل وتكوين الطلع الجديد.

د – فترات تقليل كميات الري: توجد بعض الأوقات التي تزاد فيها فترات الري للتقليل من كميات مياه الري وهي كما يلي:

1 – في حالة زراعة النخيل في مكان منسوب الماء الأرضي فيه مرتفع أو في أرض منخفضة

2 – عند تكامل القسم الأكبر من نضج الثمار لأن الري بعد إنتهاء نضج الثمار يقلل من صفات الجودة لها.

3 – في فصل الشتاء عند انخفاض درجات الحرارة.

هـ – يراعى عدم الإفراط في عملية الري حتى لا تسوء صفات النخيل وتتعرض الجذور للتعفن.

و – عند إرتفاع درجات الحرارة في فصل الصيف يراعى عدم الري في فترات الظهيرة عندما تصل درجة الحرارة في اليوم إلى أقصى إرتفاعها بل يجب إتمام عملية الري في الصباح الباكر أو المساء كلما أمكن ذلك.

2 – عملية التغيير للنخيل.

وتتم هذه العملية بتغيير النخيل الميت أو الذي أظهر عجزاً في النمو بآخر جيد مطابق للمواصفات من حيث الحجم والنضارة وخلوه من الأمراض والحشرات.

يتم فحص النخيل فحصاً دقيقاً قبل بداية فصلي الربيع والخريف وذلك لتحديد النخيل الميت وإزالته من مكانه إستعداداً لزراعة نخيل جديد طبقاً للمواصفات، ويجب إختيار مصادر النخيل بعناية على أن يتم الخلع والغرس حسب الشروط الفنية.

- ويجب إتباع ما يلي عند تغيير النخيل:

أ – المعاملة قبل الزراعة: وتعني الإهتمام بحفر جور النخيل على النحو التالي:

1 – تطهير الجور وإزالة التعفنات الموجودة بها.

2 – ترك الجور فترة كافية معرضة للشمس لتهويتها وتطهيرها.

3 – إضافة رمل زراعي نظيف ومغسول للحفرة قبل الزراعة.

ب – المعاملة إثناء الزراعة:

1 – تزرع النخلة مواجهة شروق الشمس ومائلة قليلاً في إتجاه الغروب.

2 – إضافة الرمل الزراعي حول جذور النخيل أثناء الزراعة.

3 – دفن المجموع الجذري وجزء من الساق تحت سطح التربة عند غرسها مع عدم دفن القمة النامية منعاً لوصول مياه الري إليها وتعفنها.

4 – المحافظة على القمة النامية للنخلة وتلافي تعرضها لأي صدمات أثناء النقل أو الغرس منعاً لحدوث أي أضرار لها.

5 – إذا كان العسيب كثيفاً وطويلاً فيزال جزء منه بقدر الحاجة ويقص العسيب المتبقي من أعلى حتى لا يتسبب طول العسيب في انحناءه.

3 – حماية النخيل الحديث الزراعة.

أ – أسباب الحماية.

يقصد بعملة حماية النخيل الحديث الزراعة عملية التخييش أي لفه بالخيش في المنطقة عند التقاء المجموع الخضري بالساق وذلك للأسباب التالية:

1 – حماية القمة النامية (قلب النخلة) من الجفاف نتيجة إرتفاع درجة الحرارة وتعرضها لحرارة الشمس بطريق مباشر وبالتالي تقل فرصة نجاحها.

2 – حماية النخلة الحديثة الزراعة من الصقيع عند إنخفاض درجة الحرارة في الطور الأول من الزراعة.

ب – طريقة الحماية.

1 – يستعمل خيش جديد نظيف خالي من الحشرات.

2 – يلف الخيش حول الساق والمجموع الخضري بحيث يغطي جزء من الساق لا يقل عن 50سم ومن المجموع الخضري لا يقل عن 100سم لضمان الحماية الكاملة لمنطقة القلب (القمة النامية).

3 – تربط منطقة الحماية من أعلى ومن أسفل وحول الوسط ربط هين دون شد أو حزم حتى لا تتأثر منطقة القمة النامية.

جـ – إزالة الحماية عن النخيل.

بعد التأكد من نجاح الغرس وذلك بخروج مجموعة جديده من الأوراق وحيوية القمة النامية يزال الخيش من مكان اللف حتى يتعرض المجموع الخضري لضوء الشمس والهواء لتنمو النخلة النمو الطبيعي حيث أن إستمرار عملية لف النخيل بالخيش يسبب لها أضرار على النحو التالي:

1 – بطئ عملية النمو لعدم تعرض القمة النامية لضوء الشمس والهواء.

2 – تؤدي عملية استمرار اللف إلى تجمع الحشرات وإصابة القمة النامية بالحشرات والأمراض التي تؤدي إلى نتيجة عكسية ويتسبب ذلك في موت النخلة.

4 – تقليم وتشذيب النخيل.

تجري عملية تقليم وتشذيب النخيل مرة واحد في السنة أو كلما دعت الحاجة إلى ذلك لإزالة العسيب الجاف فقط وتشذيب أو تهذيب قواعد العسيب.

أ – مواعيد إجراء عملية التقليم والتشذيب.

يوجد موعدان لإجراء العملية هما:

1 – قبل إجراء عملية التلقيح.

2 – بعد جني المحصول في نهاية موسم الإثمار.

ب – شروط إجراء عملية التقليم والتشذيب.

1 – تقتصر عملية التقليم على إزالة العسيب الجاف فقط والذي توقف عن أداء وظيفته.

2 – يجب عند التقليم إزالة العسيب الجاف من قاعدته وأن يكون القطع منتظما وفي مستوى واحد.

3 – تتم عملية تكريب النخيل وذلك بتشذيب قواعد العسيب الجاف التي قطعت من قبل وتؤدي هذه العملية إلى إنتظام شكل النخلة وظهورها بمظهر جيد.

4 – إزالة العراجين الجافة والمتبقية بعد إنتهاء موسم الإثمار.

5 – تلقيح النخيل.

يتم العمل على تلقيح النخيل المثمر بنقل حبوب اللقاح من النخيل المذكر إلى المؤنث حيث تتم علمية الإخصاب وتكوين الثمار

أ – عوامل نجاح التلقيح.

1 – تجري عملية التلقيح تحت أشعة الشمس.

2 – يتجنب إجراء عملية التلقيح أثناء هطول الأمطار أو في أوقات الغيوم أو الضباب.

3 – يجب التأكد من حيوية حبوب اللقاح وصلاحيتها للتلقيح.

4 – يوضع في القنو (العذق) الكمية الكافية من شماريخ حبوب اللقاح التي تعمل على تلقيح الأزهار المؤنثة.

5 – تؤخذ حبوب اللقاح من ذكر تتوفر فيه الشروط التالية:

- أن تكون حبوب اللقاح ذات حيوية ورائحة شديدة يمكن معرفتها من كثرة عقد الثمار عند التلقيح.
- أن ينتج الذكر عدد كبير من الأكمام الزهرية بأحجام كبيرة.
- أن يؤخذ اللقاح من نخيل معروف بكثرة إخصابه وجودته.
- عدم تساقط الأزهار من شماريخها عندما تجف.

ب – طريقة التلقيح.

1 – عند اكتمال نمو الطلع وإنشقاق غلافه يصعد الملقح إلى النخلة لإجراء عملية التلقيح بوضع كمية كافية من شماريخ اللقاح تقدر بحوالي 5 – 10 شماريخ في كل قنو (العذق) أنثوي بحيث توضع مقلوبة حتى تتساقط حبوب اللقاح منها على الأزهار المؤنثة ويربط حول القنو (العذق) ربطة خفيفة لعدة أيام.

2 – يجب أن تتم عملية التلقيح بمجرد إنشقاق القنو الأنثوي لأنه كلما تأخر التلقيح كلما قلت فرصة الإخصاب وبالتالي تقل نسبته.

6 – تقويس النخيل.

يقصد بهذه العملية تعديل وضع العراجين بعد إتمام عملية الإخصاب وعقد الثمار بحيث تأخذ وضعها الطبيعي في التدلي إلى أسفل متخذة شكل قوس. تتم هذه العملية عندما تبدأ الثمار في الكبر وحتى لا يؤدي تركها إلى تشابكها مع العسيب أو عدم إنتظامها مما يعيق نموها وبالتالي جمعها بعد النضج.

أ – توقيت التقويس.

تتم عملية تدليه (تقويس) عراجين النخيل حسب تقدير حالتها على النحو التالي:

1 – بعد عقد الثمار وبداية كبر حجمها.

2 – قبل أن تتصلب عيدان العراجين وتقصف.

3 – قبل أن تتشابك مع العسيب ويصعب تدليها.

ب - طريقة التقويس.

تضم شماريخ العراجين بعضها إلى بعض وتدلى إلى أسفل ثم تثنى عيدان العراجين برفق إلى الأمام وتشد إلى ما يجاورها من العسيب وقد يربط العرجون عند مفترق من الشماريخ لضمها أو تسند بعصي أو يوزع ثقلها على العسيب حسب حالة العرجون وحجمه ودرجة صلابة عيدانه.

<u>7 – تعديل النخيل المعوج</u>

وقد تسبب بعض العوامل إلى انحناء النخيل واتخاذه شكل مائل وذلك نتيجة النمو غير المنتظم أو حوادث السيارات التي تتسبب في ميل بعض النخيل عن وضعها القائم. لذلك يجب العمل على تعديل النخيل الذي يرى أنه مائل أو يشير عليه المهندس المشرف بتعديله بحيث يأخذ الشكل القائم ودون أي إنحناء أو إعوجاج.

<u>8 – تسميد النخيل.</u>

يجب الإهتمام بعملية التسميد لتعويض النقص في العناصر الغذائية في التربة وذلك باتباع نطاق التسميد العضوي والكيماوي الذي سبق الإشارة إليه.

<u>9 – مقاومة الحشرات والأمراض.</u>

وذلك باتباع ما يلي:

أ - الرش الوقائي حسب برنامج الرش الوقائي للمشروع.

ب – الرش العلاجي في حالة ظهور أعراض الإصابة وذلك برش جميع النخيل في المنطقة التي تظهر فيها أعراض الإصابة بالمبيد المناسب مرتين متتاليتين بين كل مرة والأخرى عشرة أيام حسب توصيات الشركة الصانعة للمبيد المستعمل.

تاسعا: الترقيع

المقصود بعملية الترقيع هو إعادة زراعة بعض الجور أو المساحات الخالية بسبب عدم نموها أو موتها أو تلفها أو فقدانها لأسباب مختلفة ويشترط في النباتات المستخدمة في عملية الترقيع أن تكون من نفس النوع والعمر وخالية من الأمراض والحشرات وذات خضرة ونمو جيد. كما يجب عدم التأخر في إجراء عملية الترقيع حتى لا تؤثر الظروف الجوية على عملية إعادة الزراعة.

عاشرا: تسنيد وتدعيم الأشجار

1- الغرض منه: توجيه نمو الأشجار إلى الأعلى ومساعدة الساق على تحمل المجموع الخضري وذلك في إستقامة تامة دون حدوث إعوجاج أو انحناء أثناء فترة نمو الساق الرئيسية.

2- طريقة التسنيد والتدعيم: التسنيد والتدعيم عمليتان متلازمتان تتم على الأشجار ولكن تختلف الطريقة والأسلوب حسب عمر الشجرة وحجمها والغرض من تربيتها كما يلي:

<u>أ- الأشجار الحديثة الزراعة:</u>

وهي الأشجار المزروعة حديثاً ولم تتعدى سنتها الأولى. ففي هذه المرحلة تحتاج إلى تشجيع نمو الساق الرئيسية في السمك ومراقبة إستقامتها ويتبع في ذلك ما يلي:

1- ترك الأفرع والسرطانات السفلية تنمو نمواً طبيعياً وعدم تقليمها إلا للضرورة القصوى.

2- تسنيد النباتات بوضع سنادات خشبية بالطريقة المناسبة لحالة الأشجار من حيث نوع السناده وعدد السنادات وطريقة التسنيد وفيما يلي شرح لهذه العملية:

2-1- وصف السنادات الخشبية:

أ- تصنع السنادات الخشبية من نوعية جيدة من الخشب الذي يتصف بالمتانة والجفاف، مقاس السنادة 5 × 5 سم وبطول مناسب

ب- تكون أوجه السنادة الأربعة ملساء دون خشونة حتى لا تؤثر على ساق النباتات نتيجة تحركها والإحتكاك بفعل الرياح.

ج- أن لا يحتوي الخشب المصنوع منه السنادة على أماكن تفرعات (عقد) لكي لا تكون سهلة الكسر.

د- تكون السنادة مدببة من أسفل على شكل هرم رباعي مقلوب لسهولة إختراقها للتربة ويدهن الجزء السفلي بمادة البتومين لحماية الخشب من التآكل بفعل الماء.

هـ- يدهن الجزء العلوي من السنادة فوق سطح الأرض بدهان زيتي اللون والذي تحدده الأمانة.

و- يكون إرتفاع السنادات مناسب لطول الأشجار.

2-2- تربيط الأشجار:

أ- يجب أن تكون طريقة التربيط سهلة ومادتها متبنة حتى لا تتعرض للقطع المستمر وإنحناء الساق.

ب- يراعى عند التربيط أن تكون الساق موازية للسناده تماماً ويكون بينهما فراغ مناسب ولا تشد أو تحزم الساق تماماً إلى السنادة حتى لا يكون ذلك عائقاً في نمو سمك الساق.

ج- يتم التربيط بالوسائل التالية:

1- خيط التيل الرفيع: وهو خيط من التيل المتين سماكته 3 مم ويصلح للأشجار الحديثة الزراعة فقط حيث يكون ليناً لا يعيق ولا يجرح الساق ولكنه سهل القطع ويحتاج إلى متابعة مستمرة وإعادة التربيط كلما قطع الخيط.

2- رباطات البولي إيثلين اللدن: وهي تستعمل لهذا الغرض ويمكن توسيع فتحة الربط والتحكم في قطر دائرة الربط حول الساق.

3- رباطات من السلك المجلفن: وتكون سمك 3-5 ملم مغلف بمادة بلاستيكية لحماية الساق من الإحتكاك بالسلك وهي تحيط بطرق متعددة حسب الطريقة المتبعة في التسنيد والتربيط

2-3- طريقة التسنيد:

يحدد طريقة التسنيد طول الساق وغزارة التفريعات عليه والطريقة التي يعتمدها المهندس المشرف ويتم تسنيد الأشجار الحديثة الزراعة بواسطة سناده واحدة أو أكثر تغرس أثناء الزراعة موازية للساق الرئيسية ويتم تربيط الأشجار فيها.

ب - الأشجار متوسطة الحجم:

تكون هذه الأشجار في عمر أكثر من سنة وتكون تفريعات القمة كبيرة بحيث لا تقوى الساق على حملها دون تدعيم والتي لا تصلح لها السنادات الخشبية حيث أنها تكسر بفعل ثقل القمة لأي حركة للساق. وفي هذه الحالة يمكن إستعمال مواسير من الحديد المجلفن قطر 3-5 سم حسب حجم الشجرة تثبت جيداً في الأرض وتربط إليها الساق في الاتجاه الذي يجعلها مستقيمة ومتوازية وتدهن المواسير من أسفل بالبيتومين في الجزء تحت التربة ومن أعلى ببوية زيتية بلون مناسب.

ج- الأشجار الكبيرة:

وهي الأشجار التي لا تقوى الساق الرئيسية على حمل المجموع الخضري ويتم تدعيمها بإتباع ما يلي:

1- تقليل ثقل المجموع الخضري من أعلى بقص الأفرع من أعلى والتي تعمل على زيادة إنحناء الساق والعمل على تخفيض المجموع الخضري لتقوى الساق على حمله.

2- تشد الأشجار بواسطة سلك أو أكثر من الحديد المجدول في إتجاه معاكس لميل الشجرة والعمل على جعل الشجرة في وضع رأسي دون انحناء ويثبت السلك في الأرض وفي المكان المناسب مع إزالته بعد استقامة الشجرة.

3- الحالات التي يتم فيها تغيير طريقة التسنيد والتدعيم:

أ- عند تلف السنادات وإحتياجها للتبديل.

ب- عندما يكون طول السنادة لا يتلاءم مع إرتفاع النباتات.

ج- عندما يبلغ النمو الخضري للنبات حجم لا تصلح معه الطريقة المتبعة للتدعيم ويلاحظ فيه ميل النبات في إحدى الاتجاهات.. وفي هذه الحالة يجب إتباع ما يلي:

1- إجراء الدراسة على مجموعة الأشجار لإختيار أفضل طرق التدعيم الملائمة لحالتها.

2- عمل برنامج من خلال التدعيم حسب إحتياجات كل مجموعة وتحديد موعد لإنهائه.

حادى عشر: عملية الغسيل للتربة الزراعية والأشجار والشجيرات

1 - عملية غسيل التربة الزراعية:

هي عملية إذابة للأملاح المترسبة على سطح التربة نتيجة القيام بعملية الري بواسطة الرش أو التنقيط بمياه تحتوي على نسبة من الأملاح أو تكون التربة ذات محتوى عالي من الأملاح وتتلخص هذه العملية بغمر التربة بالماء الصالح للغسيل لعدة أيام متتالية بحيث تزال الأملاح المترسبة في التربة وعلى سطحها ويتم القيام بهذه العملية في حالة تحديد ذلك في المواصفات الخاصة للمشروع والماء المستعمل في عملية الغسيل لا تزيد نسبة الملوحة فيه عن 1000 جزء في المليون.

- يجب القيام بهذه العملية على فترات في الحالات التالية:

1- استعمال نظام الري بالتنقيط أو الرش.

2- ظهور آثار للأملاح فوق سطح التربة، وتتم هذه العملية عند ظهور الأملاح في التربة.

2- غسل الأشجار والشجيرات:

تتعرض النباتات في الشوارع والحدائق لتراكم الأتربة على أسطح الأوراق نتيجة تناثر الغبار وهبوب الرياح وسقوط الأتربة على النباتات عند إصطدامها بها إضافة إلى الرذاذ المتناثر من عادم السيارات والمحتوي على الكربون ومع تراكم هذه الأتربة والمواد الضارة على أوراق النباتات بحدث إنسداد للثغور، وإعاقة قيام النباتات بالعمليات الفسيولوجية الحيوية. لذلك يجب إزالة هذه التراكمات من على سطح الأوراق بغسل النباتات برذاذ قوي من الماء النظيف لإزالة الأتربة والمواد الضارة لإنعاش النباتات.

وتتم عملية غسل النباتات كلما دعت الحاجة إلى ذلك كما يحدث بعد هبوب رياح محملة بالأتربة أو الرمال. ويجب أن تكون نسبة الملوحة في الماء المستعمل في عملية الغسيل مناسبة وأن يكون الماء نظيف. وتتم العملية بواسطة صنابير الغسيل المخصصة لهذا الغرض بإندفاع الماء منها بقوة عن طريق الليات وغسل النباتات إما بواسطة صهاريج سيارة مركب عليها مضخات تقوم بدفع الماء بقوة أو بأي طريقة أخرى مناسبة.

ادوات الصيانة الزراعية

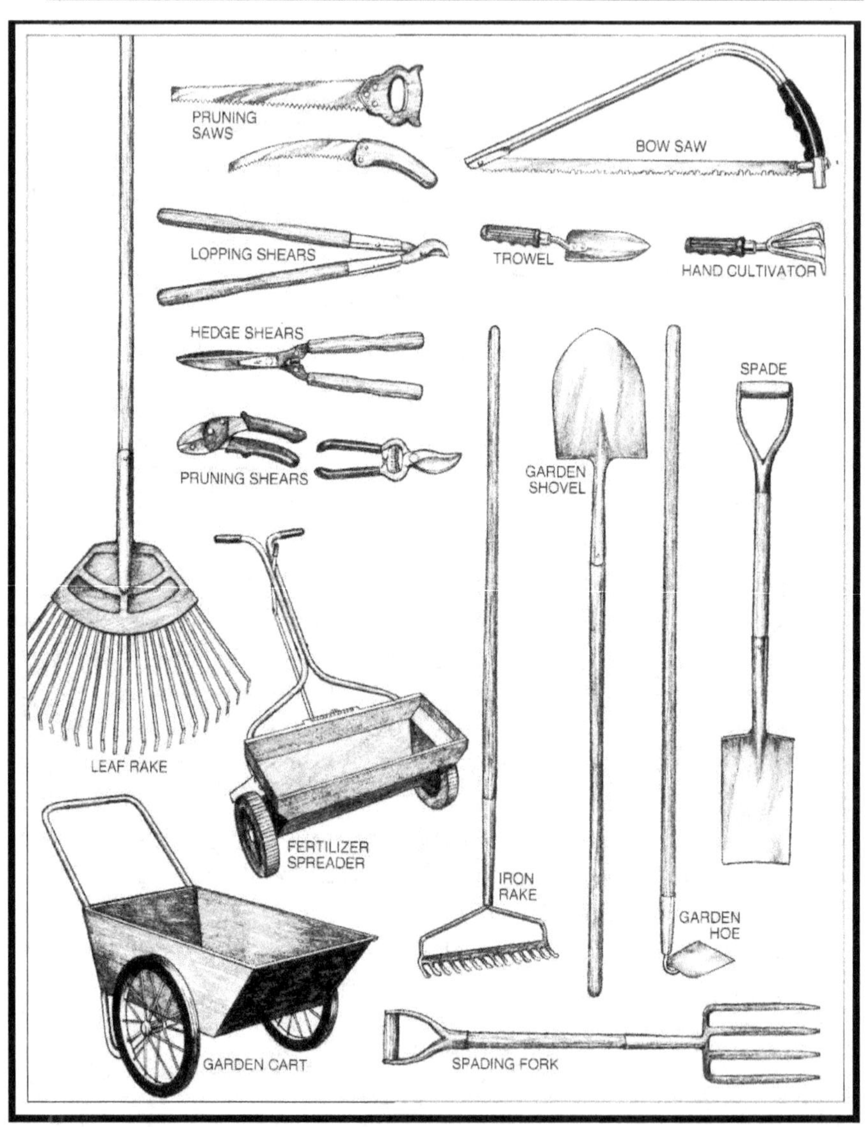

مهام المهندس والفنى الزراعي
1- مهام المهندس الزراعي
أ -المهندس الزراعي في مجال التشجير والتجميل:

<u>يعمل المهندس الزراعي في إدارة التشجير والتجميل بالأمانة على أداء المهام التالية:</u>

١ ـ القيام بأعمال التجهيزات اللازمة التي تحتاجها المواقع المخصصة للزراعة في الشوارع والميادين منذ بداية إعداد التصاميم وحتى الانتهاء من عمليات التنفيذ.

٢ ـ التأكد من ملائمة الأنواع النباتية المختارة للزراعة للظروف البيئية المحلية ونموها بنجاح.

٣ ـ الإشراف على العمليات الزراعية المتعلقة بمشاريع التشجير والتجميل في الحدائق وملاعب الأطفال والشوارع والجزر الوسطية والميادين والمنتزهات العامة من حيث الري والتسميد والعزيق والترقيع ومقاومة الآفات الزراعية.

٤ ـ الإشراف على عمليات التقليم والقص والتشكيل للأشجار والشجيرات والأسيجة والمتسلقات، حيث يقوم المهندس الزراعي بإجراء عملية التقليم لشجرة آعينة نموذجية وبعدها يتم تقليم النباتات حسب العينة المختارة.

٥ ـ تحديد الاحتياجات المائية اللازمة لري النباتات وفقاً لأنواعها المختلفة والظروف البيئية في المنطقة وتحديد مواعيد الري على مدار السنة.

6- الإشراف على مصادر المياه بالبلدية وخاصة محطات تنقية مياه الصرف الصحي وأخذ عينات منها بصفة دورية وإرسالها إلى المختبر للتأكيد من صلاحيتها للري. وإذا كانت مياه آبار أو ينابيع فيجب التأكد من درجة ملوحتها.

٧ ـ تحديد أنواع الأسمدة المراد استعمالها وطرق إعطائها وكمياتها ومواعيد إضافتها.

٨ ـ تحديد نوع الإصابات الحشرية والمرضية للنباتات ونوعية وترآيز المبيدات اللازمة لمكافحتها.

٩ ـ الإشراف على العمليات الزراعية المتعلقة بصيانة المسطحات الخضراء.

١٠ ـ الإشراف على العمليات الزراعية المتعلقة بصيانة النخيل(الري، عملية التغيير للنخيل، حماية الفسائل وتكريب النخيل حديث الزراعة، تقليم وتشذيب النخيل، تلقيح النخيل، تقويس النخيل، تعديل النخيل المعوج، تسميد النخيل، مكافحة الآفات الحشرية والمرضية).

<u>ب ـ المهندس الزراعي في مجال تشغيل وصيانة الحدائق:</u>

<u>يقوم المهندس الزراعي في إدارة تشغيل وصيانة الحدائق بالأمانة على أداء المهام التالية:</u>

١ ـ الرعاية المتكاملة للأشجار والنباتات في الحدائق والمنتزهات العامة وملاعب الأطفال وتنظيم ريها والعناية بها وحمايتها ومكافحة الآفات الحشرية والمرضية.

٢ ـ وضع جدول زمني للصيانة الدورية للحدائق والمساحات الخضراء والمحافظة على المظاهر الجمالية بالمدينة.

٣ -الإشراف على التحسينات الجارية بالمنتزهات البرية واحتياجاتها لعمليات التشغيل والصيانة وخاصة من حيث تقليم الأشجار وتهيئة طرق للمشاة وأماكن جلوس حتى يستفيد منها الرواد وترقيع المواقع بالنباتات التي تمت زراعتها سابقاً في المنتزه البري.

٤ -التأكد من نوعية المياه الواردة للحديقة ومدى صلاحيتها للزراعة ومطابقتها لشروط الري .وإذا كانت المياه المستخدمة مياه صرف صحي معالجة يجب أن لا تكون درجة المعالجة أقل من المرحلة الثنائية .أما إذا كانت مياه آبار فيجب التأكد من درجة ملوحتها ومدى تحمل النباتات المزروعة لها.

٥ -التأكد من سلامة شبكات الري الموجودة في الحديقة وعدم انسداد النقاطات إذا كان أسلوب الري بالتنقيط هوالمعتمد.

٦ -الإشراف على تشغيل ألعاب الأطفال الموجودة في الحدائق ومدى سلامتها ومطابقتها للشروط والمواصفات الفنية المعدة لها.

2- مهام الفني الزراعي

أ -الفني الزراعي في مجال التشجير والتجميل:

يقوم الفني الزراعي الذي يعمل في إدارة التشجير والتجميل بالأعمال التالية:

١ -متابعة تنفيذ الأعمال الزراعية المختلفة وهي:

أ - أعمال التقليم والقص والتشكيل. ب - الري. ج- التسميد. د- مكافحة الآفات الحشرية والمرضية.

ه- العزيق والتعشيب. و -الترقيع. ز- تسنيد وتدعيم الأشجار. ح- عمليات غسيل التربة والنباتات.

٢ -متابعة العمال أثناء صيانة المسطحات الخضراء (ري، إزالة حشائش، حدية المسطح الأخضر، تهوية المسطح، تجديد المسطح الأخضر، التسميد، مكافحة الآفات الحشرية والمرضية).

٣ -متابعة العمال أثناء صيانة النخيل)الري، عملية التغيير للنخيل، حماية الفسائل وتكريب النخيل حديث الزراعة، تقليم وتشذيب النخيل، تلقيح النخيل، تقويس النخيل، تعديل النخيل المعوج، تسميد النخيل، مكافحة الآفات الحشرية والمرضية).

٤ -إيجاد حصر لأعداد ونوعيات الأشجار والنباتات المزروعة داخل المدن (على الأرصفة، في الجزر الوسطية، الحدائق، ...).

٥ -تدريب العمال على الأعمال الزراعية المختلفة في مواقع العمل.

ب -الفني الزراعي في مجال تشغيل وصيانة الحدائق:

يقوم الفني الزراعي الذي يعمل في إدارة تشغيل وصيانة الحدائق بالأعمال التالية:

١- متابعة العمال أثناء القيام بأعمال التشغيل والصيانة الزراعية المختلفة في الحدائق والمنتزهات العامة.

٢ - متابعة العمال أثناء القيام بتركيب وصيانة ألعاب الأطفال.

٣ - مراقبة العمال وتوزيع العمل عليهم.

٤ - التأكد من سلامة شبكات الري الموجودة في الحديقة وعدم انسداد النقاطات إذا كان أسلوب الري بالتنقيط هو المعتمد.

٥ - توجيه العمال لتنفيذ العمليات الزراعية الفنية من حيث القص والتقليم والتشذيب للأشجار والشجيرات والأسيجة.

٦- توزيع الأسمدة التي يحددها المهندس المشرف على النباتات في الحدائق والمنتزهات العامة.

٧ - متابعة تنفيذ العمال لعمليات الرش لمكافحة الأمراض والحشرات الموجودة.

٨ - متابعة تنفيذ عمليات العزيق)الشقرفة(والتعشيب.

٩- متابعة تشغيل ألعاب الأطفال الموجودة في الحدائق ومدى سلامتها ومطابقتها للشروط والمواصفات الفنية المعدة لها.

١٠ ـ مراقبة تنفيذ الأعمال المطلوبة من المقاولين والمتعهدين والمستثمرين ومدى التزامهم بالعقد الموقع معهم ومطابقتهم للشروط والمواصفات الفنية المشار إليها في العقد المبرم معهم.

الفصل السابع : طرق صيانة الحدائق (صيانة العناصر البنائية)

صيانة عناصر الحدائق (الانشائية)

صيانة عناصر الحديقة

صيانة وتشغيل اللوحات الكهربائية لنظام الري.

1- يجب عمل صيانة شهرية لهذه اللوحات.

2- فحص وضبط مواعيد تشغيل اللوحات الكهربائية والتأكد من صحة البرنامج الزمني الموضوع لنظام الري الأتوماتيكي لكامل لوحات الري بالمشروع يومياً وفحص صمامات التحكم الأتوماتيكية مرة أسبوعياً على الأقل والقيام بتشغيل النظام مع الاهتمام بعمليات تنظيف الفلاتر شهرياً لجميع المواقع واستبدال التالف.

صيانة وتشغيل شبكات المياه.

وتشمل مراقبة عمل جميع الأجهزة وإصلاح أو استبدال الأجزاء التالفة والمواسير والوصلات والمحابس العادية والأوتوماتيكية والرشاشات والمنقطات والفلاتر وأجهزة الري وصمامات ومفاتيح الطوارئ وكبلات التحكم وأي شئ غير طبيعي أثناء التشغيل وخاصة بالنسبة لأجهزة الري وملاحظة معدل المياه المتدفقة لإصلاح أي عيوب حال وقوعها.

صيانة ألعاب الأطفال في الحدائق:

1- يجب القيام بصيانة ألعاب الأطفال المقامة في الحدائق العامة وذلك بالإهتمام في نظافتها وتشحيمها وتزيينها والشد على مسامير التثبيت بها كما يجب دهانها مرة كل ستة أشهر، ويجب أن تسبق عملية الدهان الصنفرة وإزالة الصدأ المتراكم عليها ودهانها بطبقة أساس حديد بالنسبة للألعاب الحديدية ثم تدهن بالدهان من نوع إيبوكس خاص بدهانات الحديد، أما الأجزاء الخشبية فتدهن بمادة ضد تآكل الخشب من الحشرات ودهانها بدهانات خاصة بالأخشاب.

2- في حالة تعطل أي لعبة أو تلف أجزاء منها مما يستدعي إصلاحها تأمين قطع الغيار فيتم تأمين قطع الغيار من نفس النوعية المركبة

3- تشمل صيانة ألعاب الأطفال صيانة الصبات الخرسانية وقواعد التثبيت ودهانها والمحافظة عليها وإصلاح التالف منها.

4- يجب إزالة الرمال من تحت الألعاب بموقع الأطفال عند الضرورة واستبداله، والمحافظة على منسوب الرمال أن يكون في مستوى واحد من البردوره.

صيانة أحواض الزهور.

يجب القيام بصيانة أحواض الزهور وإصلاح التالف منها أو استبدال التالف بالنسبة للأحواض المنقولة. وبنظافة الأحواض من الخارج، أما من الداخل فتنقى من الحشائش والنباتات الغريبة ويعتني بالزهور بريها وتسميدها وأعمال الخف والتنسيق اللازم عند زراعتها. ويراعى أن يكون نصفها من الأزهار المستديمة والنصف الآخر من الحوليات المزهرة وأن يتم التوزيع بذوق جمالي وفني.

كما يمكن زراعة بعض شجيرات الزينة المزهرة داخل أحواض الزهور بصورة منفردة أو في مجموعات وفي تنسيق منوع.

صيانة بردورات أحواض الأشجار.

يجب صيانة بردورات الأشجار وذلك بإستبدال التالف منها وإستكمال الناقص من البردورات، وإصلاح أي تسربات في الأحواض، ونظافتها من الخارج ومن الداخل وإزالة الأعشاب والنباتات الغريبة ويعتني بالشجرة وبنقاط المياه وخلافه.

صيانة النوافير.

وتشمل أعمال الصيانة والترميم الآتي:

1- الأعمال المدنية.

يجب صيانة الأعمال المدنية وإستبدال التالف منها كالخرسانات الإنشائية وما تتطلبه من أعمال الصيانة والترميم وإستبدال التالف من الرخام والسيراميك والمواد العازلة وكل ما يتطلبه مع تحديد المواد المستبدلة.

2- الأعمال الميكانيكية.

يجب صيانة الأعمال الميكانيكية وإستبدال التالف منها وتتضمن الأعمال الميكانيكية أعمال السباكة لشبكة المياه وإستبدال المواسير والتوصيلات التالفة وكذلك المضخات ورؤوس النوافير ومواسير الصرف الصحي وكل ما تتطلبه الصيانة للأعمال الميكانيكية.

3- الأعمال الكهربائية.

يجب صيانة الأعمال الكهربائية وإستبدال التالف منها وتتضمن إستبدال التالف من الأسلاك الكهربائية، والمفاتيح، والكشافات.

صيانة عناصر الحدائق الاخرى.

يجب صيانة عناصر الحديقة المتمثلة في الطرق والمشايات وأحواض الزهور والأسوار والمظلات ومقاعد الجلوس وخلافها مما يتوفر في كل حديقة حسب عناصرها.

1. الطرق والمشايات بالحدائق.

يجب صيانة جميع الطرق والمشايات والبردورات وبلاط الأرصفة داخل الحدائق بصفة دائمة ومستمرة ويجب إستبدال التالف من البلاط والبردورات والرخام.

2. دورات المياه بالحدائق.

يجب القيام بعمل الصيانة لدورات المياه والتي تشمل الترميم وإستبدال التالف منها وذلك بالنسبة للأعمال المدنية والأعمال الصحية والأعمال الكهربائية.

3. الأسوار.

يجب صيانة أسوار الحدائق وبواباتها وذلك بنظافتها ودهانها مرة كل 18شهر ويجب أن يسبق الدهان عملية الصنفرة وإزالة الصدأ المتراكم عليها ودهانها بطبقة أساس حديد ثم تدهن بالدهان من نوع إيبوكسي خاص بدهان الحديد، كما يلزم إصلاح المكسور والمطعوج وإستبدال الأجزاء التالفة من نفس المواصفات وأن تدهن الخرسانة والأجزاء الأسمنتية بما يناسبها مع إجراء أعمال الترميم اللازمة حسب المواصفات، وتعهد البوابات والمحافظة على سلامتها وسلامة عمل المفصلات والأقفال وتركيبها وإستبدال التالف منها.

شروط السلامة العامة في ملاعب الأطفال بالحدائق:

١. الفصل بين الألعاب الثابتة والألعاب المتحركة ما أتمكن ويستحسن إقامة سياج حول الألعاب المتحركة لمنع استعمالها في الأوقات المتأخرة المحددة والتي يمنع خلالها اللعب.

٢. تنسيق مجموعات الألعاب حسب الأعمار ما أمكن وذلك بفصل ملاعب الأطفال الصغار(اقل من ٧سنوات) عن ملاعب الأطفال الأكبر سنًا من(٧ حتى ١٢ سنة) وذلك لضمان إبعاد الصغار عن الألعاب التي قد تتطلب مهارات وقدرات قد لا تتوفر لهم في ذلك السن.

٣. تخصيص مساحة على محيط كل لعبة.

٤. أن تكون الأرضية حول كل لعبة مستوية وغير صلبة كان تكون مغطاة بالأعشاب (النجيلة) أو الرمال أو غيرها، إذ أن ألا سفلت والخرسانة والمواد الصلبة الأخرى قد تتسبب في إحداث إصابات خطيرة للصغار.

٥. المحافظة على نظافة الأرضيات حول الألعاب من بقايا الزجاج ومخلفات علب المشروبات وغيرها من المخلفات والتي قد تتسبب في إصابات الأطفال.

٦. يحظر استعمال التجهيزات والهياكل والإنشاءات المكسورة أو الغير محكمة التركيب أو ذات نتوءات حادة أو زوايا أو رؤوس مدببة.

٧. أن يتم تركيب وتثبيت جميع الألعاب بطريقة فنية سليمة تضمن سلامة جميع الأشخاص.

٨. فحص الألعاب بصورة دورية للتأكد من سلامتها وعدم تأثرها بالعوامل الطبيعية كالحرارة والأمطار والرطوبة والصدأ وغيرها مما يجعلها عرضة للتآكل كما يجب التأكد من عدم تأثرها بكثرة الاستعمال وأنها ما زالت مثبتة بإحكام وأن عناصرها الراسية والأفقية ثابتة في مكانها ولم تتأثر.

٩. التأكد باستمرار من أن جميع المسامير والبراغي والصواميل بالألعاب مربطة جيدًا وبإحكام بحيث لا تكون هناك أجزاء بارزة منها.

١٠. أن يكون قطر الحلقات المعدة للعب الأطفال أصغر أو أكبر بكثير من مقاس محيط رأس الطفل وذلك بأن يكون قطرها أقل من ٥ بوصات (٧٫١٢ سم) أو أكثر من ١٠ بوصات(٤٫٢٥) سم.

١١. حماية أجزاء الألعاب المعدنية من الصدأ بتغليفها بالبلاستيك.

١٢. حماية محاور ومفاصل الألعاب المعدنية المتحركة من الصدأ والتآكل وذلك بتشحيمها أو تزييتها وفحصها بصفة مستمرة للتأكد من سلامتها وقوة احتمالها وتغيير ما يلزم منها.

المتابعة والإشراف.

لكي يتم تنفيذ الأعمال وفق للشروط والمواصفات في الحدائق يقوم المهندس المشرف بمتابعة الحدائق أو تشكل لجنة للإشراف، ومن ثم المتابعة والتفتيش على سير العمل وتقديم تقارير دورية أو حسب الحاجة إلى الجهات المختصة.

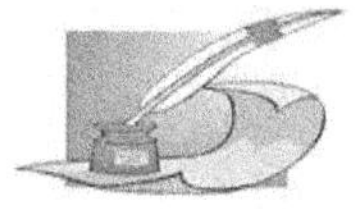

الباب السابع

الحدائق النباتية وعلاقتها بالتنوع الحيوي

الفصل الاول

- التنوع البيولوجى
- أهمية التنوع البيولوجى
- تناقص التنوع البيولوجى في مصر
- أسباب تناقص التنوع البيولوجى
- إجراءات صون التنوع البيولوجى
- التنوع البيولوجى في مصر
- المناطق المحمية
- الملامح الرئيسية لخطة العمل الوطنى لصون التنوع البيولوجى

الفصل الثانى

- مقدمة واهمية الحدائق النباتية
- موقع وشكل الحديقة
- تاريخ الحديقة
- اهمية حديقة اسوان النباتية
- المجموعات النباتية
- محتويات الحديقة
- (دور الحديقة فى صون التنوع البيولوجى)

الفصل الاول

الحدائق النباتية وعلاقتها بالتنوع الحيوي

دور الحديقة النباتية باسوان في حماية التنوع البيولوجى

والتنوع البيولوجى موجود في كل مكان، في الصحارى والمحيطات والانهار والبحيرات والغابات.

ولا أحد يعرف عدد أنواع الكائنات الحية على الأرض. فقد تراوحت التقديرات لهذه الأنواع بين 5 و80 مليون أو أكثر، ولكن الرقم الأكثر إحتمالاً هو 10 مليون نوع.

وبالرغم من التقدم العلمى الذى يشهده العالم، لم يوصف من هذه الأنواع حتى الآن سوى 1.4 مليون نوع، من بينها 250.000 من النباتات، والباقى من مجموعات الحشرات والفقاريات واللافقاريات والفطريات والطحالب وغيرها من الكائنات الحية الدقيقة.

وتعتبر المناطق الإستوائية من أغنى المناطق في العالم بأنواع الأحياء المختلفة، فحشرات المياه العذبة على سبيل المثال، تتركز في المناطق الإستوائية بنحو ثلاثة إلى ستة أضعاف أعدادها في المناطق المعتدلة والقطبية.

كذلك تعتبر المناطق الإستوائية من أغنى المناطق بالثدييات والنباتات المختلفة.

ففى الفدان الواحد من الغابات الإستوائية في أمريكا اللاتينية، يوجد ما بين 40 و100 نوع من الأشجار، في مقابل 10-30 نوع في الفدان في غابات شمال شرق أمريكا.

وفى مساحة لا تزيد عن 15 فدان من غابات بورنيو وجد 700 نوع من الأشجار، أى أكثر من عدد أنواع الأشجار الموجودة في أمريكا الشمالية كلها.

بيد أن النظم البيئية للغابات الإستوائية ليست وحدها هى النظم الغنية بالتنوع البيولوجى، فأقاليم البحر الأبيض المتوسط بها أيضاً مجموعات غنية من النباتات.

وتعتبر أراضى المستنقعات من بين النظم البيئية عالية الإنتاجية للتنوع البيولوجى، ومع ذلك فكثيراً ما ينظر إليها على أنها مناطق سيئة تأوى الحشرات وتشكل تهديداً للصحة العامة.

والحقيقة هى أن أراضى المستنقعات تعمل على تنظيم الدورة المائية في مناطق عديدة وتشكل بيئة مناسبة لتكاثر أنواع عديدة من الحياة النباتية والحيوانية.

أهمية التنوع البيولوجى

أولاً: القيمة الاقتصادية ـ الإجتماعية

يوفر التنوع البيولوجى الأساس للحياة على الأرض. إذ تساهم الأنواع البرية والجينات داخلها مساهمات كبيرة في تطور الزراعة والطب والصناعة.

وتشكل أنواع كثيرة الأساس لرفاهية المجتمع في المناطق الريفية. فعلى سبيل المثال يوفر الحطب وروث الحيوانات ما يزيد على 90% من إحتياجات الطاقة في مناطق كثيرة في دول آسيوية وأفريقية، وفى بوتسوانا يوفر ما يزيد عن 50 نوعاً من الحيوانات البرية البروتين الحيوانى الذى يشكل 40% من الغذاء في بعض المناطق.

وبالرغم من أن الإنسان استعمل أكثر من 7000 نوع من النباتات للطعام إلا أن 20 نوعاً فقط تشكل 90% من الغذاء المنتج في العالم وتشكل ثلاثة أنواع فقط ـ القمح والذرة الشامى والأرز ـ أكثر من 50% منه.

ثانياً: الإبقاء على الموارد اليئية

يعد كل نوع من الكائنات الحية ثروة وراثية، بما يحتويه من مكونات وراثية. ويساعد الحفاظ على التنوع البيولوجى في الإبقاء على هذه الثروات والموارد البيئية من محاصيل وسلالات للماشية ومنتجات أخرى كثيرة.

ولاشك أن السبل مفتوحة أمام العلماء لإستنباط أنواع جديدة من الأصناف الموجودة، خاصة الأصناف البرية، بإستخلاص بعض من صفاتها ونقله إلى السلالات التى يزرعها المزارعون أو يربيها الرعاة.

ولكن تطور التقنيات العلمية وخاصة في مجال الهندسة الوراثية، يفتح المجال أمام نقل الصفات الوراثية ليس بين الأنواع المختلفة فحسب، بل بين الفصائل المتباعدة.

ومن ثم أتيح في كل نوع من النبات والحيوان مكونات وراثية يمكن نقلها إلى ما نستزرعه من محاصيل أو ما نربيه من حيوان.

وهكذا نرى أن المزارعون يستثمرون في تحسين المحاصيل والخضر والفاكهة وراثياً، ليجعلوها أكثر مقاومة للعديد من الآفات.

كذلك يتطلع العلماء إلى نقل الصفات الوراثية التى تجعل لبعض الأنواع النباتية القدرة على النمو في الأراضى المالحة والماء المالح، إلى أنواع نباتية تنتج الحبوب والبقول أو غيرها من المحاصيل.

هكذا نجد أن التطور العلمى يجعل كل من الكائنات الحية مصدراً لموارد وراثية ذات نفع.

ثالثاً: السياحة البيئية

يعتبر نمو السياحة البيئية أحد الأمثلة للإتجاه الحالى لتنويع انماط السياحة، فالطبيعة الغنية بالنظم البيئية الفريدة والنادرة بدأت تأخذ قيمة اقتصادية حقيقية.

فعلى سبيل المثال تدر المناطق الساحلية بما فيها من شعاب مرجانية في غربى آسيا ومنطقة جزر الكاريبى مئات الملايين من الدولارت سنوياً من الدخل السياحى، وفى جمهورية مصر العربية تدر مناطق سياحية مثل رأس محمد بسيناء أكثر من ثلاثة ملايين جنيه سنوياً من الغطس لمشاهدة الشعاب المرجانية في البحر الأحمر وخليج العقبة.

كذلك نمت سياحة الحدائق الطبيعية، بما فيها من تنوع حيوانى برى واسع في أفريقيا ومناطق أخرى بدرجة كبيرة خلال السنوات القليلة الماضية.

وبجانب هذه الأنماط السياحية هناك سياحة الجبال وسياحة الصحارى التى تعتمد بشكل أساسى على تنوع الموائل البيئية الطبيعية.

رابعاً: القيمة الروحية

لكل نوع من الكائنات الحية حق البقاء، لأنه شريك في هذا التراث الطبيعي الذى يسمى المحيط الحيوى.

وتنشأ القيم الروحية والأخلاقية للتنوع البيولوجى من المشاعر الدينية، حيث تعطى بعض الأديان قيمة للكائنات الحية بحيث تستحق ولو درجة بسيطة من الحماية من بطش الإنسان وتدميره.

وقصة سيدنا نوح وفلكه الذى أمره الله تعالى أن يحمل فيه من كل زوجين تؤكد حق الكائنات جميعاً في البقاء.

وللكثير من الأنواع الحية قيمة جمالية تضيف إلى الإطار البيئى من صفات البهاء ما يدخل البهجة على نفس الإنسان. ولذلك فإن فقد هذه الكائنات من البيئة الطبيعية خلل ثقافي.

ولعلنا نذكر في هذا الصدد أن نبات البردي وطائر الأيبس المقدس قد اندثر من البيئة المصرية، وهذه خسارة ثقافية بالغة.

تناقص التنوع البيولوجى في مصر

خضعت أنواع النباتات والحيوانات لعمليات تطور مختلفة على مر العصور الجيولوجية.

فهناك بعض الأنواع إنقرضت تماما وحلت محلها أنواع أخرى.

ويعتبر العصر الطباشيرى (منذ 65 مليون سنة) أحد العصور الجيولوجية التى حدث فيها انقراض هائل لأنواع كثيرة من النباتات والحيوانات، ولعل أشهرها هو إنقراض الديناصورات.

وفى التاريخ الحديث أوضحت الدراسات أن التنوع البيولوجى يتناقص بمعدلات سريعة نتيجة للنشاطات البشرية المختلفة.

وبالرغم من أنه لا يمكن وضع تقدير دقيق لأنواع الحيوانات والنباتات التى انقرضت، إلا أن البيانات تشير إلى أنه منذ عام 1600 انقرض 724 نوعاً.

وقد ذكرت بعض التقارير أن25% من التنوع البيولوجى معرضة لخطر الإنقراض خلال الـ20-30 سنة القادمة.

أسباب تناقص التنوع البيولوجى

هناك أربعة أسباب رئيسية لتناقص التنوع البيولوجى هى:

1- تدمير أو تعديل بيئة الكائنات الحية، فإزالة الغابات الإستوائية مثلاً يؤدى إلى فقدان أعداد متزايدة من هذه الكائنات ذات القيمة الكبيرة

2- الإستغلال المفرط للموارد، فقد أدى هذا الإستغلال إلى تناقص أنواع كثيرة من الأسماك، بالإضافة إلى انقراض بعض الحيوانات البرية.

3- التلـوث، فقد أثرت المبيدات في أنـواع كثيـرة مـن الطيـور والكائنـات الحيــة الأخــرى. وبالإضافـة إلـى هـذا نجـد أن تلـوث الهـواء (مثـل الأمطـار الحمضيـة) وتلـوث الميـاه قـد أثـرا بشكـل ملحـوظ في الأحيـاء المختلفة خاصة في الكائنات الدقيقة

4- تأثير الأنواع الغريبة المدخلة في البيئة وتهديدها للأنواع الأصلية إما عن طريق الإفتراس أو المنافسة أو تعديل البيئة الأصلية. فإدخال أنواع جديدة من القمح والأرز ذات الإنتاجية العالية أدى إلى فقد جينات أصلية في بلدان مثل تركيا والعراق وإيران وباكستان والهند

إجراءات صون التنوع البيولوجى

اتخذ كل من المجتمع الدولى والحكومات أربعة أنواع من الإجراءات لتشجيع صون التنوع البيولوجى وإستخدامه على نحو قابل للإستمرار وهى:

1- التدابير الرامية إلى حماية البيئة الخاصة (الموائل) مثل الحدائق الوطنية أو المحميات الطبيعية

2- التدابير الرامية الى حماية أنواع خاصة أو مجموعات خاصة من الأنواع من الإستغلال المفرط

3- التدابير الرامية إلى الحفظ خارج البيئة الطبيعية للأنواع الموجودة في الحدائق النباتية أو في بنوك الجينات

4- التدابير الرامية إلى كبح تلوث المحيط الحيوى بالملوثات

وهناك عدة اتفاقيات إقليمية وعالمية لها اتصال وثيق بتنفيذ تدابير صون التنوع البيولوجى منها:

- الإتفاقية المتعلقة بالحفاظ على الحيوانات والنباتات على حالتها الطبيعية (1933)، وانضمت مصر إلى هذه الإتفاقية في (1936)
- الإتفاقية الدولية لتنظيم صيد الحيتان (1946)، وتم تعديلها في (1956)، وانضمت مصر إليها في (1981)
- اتفاقية إنشاء مجلس عام لمصايد الأسماك في البحر المتوسط (1949)، وانضمت مصر إليها في (1987)
- الإتفاقية الإفريقية لحفظ الطبيعة والموارد الطبيعية (1968)، وانضمت مصر إليها في (1972)
- الإتفاقية المتعلقة بالأراضي الرطبة ذات الأهمية الدولية الخاصة بسكنى الطيور المائية (رامسار) واعتمدت في (1971)، وانضمت مصر إلى عضويتها في (1986)
- اتفاقية الإتجار الدولى في أنواع الحيوانات والنباتات البرية والمهددة بالإنقراض (سايتس)، واعتمدت في (1973)، وانضمت مصر إليها في (1978)
- اتفاقية حفظ أنواع الحيوانات البرية المهاجرة (1979)، وانضمت مصر إليها في (1983)
- الإتفاقية الإقليمية لحماية بيئة البحر الأحمر وخليج عدن (1982)، وانضمت مصر إليها في (1990)
- اتفاقية التنوع البيولوجى، وتم التوقيع عليها أثناء قمة الأرض في (1992)، وصدقت مصر عليها في (1994)

وتهدف الإتفاقية الأخيرة (اتفاقية التنوع البيولوجى قمة الارض1992) والتى تعد من أهم الإتفاقيات الشاملة على ما يلي:

- تتركز القيمة الجوهرية للتنوع البيولوجى في الحفاظ على القيمة الإيكولوجية والجينية والإجتماعية والإقتصادية والعلمية والتعليمية والترفيهية والجمالية لعناصره
- تطوير وصيانة الوسائل الكفيلة بإستمرار الحياة في المحيط الحيوى
- تؤكد الإتفاقية الحقوق السيادية للدول الأعضاء على مواردها البيولوجية

- ضمان أن الدول مسئولة عن صون التنوع البيولوجى لديها وعن استخدام مواردها البيولوجية على نحو قابل للإستمرار
- توقع الأسباب المؤدية لإنخفاض التنوع البيولوجى أو خسارته على نحو خطير، ومنع تلك الأسباب والتصدي لها عند مصادرها
- صون النظم الإيكولوجية والموارد الطبيعية في الوضع الطبيعي للحفاظ على مجموعات الأنواع القادرة على البقاء، والعمل على تنشيطها داخل محيطاتها الطبيعية
- الإهتمام بالمجتمعات المحلية والسكان الأصليين ممن يجسدون أنماطاً تقليدية من الإعتماد الشديد على الموارد البيولوجية، واستصواب الإقتسام العادل للفوائد الناجمة عن استخدام المعرفة والإبتكارات والممارسات التقليدية ذات الصلة بصون التنوع البيولوجى واستخدام مكوناته على نحو قابل للإستمرار
- الإهتمام بالدور الحيوى الذى تلعبه المرأة في مجال صون التنوع البيولوجى واستخدامه على نحو قابل للإستمرار
- أهمية وضرورة تعزيز التعاون الدولى والإقليمي والعالمي بين الدول والمنظمات الحكومية الدولية والقطاع غير الحكومي من أجل صون التنوع البيولوجى واستخدام عناصره على نحو قابل للإستمرار
- الحاجة إلى القيام بإستثمارات كبيرة لصون التنوع البيولوجى لتحقيق فوائد بيئية واقتصادية وإجتماعية متنوعة
- صون التنوع البيولوجى وإستخدامه على نحو قابل للإستمرار له أهمية فائقة بالنسبة لتلبية الإحتياجات الغذائية والصحية
- صون التنوع البيولوجى وإستخدامه على نحو قابل للإستمرار فيه فائدة للأجيال الحاضرة والمقبلة

وإحساساً بأهمية صون التنوع البيولوجى قام الإتحاد الدولى لصون الطبيعة وبرنامج الأمم المتحدة للبيئة والصندوق العالمى للحياة البرية بإعداد الإستراتيجية العالمية للصون في (1980)، والتى تم تحديثها في تقرير آخر صدر في (1991) بعنوان "رعاية الأرض: استراتيجية للمعيشة المستدامة" وفى عام (1992) أعد برنامج الأمم المتحدة للبيئة بالإشتراك مع المعهد العالمى للموارد والإتحاد الدولى لصون الطبيعة الإستراتيجية العالمية للتنوع البيولوجى التى من بين أهدافها:

- وضع منظور مشترك وإيجاد تعاون دولي والإتفاق حول أولويات للعمل على الصعيد الدولى
- دراسة العقبات الرئيسية أمام إحراز التقدم وتحليل الإحتياجات اللازمة الوطنية والدولية
- تحديد كيفية دمج صيانة الموارد البيولوجية في خطط التنمية بصورة أكثر فاعلية
- تشجيع وتطوير خطط عمل إقليمية ووطنية وموضوعية لصون التنوع البيولوجى وتشجيع تنفيذها

التنوع البيولوجى في مصر

تشكل مصر مساحة ما يقرب من مليون كيلومتر مربع في الركن الشمالى الشرقى لأفريقيا، وتكون جزءاً من حزام الصحراء الكبرى الممتد من المحيط الأطلسى شرقاً عبر شمال أفريقيا بكاملها إلى الجزيرة العربية.

وتتميز مصر بمناخ دافئ شحيح الأمطار، وكثيراً ما ترتفع درجة حرارة الجو في مصر إلى ما يزيد على 40 درجة مئوية نهاراً في الصيف، ونادراً ما تنخفض إلى درجة الصفر المئوى حتى في أكثر ليالى الشتاء برودة.

وتنقسم مصر جغرافياً إلى أربعة أقاليم رئيسية: وادى النيل ودلتاه، الصحراء الغربية، الصحراء الشرقية، وشبه جزيرة سيناء.

يشغل وادى النيل ودلتاه مساحة من الأرض المكونة من الرواسب النيلية بطول يقرب من 1350 كيلومتر من حدود مصر مع السودان حتى ساحل البحر الأبيض المتوسط.

يمر نهر النيل بعد دخوله مصر عند وادى حلفا ولمسافة ما يزيد على 300 كيلومتر، خلال واد ضيق تحيطه الصخور الرملية والجرانيتية إلى أن يصل الشلال الأول جنوبى أسوان.

وبإنشاء السد العالى تحولت مساحة كبيرة من الصحراء النوبية على جانبى مجرى النهر جنوب أسوان إلى بحيرة صناعية من أكبر البحيرات في العالم وهى بحيرة ناصر.

يتسع وادى النيل تدريجياً شمال أسوان ثم يتفرع عند مسافة 20 كيلومتراً شمال القاهرة إلى فرعى دمياط ورشيد الذين يتجها إلى البحر الأبيض المتوسط شمالاً مكونان لدلتا نهر النيل فيما بينهما.

وتمتد الصحراء الغربية من وادى النيل غرباً إلى الحدود مع ليبيا وتقدر مساحتها بنحو 681000 كيلومتر مربع. وتعتبر في الأساس منطقة صحراوية شاسعة معظمها مكون من الصخور الرسوبية والكثبان الرملية.

وفى ضوء هذه الجغرافية الطبيعية وخواصها، تختلف أنواع الحياة البرية في مصر من منطقة إلى أخرى، فالأنظمة الحيوانية الموجودة في الصحراء الشرقية ترتبط في جزئها الشمالى بتلك الموجودة في سيناء، أما في جزئها الجنوبى فلها خصائص إستوائية (سودانية ديكانية).

ويتأثر التوزيع الجغرافى للنباتات البرية بالمناخ العام في مصر. وتمتد الأنواع النباتية المدارية والمتسللة إمتداداً محدوداً من الجنوب، كما لا تمتد الأنواع النباتية من عناصر البحر المتوسط بعيداً في اليابسة وتبقى محدودة في الحزام الساحلى الضيق للبحر الأبيض المتوسط.

وتعتبر مصر من الدول الفقيرة في التنوع البيولوجى إذا ما قورنت بالدول الإستوائية.

ولكن هناك بعض أنواع النبات والحيوانات في الصحارى المصرية التى أصبحت مهددة بالإنقراض. وكذلك بعض الطيور التى تتكاثر وتهاجر في فصول معينة إلى بحيرات شمال الدلتا وسيناء.

ولقد اهتمت الإستراتيجية الوطنية لصون الطبيعة بحماية الحياة البرية في مصر وركزت على المحافظة على القاعدة العريضة من الموارد الوراثية البرية التى يجد فيها مربو السلالات المادة الوراثية التى تعينهم على إستنباط سلالات جديدة تؤمنها ضد المخاطر الطارئة التى تهدد السلالات المستأنسة والمزروعة.

وشقت فكرة التأمين الوراثى هذه طريقها إلى التطبيق في بنوك السلالات الوراثية التى تحفظ فيها الأنواع والسلالات النباتية والحيوانية البرية لحين الحاجة إليها في تجارب التهجين.

ولقد أصدرت مصر عدداً من القوانين واللوائح التى تحمى أنواع الحيوان والنبات (الفصل الثالث القانون 53 لسنة(1966، وأناطت بوزارة الزراعة سلطة التنفيذ والمتابعة، وفى (1979) أنشأت وزارة الزراعة جهاز حماية الحياة البرية بحدائق الحيوان.

وفى (1983) صدر القانون رقم 102 الذى يضع الإطار القانوني لإنشاء وإدارة المحميات الطبيعية، كما ينظم أسلوب الحفاظ على الثروات والموارد الطبيعية بها.

ومنذ أن وقعت مصر عام (1992) على اتفاقية التنوع البيولوجى، أنشأ جهاز شئون البيئة الوحدة الوطنية للتنوع البيولوجى في إطار إدارة المحميات الطبيعية بالجهاز، وجعل للوحدة تنظيم يحقق التعاون بين الهيئات العلمية والتنفيذية والمنظمات الأهلية (الجمعيات).

وحشد مجموعات متكاملة من العلماء والأخصائيين لإستكمال الدراسات ورسم خطط العمل.

المناطق المحمية

مفهوم المناطق المحمية مفهوم قديم يعود إلى اكثر من قرن مضى. فقد قام علماء الجغرافيا والجيولوجيا والمستكشفون القدامى بتحديد بعض المناطق ذات الطبيعة الخلابة أو الغنية بأحيائها البرية كمنتزهات وطنية في أمريكا الشمالية وبعض الدول الأوروبية والإفريقية، ووضعوا قواعد لإرتيادها والتنزه فيها (مثل الإلتزام بالسير في طرق معينة، عدم صيد الطيور والحيوانات فيها، وعدم إلقاء المخلفات فيها...إلخ). ولقد تطور مفهوم المناطق المحمية منذ ذلك الوقت تطوراً كبيراً.

ويقسم الإتحاد الدولى لصون طبيعة المناطق المحمية إلى ستة أنواع رئيسية:

1- محمية طبيعية / منطقة برارى بالمعنى المطلق، أى يتم إدارتها لأغراض علمية أو للرصد البيئى فقط

2- **متنزهات وطنية** أرضية أو ساحلية، يتم إدارتها لأغراض التعلم والبحث العلمى والترويح والسياحة بأسلوب علمى لتجنب حدوث أية آثار سلبية على النظم البيئية فيها

3- الآثار الطبيعية والتاريخية

4- موائل الأنواع المختلفة، وهى مناطق يتم إدارتها للإستخدام الرشيد لمواردها

5- مناطق طبيعية جذابة مثل المناطق الجبلية أو الساحلية... إلخ، والتى تم تنميتها بأسلوب رشيد بواسطة السكان، ويجب إدارتها بأسلوب بيئى مناسب للحفاظ على جمالها

6- المناطق المحمية المنتجة للموارد الطبيعية مثل بعض الغابات والمصايد... إلخ، والتى يجب إدارتها لإستغلال مواردها بأسلوب مستدام

ولقد زاد عدد المناطق المحمية على المستوى العالمى زيادة كبيرة من نحو 1478 منطقة في عام 1970 إلى ما يقرب من 10000 منطقة حالياً، تغطى ما يقرب من 6% من مساحة الأرض.

الملامح الرئيسية لخطة العمل الوطنى لصون التنوع البيولوجى

أولاً: شبكة المحميات الطبيعية

تمثل نماذج من النظم البيئية ذات الأهمية العلمية أو المهددة بمخاطر التدهور والمحميات الطبيعية وسيلة لصون التنوع البيولوجى في الموقع، وصون نماذج للبيئات الخاصة والتكوينات الطبيعية ذات السمات المتميزة.

أي أن المحمية تصون صحة النظام البيئى بعناصره جميعاً، وتحميه من عوامل التدهور، وتحفظ للكائنات الحية البيئية التى تتيح لكل نوع أن يمارس حياته وأن يقوم بوظائفه في النظام البيئى.

وتمثل المحميات الطبيعية العمود الفقري لكل برنامج وطنى للصون

ثانياً: المتحف المصرى للتاريخ الطبيعي

إن الهدف الرئيسي من إنشاء المتحف المصرى للتاريخ الطبيعي هو حفظ مجموعات مرجعية كاملة للمجموعات التصنيفية من النباتات والحيوانات والأحياء الدقيقة، تمثل التنوع البيولوجى الحالى بالإضافة إلى الأنواع التى اختفت أو انقرضت، وكذلك مجموعات الحفريات في التكوينات الجيولوجية بمصر.

ويكون المتحف مركزاً لبحوث التصنيف. في هذا الإطار يقدم المتحف العون العلمى للباحثين والدارسين والأخصائيين المدربين في مجالات الزراعة والطب والصناعة والعلوم الطبيعية وغيرها ويكون بالمتحف العدد الكافي من الأخصائيين المدربين في مجالات تصنيف مجموعات الأحياء وحفظ العينات والعناية بها وصونها وتجديدها، حيث يحتاج الباحثون في تلك المجالات إلى تعريف الكائنات التى يعرضون لها تعريفاً تصنيفياً مدققاً، ولا يستكمل هذا إلا بالرجوع إلى العينات المحفوظة في المجموعات المرجعية توجد في عدد من الجامعات والهيئات العلمية المتخصصة

وتكون لها صلات عمل مع مجموعة المحميات الطبيعية وما يتم فيها من أرصاد للتنوع البيولوجى.

ثالثاً: بنك الجينات الوطني

إن القصد الرئيسي من إنشاء بنك الجينات الوطني هو حفظ الموارد الوراثية بهدف حفظ السلالات الزراعية والحيوانية التى يتهددها الضياع، وحفظ الأصول الوراثية للأنواع البرية.

ويكون هذا البنك ضمن آليات صون التنوع البيولوجى خارج الموقع. وتكون الوظائف الرئيسية للبنك هى:

- جمع الأصول الوراثية للأنواع البرية والسلالات الاقتصادية، مع الإهتمام بالأقارب البرية لنباتات المحاصيل والأعلاف وحيوانات المزرعة والدواجن
- يكون حفظ بعض الأصول الوراثية في المدى الزمني القريب سواء في المعمل أو في حقول البنك أو في بيئاتها الطبيعية
- يكون حفظ الأصول الوراثية في إطار المدى الزمني البعيد (تخزين)، مثل الحفظ في بنك البذور، أو مزارع الأنسجة، أو تخزين الأجنة والجاميطات (التخزين بالتبريد أو في الغازات الخاملة الخاصة)
- حفظ الأصول الوراثية للكائنات الدقيقة بالإعتماد على وسائل تناسب مجموعات الأصول المحفوظة
- حفظ أصول الجينات في صورة حمض نووي محمل على نواقل

رابعاً: مركز إكثار الأنواع المهددة بالإنقراض

الهدف من إنشاء هذا المركز هو إنشاء حقل (أو عدد من الحقول في مواقع مناسبة) لتربية وإكثار الأنواع الحيوانية والنباتية النادرة أو المهددة بالإنقراض، أو التى تدل على البيانات المتاحة على سالف وجودها في مصر ثم اختفائها.

ويؤدى هذا المركز الوظائف الرئيسية التالية:

- الحفظ خارج الموقع الفطري لهذه الأنواع
- البحوث البيئية والفسيولوجية لهذه الأنواع
- بحوث ودراسات التربية والإكثار لهذه الأنواع
- القيام ببرامج إعادة توطين هذه الأنواع في بيئاتها الطبيعية وخاصة في المحميات الطبيعية
- عمل التوصيف الوراثي للأصول المحفوظة

ويضاف إلى ذلك أن يكون للمركز وظيفة في مجال التثقيف العلمى كحديقة للحيوانات والنباتات المتوطنة، ووظيفة تعليمية لتلاميذ المدارس. والبحوث والدراسات العلمية التى تجرى في المركز تتسع للمساهمة في معاونة البحوث والدراسات العليا في الجامعات.

خامساً: شبكة بيانات التنوع البيولوجى

أظهر الحصر المبدئي لمجموعات التنوع البيولوجى المرجعية في الهيئات العلمية المصرية الحاجة إلى إنشاء آلية تيسر الربط بين هذه المجموعات في شبكة لتبادل المعلومات، وربط الشبكة القومية بمراكز بيانات التنوع البيولوجى العالمية. ولقد شرعت وحدة التنوع البيولوجى بجهاز شئون البيئة في إنشاء نواة مبدئية لهذه الشبكة.

سادساً: تنمية القوى العاملة

تعتمد إدارة العمل الوطني (بالإضافة إلى الإمكانات الإنشائية، والموارد المالية اللازمة للإنشاء والتشغيل، والأدوات الإدارية والتنظيمية التى تربط بين العمل والتطبيق) إلى القوى العاملة المؤهلة والمدربة للنهوض بمسئوليات العمل وإدارته وخطة تنمية القوى العاملة بمراحلها المتوالية جزء جوهرى من برنامج العمل الوطني وتتضمن عناصر القوى العاملة العمال المدربون للعمل في شبكة المحميات الطبيعية والمعاونون الفنيون للعمل في متحف التاريخ الطبيعي والمجموعات المرجعية وبنك الجينات ومركز الإكثار والتربية.

سابعاً: التعليم والتثقيف والتوعية

يعتبر الإسهام الشعبي ومعاونة الناس والجمعيات التطوعية سند هام لتحقيق أهداف البرنامج الوطني لصون التنوع البيولوجى.

وهذا يتطلب برامج خاصة للتوعية والتعليم توجه إلى العامة والمسئولين في سائر قطاعات العمل التشريعي والتنفيذي بأهمية البيئة والطبيعة وعناصرها، وأهمية صون النباتات المزروعة والأحياء البرية.

ويشارك في هذا البرنامج مؤسسات التعليم النظامي، مؤسسات الإعلام المقروء والمسموع والمرئي والجمعيات الأهلية والهيئات والمؤسسات الجماهيرية.

الفصل الثانى

دور الحديقة النباتية باسوان في حماية التنوع البيولوجى

مقدمة واهم...

الحدائقُ النباتيةُ ... فيه.

والحدائقُ النباتيُ ... نباتاتها تمتصّ الغازاتِ السامّةَ ... الجوّ في الأماكنَ الجافّةِ، وتقلّلُ من الضوضاء، وتعدّلُ درجةَ الحرارة.

وللحدائقِ النباتية وظائف تخطيطيةٌ، والحدائقُ النباتيةُ تعدُّ وسائلَ للتعبير الفنيّ الرفيع، فهي مثلُ اللوحاتِ الفنيةِ، أو القطعِ الأثريةِ التي تُسعدُ النفسِ، وتبتهجُ العينُ حين تراها.

والحدائقُ النباتيةُ في بلادنا العربية قليلةٌ. وطبقاً لإحصائيات الأممَ المتّحدة لعام 1980م، فإنّ المواطنَ في المملكة المُتّحدة يخصُّهُ مساحةٌ خضراءَ قدرها 24م2، أي أن كلَّ مواطن له حديقة نباتية مساحتها قدرها 24م2.

أمّا المواطن في مصر فلا تزيدُ مساحةُ حديقتـه عـن 2سـم2 !!...هـذا إذا افترضـنا أنّ مجمـوع مساحة الحـدائـق النباتيـة فـي البلـد الواحـد سـوف يقسّم بالتساوي على جميعِ أهلِ هذا البلد.

وهي مقياس للتقدّم الحضاريّ والاقتصاديّ للشعوب، وأصبحت ضرورةَ من ضرورات الحياةِ في العصر الحديث، لذلك أصبح فَنُّ إنشاء وتنسيق الحدائقِ النباتيةِ علماً قائماً بذاته. وتختلف الحدائقُ النباتيةُ في طرازِها بالنسبةِ للعصر التاريخيّ، والبلد الموجودة فيه.

ويقول العلماء إن هكتاراً من الغابات تستطيع أشجاره وشجيراته أن ترسّبَ حوالي ثلاثين طناً من الأتربة العالقة في الهواء، وهي بذلك تعد «مرشحات» للهواء.

والأشجار والشجيرات (وسائر النباتات الخضراء) منتج عظيم لغاز الأكسيجين الضروري لتنفس الإنسان والحيوان.

ويتم ذلك عندما تمتص غاز ثاني أكسيد الكربون من الجو لاستخدامه في عملية البناء الضوئي، ثم تطلق غاز الأكسيجين. أي أنها تمتص غازاً غير مفيد وتطلق غازاً نافعاً.

وأنواعُ الحدائقِ النباتيةِ كثيرةٌ وتُقسمُ تِبعاً للملكية وحقَّ الارتياد.

و الحدائق النباتيةِ نوعٌ عالي التخصص، يُنشأ لأغراض عِلمية بحْتةٍ. ويحتوي هذا النوع على أكبر عددٍ من الأنواع النباتية المحليةِ، أو التي تمّ إدخالُها من أماكن مختلفة في العالم، وتُقام هذه الحدائقُ أساساً لخدمة العِلم

(علْم النبات) ويقصدها الدارسون لتعرُّفِ أنواعِها. ومعرفة صفاتها وطبائعها، وأسمائها العلميةِ باللغة اللاتينية.

ويُوجد في هذا النوع من الحدائق مختبراتٌ علميةٌ مجهّزة بالمعدات اللازمة لإجراء البحوث، وفيها مكتبتها العلمية المتخصصة، إضافة إلى منشآتٍ وتجهيزاتٍ كثيرةٍ لمساعدة الدارسين والباحثين.

ولذلك فهي تُعتبرُ مؤسسات علميةٍ بحدّ ذاتها. ويصل عددُ الحدائقُ النباتية من هذا النوع إلى حوالي 800 حديقةٍ مسجلة بالفهارس في مختلف أنحاء العالم.

ومن أمثلة هذه الحدائق الشهيرة، حديقة جامعة اكسفورد بإنجلترا، التي تمّ إنشاؤها سنة 1921م، وحديقة جامعة كمبريدج (انجلترا – سنة 1927م)، وحديقة جامعة موسكو (روسيا – 1707م)، وحديقة جامعة مدريد (إسبانيا – 1755م).

وحديقة بودابست (المجر – 1771م)، وحديقة كلكتا (الهند – 1787م)، وحديقة كيو (انجلترا-1841م)، وحديقة نيويورك (1872م).

و الحديقة النباتية بأسوان (1928م)، هي واحدة من أندر الحدائق النباتية على مستوى العالم، حيث تعد الحديقة النباتية بأسوان من أعظم مراكز البحث في مصر كما أنها من أقدم الحدائق النباتية الموجودة في العالم، حيث أن بها عدد كبير من النباتات الاستوائية والنباتات غير الاستوائية.

موقع وشكل الحديقة

تقع الحديقة النباتية في جزيرة رائعة وسط النيل بمدينة أسوان تحيط بها المياه من كل مكان، لذا يطلق عليها "جزيرة النباتات"، وهى تكونت طبيعيا من ترسيب الطمى على الصخور الموجودة أصلاً في مجرى النيل، ويعد موقعها متفرد على مستوى العالم وتتجمع فيه 3 عناصر للجمال لا توجد في أى مكان آخر على مستوى العالم، وهى طلتها على الجبل الغربى الغنى بالكنوز الفرعونية والذى يبدأ بمقابر النبلاء للفراعنة وقبة ابو الهوا شمال وينتهى بمقبرة اغاخان جنوبا بارتفاع قدره 50 متراً فوق سطح المياه وبطول 1,5 كم على نهر النيل مباشرة، ويوجد بالشرق منها جزيرة أخرى أكبر تسمى جزيرة إليفنتين (المعروفة بجزيرة أسوان) المقام عليها متحف الاثار وفندق موفنبيك (أوبروى سابقا)، فالجزيرة ذات شكل بيضاوى مستطيل، مساحتها حوالى 18 فدان، طولها يصل الى 700 متر، أقصى عرض لها حوالى 115متر. والحديقة مقسمة الى 27حوض رئيسى بواسطة 4 ممرات طولية و9 ممرات عرضية، والممرات مرصوفة ببلاط من الجرانيت الأحمر الوردى اللون. وللجزيرة ثلاث مراسى موجودة بالجهة الشرقية منها.

تاريخ الحديقة

عبقرية التاريخ لهذا المكان والذى يعود تاريخه إلى نهاية القرن الـ19، بداءت حيث كانت أرض الجزيرة سابقا تزرع ببعض الأعلاف الخضراء بواسطة بعض الأفراد النوبيين وكانت تسمى بالنوبى "جت نارتى" أي جزيرة النطرون، وكانت تروى بواسطة ساقيتين احداهما في الجهة الشمالية والأخرى في الجهة الجنوبية من الجزيرة.

في عام 1898م اتخذها المعتمد البريطاني اللورد كيتشنر قائد قوات الحملة الأنجليزية، معسكرا ومقرا لقيادته لاخماد الثورة المهدية في الجنوب (السودان)، بتخصيص مكان هذه الحديقة ليصبح مقراً لقيادة هذه الحملة، نظراً لموقعها الاستراتيجى الهام من الناحية العسكرية.

فسميت "جزيرة السيردار" ، وبعد رحيله عنها وجلاء الانجليز أخذتها وزارة الأشغال العمومية آنذاك (وزارة الرى حاليا) وحولتها الى حديقة عامة.

في عام 1928م وفى عهد الملك فؤاد الأول انضمت الحديقة إلى وزارة الزراعة وعرفت باسم "جزيرة الملك"، وأسندت إدارتها إلى مصلحة البساتين التابعة للوزارة، وحينما وجد المسئولون في مصلحة البساتين هذا التنوع النباتى الغريب فكروا في أن تكون هذه الجزيرة كتجربة بحثية لمعرفة مدى تأقلم الأنواع النباتية على هذا الجو شديد الحرارة في الصيف، وبدأوا في إرسال البعثات لجلب النباتات الأستوائية وتحت الأستوئية لأنها تعتبر بيئة جيدة لهذه النباتات بدلا من زراعتها في وجه بحرى داخل الصوب الدافئة المكلفة. وزراعتها بالحديقة واستمر الحفاظ على هذه النباتات من وقتها حتى الآن.

اهمية حديقة اسوان النباتية

تعتبر الحديقة متحفا طبيعيا ينمو فيها العديد من النباتات الأستوائية وتحت الأستوئية، وبها العديد من الأنواع النباتية التى لامثيل لها في حدائق أخرى في مصر، كما أنها تعد أحد المعالم السياحية والمزارات الهامة في أسوان بسبب موقعها المتميز الفريد (كجزيرة وسط النيل يجاورها جبل غنى بالأثار الفرعونية) مع تعدد وتنوع نباتاتها التى تجذب إليها الزائرين، وكذلك هى حديقة بحثية، كما أنها أيضاً تعتبر حديقة عامة للمصريين والأجانب.

تحتوى الحديقة حالياً (2019) على 740 نوع نباتى من الأنواع النباتية المعمرة، وتنتمى هذه الأنواع إلى أكثر من 439 جنس وحوالى 114 عائلة نباتية. وهى تضم العديد من الانواع النادرة الغير موجودة بأى حديقة أخرى في مصر. وقد تجمعت نباتات الحديقة من ثلاث مصادر رئيسية، أولا بعض النباتات التى كانت موجودة أصلا في الجزيرة والتى زرعها سابقاً بعض الأهالى مثل الجميز ونخيل البلح والدوم والسنط والفيكس نتيدا، وأيضاً النباتات التى جلبت من الخارج عن طريق بعثات وزارة الزراعة، بالإضافة إلى النباتات التي جمعت من عمليات التبادل مع بعض الحدائق المصرية الأخرى.

المجموعات النباتية

تحتوى الحديقة حالياً (2019) على 740 نوع نباتى من الأنواع النباتية المعمرة، وتنتمى هذه الأنواع إلى أكثر من 439 جنس وحوالى 114 عائلة نباتية.

النباتات مقسمة إلى حوالي 7 مجموعات هي:

- مجموعة الأشجار الخشبية: الأبنوس، والماهوجني الأفريقي، والكافور، وخشب الصندل، والسنط.

- <u>أشجار الفاكهة الاستوائية</u>: الكازميرو، والباباظ، والجاك فروت، والبشملة وتلك الأنواع غير موجودة في الأسواق المصرية.

- <u>مجموعة النباتات الطبية والعطرية</u>: الزنجبيل، وحشيشة الليمون، والبردقوش، والدوم، والكركدية، والقرنفل، والخروب، والتمر الهندي، وحصى اللبان، والجاتروفا، والسواك، والحناء.

- <u>مجموعة نباتات التوابل</u> منها: الشطة، والفلفل الأسمر، وبها أيضا نباتات الألياف.

- <u>مجموعة نباتات الزينة</u> والتي منها: نباتات مزهرة (الوينكا روزا- الجارونيا- الجريبيرا)، نباتات داخلية (الكروتن- الدراسينا- القشطة)، الشجيرات المزهرة ونباتات الزينة (الورد- الفل)، نباتات المتسلقات (الفضية- الجهنمية).

- <u>النباتات الزيتية</u> ومنها: نخيل الزيت، الزيتون، نخيل جوز الهند.

- <u>مجموعة النخيل</u> ومنها: الدوم، جوز الهند، البلح، النخيل السكري، نخيل الزيت، الدوليب، السابال، السيكاس، الملوكي، الرايس

■ **ويمكن تقسيم نباتات الحديقة تبعا لأهميتها الأقتصادية ونواحى أستخداماتها الى عدة مجموعات كما يلى:-**

1- مجموعة الأشجار الخشبية:

وهى تضم العديد من الأشجار التى تنتج أخشابا جيدة تستخدم في العديد من الصناعات الخشبية للأغراض المختلفة، منها على سبيل المثال: - أبنوس *ebenum Diospyros* ، ماهوجنى *mahagoni Swietenia*، كايا (ماهوجنى أفريقى) *Khaya senegalensis* ، تك *Tectona grandis* ، بلوط *Quercus robur*، سندروس *Citharexylon spinosum*، كافور *Eucalyptus spp.*

2- مجموعة أشجار الفاكهة الاستوائية:

منها مجموعة فاكهة غير تقليدية مثل: جاك فروت *heterophyllus Artocarpus*، كارامبولا (ستار فروت) *Averrhoa carambola* ، باشن فروت *Passiflora edulis*، كازميرو(سابوتا بيضاء) *Casimiroa edulis*، جارسينيا ديولسيز (مجازاً مانجوستين) *Garcinia dulcis* ، سبوندياس *Spondias dulcis*، كريز البرازيل *Eugenia uniflora*. وبها أيضا مجموعة أنواع فاكهة أخرى كثيرة منها: كاجو *Anacardium occidentale* ، بشملة *Eriobotrya japonica*، بكان *Carrya illinoinensis*، زبدية *Persea americana* قشطة *Annona squamosa* ، خروب *Ceratonia siliqua*، نخيل البلح *Phoenix dactylifera*

3- مجموعة النباتات الطبية:
وهى مثل: جوز مقيء *Strychnos nux-vomica* ، خيار شمبر *Cassia fistula*، هجليج (لالوب) *Balanites aegyptiaca*، مشطورة *Kigelia pinnata*، جاتروفا *Jatropha curcas* ، سوفورا زرقاء *Sophora secundiflora*، مسواك (أراك) *Salvadora persica*، آمورا *Aphanamixis polystachya*، مخيط *Cordia myxa*، ألستونيا(شجرة العفريت) *Alstonia scholaris* ، شجرة الخبز *Artocrpus altilis*، حلف ليمون *Cymbopogon citratus*.

4- مجموعة النباتات العطرية:
مثل: فتنة *Acacia farnesiana*، تمر حنة *Lawsonia inermis* ، ياسمين *Jasminum spp.* ، ورد *Rosa sp.* ، مورايا *paniculata Murraya* ، ريحان *Ocimum basilicum* ، كوروبيتا *Couroupita guianensis*، ملكة النهار *Cestrum diurnum* ، حصالبان *Rosmarinus officinalis*، ميموزوبس إلنجى *Mimusops elengi* ، بيمنتا *Pimenta racemosa*

5- مجموعة نباتات التوابل:
مثل: قرفة *Cinnamomum verum* ، جنزبيل *Zingiber officinale* ، فلفل أحمر *Capsicum frutescens* ، بيمنتا *Pimenta racemosa*، شجرة الكامفور *Cinnamomum camphora*

6- مجموعة نباتات الألياف:
هناك أشجار تنتج أليافاً ناعمة داخل الثمرة مثل: كوريزيا *Chorisia speciosa*، بومباكس *Bombax ceiba*، كابوك *pentandra Ceiba*. كما توجد نباتات تنتج ألياف متينة عند قواعد الأوراق مثل أنواع النخيل منها: نخيل الديوليب *Borassus flabellifer*، نخيل الرابس *Rhapis excclsa*. كما ايضا توجد نباتات أخرى تنتج أليافاً من قلف الشجرة مثل: أنتيدسما *Antidesma bunius*، أدانسونيا *Adansonia digitata*

7- مجموعة نباتات الزيوت والدهون:
يوجد بالحديقة كثير من أنواع النباتات التى تستخدم فى أستخلاص الزيوت والدهون، منها ما ينتج زيوت ودهون ثابتة مثل: نخيل الزيت *Elaeis guineensis*، زيتون *Olea europaea*، نخيل جوز هند *Cocos nucifera*، شجرة الزبدة *Madhuca longifolia*، مورنجا *Moringa oleifera*، بونجاميا *Pongamia pinnata*. ومنها ما ينتج زيوت طيارة عطرية مثل: شجرة الشاى الأخضر *Melaleuca leucadendra*، كافور *Eucalyptus camaldulensis*، كثير من أنواع الموالح *Citrus spp.*

8- مجموعة نباتات الراتنجات والصموغ:
مثل: ديوسبيروس مالاباريكا *Diospyros malabarica*، هيميانايا *courbaril* *Hymenaea*، ماسكارينهازيا*arborescens Mascarenhasia*، استركوليا يورينز *Sterculia urens*، بستاشيا (مستكة) *Pistachia terebinthus* ، سنط نيلى *Acacia nilotica*، بروسوبيس جوليفلورا *Prosopis juliflora*

9- مجموعة نباتات التانينات:
مثل: كاسيا جافانيكا *Cassia javanica*، مالبيجيا *emarginata Malpighia*، مانيلكارا هكساندرا *Manilkara hexandra*، فيلانزس إمبليكا (أملج) *Phyllanthus emblica*، ترميناليا ارجونا *Terminalia arjuna* ، جوازوما *Guazuma ulmifolia*

10- مجموعة نباتات الصبغات:
مثل: أناتو *Bixa orellana*، شجرة البقم *campechianum Haematoxylon*، تمر حنة بلدى *Lawsonia inermis*، سوفورا بيضاء *Sophora japonica*، كوكولوبا *Coccoloba uvifera*، جارسينيا ديولسيز *Garcinia dulcis*، بيزيسيلوبيم (برونجوك)*Pithecellobium dulce* ، سيزالبينيا سابان *Caesalpinia sappan*، لوز البحرين *Terminalia catappa*

11- مجموعة نباتات الزينة:
تضم هذه المجموعة أكبر عدد من أنواع النباتات الموجودة في الحديقة، وهى يمكن تقسيمها الى عدة أقسام كما يلى: -

1- سرخسيات Ferns: سيرتوميوم*Cyrtomium falcatum*، فليبوديم *Phlebodium pseudoaureum*، بتيريس *Pteris vittata*، فوجير بيسيراتا *Nephrolepis biserrata*، فوجير اكسالتاتا *Nephrolepis exaltata* .

2- سيكاديات Cycads: سيكاس سرسينالس *Cycas circinalis*، سيكاس ريفوليوتا *Cycas revolute*

3 – مخروطيات Conifers: مثل أرايوكاريا شوكية *Araucaria bidwillii*، أجاسيس روبوستا *Agathis robusta*، سرو *Cupressu sempervirens*، صنوبر حلبى *Pinus halepensis*، سيكويا عملاقة *Sequoiadendron giganteum*، تاكسوديم *Taxodium distichum*،

4- نخيل Palms:

1) نخيـل ريشـى: مثـل أريكـا تريانـدرا *Areca triandra*، أتاليـا بوتيراسـيا *Attalea butyracea*، بوتيـا كابيتاتـا *Butia capitata*،

نخيــل الخيــرزان *Calamus rotang* ، ديبسـيس لوتيسـنس *Dypsis lutescens*، نخيل ملوكى *Roystonea regia*

2) نخيل مروحي: مثل نخيل دوليب *Borassus flabellifer*، نخيل براهيا *Brahea armata*، لاتان أحمر *Latania lantaroides* ، أنواع ليفستونا *Livistona spp.*، أنواع سابال *Sabal spp.*، أنواع ثريناكس *Thrinax spp.*

5 – أشجار <u>Trees</u>: مثل باوباب *Adansonia digitata* ، شجرة العفريت *Alstonia scholaris*، بوهينيا رتيوزا *Bauhinia retusa*، أنواع استركوليا *Brachychiton spp.*، فرشة الزجاجة *Callistemon viminalis*، كاسيا جافانيكا *Cassia javanica* ، كوروبيتا *Couroupita guianensis*، ساراكا *Saraca indica*، اسباثودباب *Spathodea campanulata* ، أنواع تابيبويا *Tabebia spp.*، أنواع ترميناليا *Terminalia spp.*

6- <u>Shrubs</u> شجيرات: مثل كابارس *Capparis zeylanica*، أنواع كليرودندرم *Clerodendrum spp.*، مرسيم *Myrtus communis* ، ناندينا *Nandina domestica* ، أوكروزيا *Ochrosia elliptica* ، سامبوكس *Sambucus nigra* ، أنواع سنا *Senna spp.* ، سولانم أزرق *Solanum rantonnetii* ، تابيرنامونتانا *Tabernamontana divaricate*

7- متسلقات <u>Climbers</u>: مثل انتيجونون *Antigonon leptopus*، بتريا الفضية،*Petrea volubilis*، زهرة البطة *Argyreia nervosa*، طربوش الملك *Aristolochia elegans*، *Clerodendrum splendens* كليتوريا *Clitoria ternatea*، كومبريتم *Combretum decandrum*، كربتوستجيا *Cryptostegia grandiflora* كويسكوالس *Quisqualis indica*، بودورانيا *Podranea recasoliana*، بيروستجيا *Pyrostegia venusta*

8- عشبيات <u>Herbs</u>: مثل ألبينيا *Alpinia zerumbet*، كوركوليجو *Curculigo capitulata*، بردى كاذب *Cyperus alternifolius*، بردى *Cyperus papyrus*، عتر *Pelargonium graveolens* ، كوليوس *Plectranthus scutellarioides*، رويليا سيمبلكس *Ruellia simplex*، وديليا *Sphagneticola trilobata*

9- نباتات عصارية وصبارات <u>Succulents</u>: وهى كثيرة، منها أنواع أجاف *Agave spp.*، أنواع ألوى *Aloe spp.*، سيسوس *Cissus rotundifolia*، أنواع كراسيولا *Crassula pp.*، أنواع *Euphorbia spp.*، أنواع كلانتشو *Kalanchoe spp.* ، أنواع اوبونتيا *Opuntia spp.*، بورتيولاكاريا أفرا *Portulacaria afra*، أنواع سانسيفيريا *Sansevieria spp.*

ومما هو جدير بالذكر أنه يوجد بالحديقة:

A. حوالى 27 نوع من الأشجار والشجيرات المصرية الأصل التابعة لنباتات الفلورة المصرية منها: اكاشيا لايتا *Senegalia laeta*، سنط نيلى *Vachellia*

sinensis *nilotica*، هجليج *aegyptiaca Balanites*، مخيط مصرى
Cordia، نخيل دوم *Hyphaene thebaica*، ميموزا (المستحية) *Mimosa*
pigra، بروسوبيس فاركتا *farcta Prosopis*، صفصاف بلدى *Salix safsaf*
، صفصاف رومى *Salix tetrasperma*، مسواك (أراك) *persica*
Salvadora ، سينا سوفيرا *Senna sophera*، طرفة *Tamarix nilotica*،
نبق *spina-christi Ziziphus*.
B. كما توجد أيضا مجموعة من النباتات الفرعونية، مثل فتنة *Acacia*
farnesiana، خروب *siliqua Ceratonia*، مخيط *Cordia myxa*، جميز
Ficus sycomorus ، حنة بلدى *inermis Lawsonia*.

عدد من اللوحات التعريفيه بالتصنيف النباتى، عليبها، وكما ذكر سابقا

المعشبة

المعشبة عبارة عن مجموعة من العينات النباتية المرجعية الجافة، جري تجفيفها
وتثبيتها على ألواح ورقية مقواه، كتب عليها كافة المعلومات الخاصة بالعينة على
بطاقة ورقية تسمى بطاقة التعريف التى تلصق أسفل اللوح الورقى.

و العينات مرتبة على حسب الترتيب الأبجدى للعائلات النباتية، وكل عائلة تضم
تحتها ترتيب أسماء الأجناس والأنواع أبجدياً، وهذا الترتيب مرتبط بتحديث نظام
Grin موقع على (APG system) Angiosperm phylogeny group
taxonomy website بشبكة المعلومات الدولية، والذى يقدم أحدث وضع
تصنيفى للأنواع النباتية.

ومعشبة الحديقة النباتية بأسوان تحتوى على حوالي 1500 عينة نباتية، عبارة عن 106 عائلة، 369 جنس، 539 نوع.

المتحف النباتى

المتحف النباتى الموجود في الحديقة النباتية بأسوان هو عبارة عن عرض لبعض العينات المعشبية المرجعية الجافة (والخاصة بمعشبة الحديقة) لبعض الأنواع النباتية الموجودة في الحديقة مع عرض الثمار والبذور الخاصة بهذه الأنواع، مع وجود رسم مجسم (ماكيت) للجزيرة بأكملها.

يشمل المتحف عرض للعينات المعشبية بحيث كل عينة موضوعة داخل برواز خشبى. أما الثمار والبذور الخاصة بنوع العينات المعشبية فتوضع أسفل البرواز الخشبى مباشرةً في صندوق زجاجى شفاف مع بيان يوضحح بيانات هذا النوع النباتى، وتشمل البيانات الأسم العلمى للنبات والأسم الشائع بالعربى والأنجليزى والعائلة النباتية والموطن الأصلى بالإضافة إلى الأهمية الأقتصادية للنبات، باللغة العربية والإنجليزية.

يحتوى المتحف النباتى (العرض المعشبى) على 99 عينة معشبية لـ 93 نوع نباتى تنتمى إلى 85 جنس و42 عائلة. وبجوار كل عينة عرض للثمار والبذور الخاصة بالعينة وبيانات وافرة عنها.

بنك البذور

تحتوى الحديقة النباتية بأسوان على بنك بذور، كانت بداية إنشاءه مع بداية إنشاء المعشبة في عام 1995، وهو يشمل ثمار وبذور كل الأنواع المثمرة داخل الحديقة، وأسمائها مرتبة بالتسلسل على حسب الرقم الكودى الخاص بكل عينة معشبية ليسهل الوصول إليها.

ويوجد حالياً ببنك البذور حوالى 300 نوع ثمار وبذور من نباتات الحديقة النباتية محفوظة بطريقة علمية، وهذا الكم ليس له مثيل في المعشبات المصرية.

المكتبة

تحتوى على مئات من الكتب المتنوعة في مجالات العلوم الزراعية عبارة عن كتب مطبوعة ومجلات ورسائل ماجستير ودكتوراه ونشرات زراعية.

المشاتل

تحتوى الحديقة على عدد اربعة صوبات للاكثار وتربية النباتات النادرة منهم صوبة خشبية وعدد 3 صوب سيران.

معمل زراعة الانسجة

يوجد بالحديقة مبنى مجهز لمعمل زراعة الانسجة عبارة عن عدد ثلاثة غرف معملية .

دور الحديقة في صون التنوع البيولوجى

تقوم ادارة الحديقة من خلال اعمال التطوير والحفاظ على التنوع البيولوجى بها بعده امور ومنها الاتى:

1- حصر وتوثيق النباتات المنزرعة

العمل على حصر وتوثيق النباتات المنزرعة وتسجيل الحديقة عالميا ضمن منظمة BGCI

" وهى منظمة Botanic Gardens Conservation International وتعنى بالحفاظ على حدائق النباتات الدولية حيث توفر صونا عالميا لجميع الحدائق النباتية وتحتفى بهم وهى اكبر شبكة لحفظ النباتات في العالم ومفتوحه للجميع وتعمل على انقاذ النباتات المهددة في العالم، ويقع المكتب الرئيسى لها في RBG كيو في لندن حيث من هذا الموقع تعمل مع الشركاء حول العالم للحفاظ على شبكة عالمية لحفظ النباتات وحمايتها."

والعمل على استكمال وضع لوحات ارشادية علمية على النباتات المنزرعة مدون عليها (الاسم العلمى / الاسم الشائع / النوع والجنس / الموطن الاصلى)، لكافة نباتات الحديقة.

2- معمل زراعة الانسجة Tissue culture

تطوير وتحديث وتشغيل معمل زراعة الانسجة بالحديقة ويتم ذلك عن طريق:

1- وضع بروتوكولات الاكثار لاستخدام تقنية الاكثار الدقيق في انتاج النباتات النادرة والهامة المنزرعة بالحديقة والصعب اكثارها بالطرق العادية ، بالتعاون مع:

- الباحثين المتخصصين بمعهد بحوث البساتين
- المعمل المركزى للابحاث وتطوير نخيل البلح
- معهد بحوث الهندسة الوراثية

2- العمل على انتاج شتلات من نباتات الحديقة الهامةبطرق زراعة الانسجة لزيادة الاكثار والمحافظة عليها ونشر زراعتها مما يعمل على المحافظة على التنوع البيولوجى وصون النباتات.

3- المعشبة Herbarium

هي مجموعة من نماذج النباتات والأعشاب المجففة مرتبة بطريقة خاصة. تقوم المعشبة بوظيفة مهمة في دراسة النباتات؛ فهي تقدم طريقة ميسرة لفحص العديد من أنواع النباتات المختلفة أو الأمثلة العديدة لنوع واحد معين. وتوفر المعشبة سجلا قيما ودائما لحياة النبات. حيث نقوم:

- العمل على تطوير اداء المعشبة واستكمال النواقص من النباتات المنزرعة بالحديقة باستخدام احدث الاساليب التكنولوجية من مستلزمات.
- والعمل على ادخال كافة بيانات المعشبة للحفظ الالكترونى على اجهزة الكمبيوتر.

- التواصل مع الهيئة الدولية لحماية الحدائق النباتية وكذلك الاتحاد الدولى لصون الطبيعة IUCN لحماية التنوع البيولوجى بالحديقة والعمل على زيادة عدد الانواع المنزرعة.

4- السياحة الزراعية Agritourism

حيث ان السياحة البيئية احد اهم عناصر اهمية التنوع البيولوجى فادارة الحديقة تعملى على تنشيط واستكمال عناصر السياحة الزراعية بالحديقة، وهى السياحة المرتبطة بالزراعة والحدائق والتى يقصد فيها السائح الاستمتاع بعدد من الانشطة التى يتم تنفيذها على ارض الحديقة، فهى نشاط اضافى يتمكن من خلاله لادارة الحديقة من استقبال الزوار وتنظيم برامج وانشطة مفيدة وممتعه لهم على ارض الحديقة تحقق الفائدة الاقتصادية لادارة الحديقة والفائدة الترفيهية والعلمية والرياضية والثقافية للزوار.

من خلال انشطة متعددة للزوار مثل: " المشتل النباتى وتعليم الزوار كيفية العمل الزراعى / العاب اطفال من البيئة الزراعية / ابنية من الطابع التقليدى / مطاعم لتقديم الاكلات الريفية والطعام المحلى/ بيع المنتجات اليدوية / وغيرها من انشطة ....."

5- وحدة بنك البذور Seed Bank

انشاء وحدة بنك البذور لحفظ الاصول الوراثية Germplasm لتحقق التنوع البيولوجى Biodiversity للنباتات المنزرعة بالحديقة للحفاظ وحماية الانواع النباتية، وللتبادل العلمى بين الحدائق في مصر والعالم.

حيث ان احد اهداف خطة العمل الوطنى لصون التنوع البيولوجى هى إنشاء بنك الجينات الوطني والمختص بحفظ الموارد الوراثية بهدف حفظ السلالات الزراعية التى يتهددها الضياع، وحفظ الأصول الوراثية للأنواع.

6- الزيارات العلمية والتدريبية

من اهم اهداف خطة العمل الوطنى لصون التنوع البيولوجى هو التعليم والتثقيف والتوعية وبالتالى

العمل على تنشيط الزيارات العلمية الهادفة لطلاب المدارس والمعاهد الزراعية وطلاب كليات الزراعة وخاصة من محافظات الصعيد مع اعداد ندوات ودورات تدريبية مكثفة في مجالات وموضوعات الحدائق النباتية وأهمية التشجير للمحافظة على البيئة، لنشر الثقافة والتوعية بدور الحدائق النباتية في المجتمع.

تم والحمد لله رب العالمين

مع خالص تحياتى وتقديرى

الاستاذ الدكتور / هشام فخرى الطيب

مختصر السيرة الذاتية

ا.د/ هشام فخري الطيب احمد

Prof.Dr. Hesham Fakhry Eltayeb Ahmed

الوظيفة الحالية

استاذ دكتور ستفرغ بمركز البحوث الزراعية – معهد بحوث البساتين – قسم بحوث الحدائق النباتية

وظائف قيادية واستشارية اخرى

- المشرف العام على الحديقة النباتية باسوان والمزرعة البحثية الاستوائية بكوم امبو.
- مدير الحديقة النباتية بانطونيادس والنزهة والورد بالاسكندرية (2006 - 2008).
- رئيس قسم بحوث الحدائق النباتية فرع الاسكندرية – مركز البحوث الزراعية (من 2008 الى 2017).
- استاذ دكتور بمركز البحوث الزراعية – معهد بحوث البساتين – قسم بحوث الحدائق النباتية
- استشارى زراعي (ترخيص مزاولة مهنة رقم 477 لسنة 2003)
- مدير عام الشركة العربية للتنمية الزراعية.
- عضو مجلس إدارة نقابة الزراعيين منذ 1992 وحتى 2012.
- عضو مجلس ادارة نادى الاتحاد السكندرى (2011-2014) .
- محاضر دولى لبرامج تدريبية فى الزراعة والحدائق والبيئة "أكثر من 35 حقيبة تدريبية".

- استشارى زراعي لشركة بساتين المسرة للتجارة - صحار — سلطنة عمان
- استشارى زراعى لشركة محاصيل للانتاج الزراعى – جمهورية اليمن.
- عضو المجلس العلمى والاستشارى لشركة دلتا ووتر لمعالجة الملوحة مغناطيسيا.
- المدير التنفيذى فى مصر لمنظمة زراعيون بلا حدود الهولندية Agriculture without Borders - (AWB) والممثل العام لمنطقة الشرق الاوسط وشمال افريقيا.
- مدير القطاع الزراعى لشركة راشد سعد الراشد RSR - المملكة العربية السعودية.
- استاذ مادة تنسيق الحدائق بكلية الزراعة بجامعه اسوان للعام الجامعى 2019/2018.
- سفير النوايا الحسنة Global Goodwill Ambassadors من المنظمة العالمية لسفراء النوايا الحسنة بامريكا (Uniting Humanitarians Worldwide (USA) - فى 2018/12/3.
- العضو الاستشاري بالهيئه العليا للسفاره الحقوقيه بجمهورية مصر العربية والخاضعه للاتحاد الدولي للدفاع عن حقوق الطفل .
- المؤسس و المدير العام لموقع ومنتديات الزراعيين.
- عضو جمعية اعضاء هيئة بحوث مركز البحوث الزراعية.
- عضو جمعية فلاحة البساتين المصرية.
- رئيس مجلس ادارة ومؤسس شركة الزراعيين للتنمية واستصلاح الاراضى.
- استشارى لمشروع حدائق الملك عبد الله العالمية بالرياض – مجموعة زيد الحسين- المملكة العربية السعودية.
- استشارى ومحاضر بمشروع الاستثمارات الزراعية المستدامه وسبل المعيشة SAIL.

Sustainable agriculture investments and livelihoods project {SAIL}

المؤهلات العلمية:

- حاصل على بكالوريوس العلوم الزراعية – تخصص الوراثة – عام 1983 - قسم الوراثة كلية الزراعة - جامعة الإسكندرية.
- حاصل على درجة الماجستير فى العلوم الزراعية – تخصص الوراثة - قسم الوراثة كلية الزراعة - جامعة الإسكندرية. عنوان الرسالة " دراسات وراثية كيموحيوية على الذرة "

☞ حاصل على درجة دكتور فلسفة في العلوم الزراعية ــ تخصص الوراثة- قسم الوراثة كلية الزراعة ــ جامعة الإسكندرية. عنوان الرسالة " التأثير الوراثي للأشعة المؤينة على نبات حنك السبع

☞ حاصل على درجة باحث أول (أستاذ مساعد) بقسم بحوث الحدائق النباتية ــ معهد بحوث البساتين - مركز البحوث الزراعية.

☞ حاصل على درجة رئيس بحوث (استاذ دكتور) بقسم بحوث الحدائق النباتية ــ معهد بحوث البساتين ــ مركز البحوث الزراعية.

البحوث المنشورة: { عدد 23 بحث }

1. تأثير بعض الأحماض الامينية والفيتامينات على إنتاج نباتات الاراولا
2. العلاقة الوراثية بين اربعة انواع من نبات الفيكس باستخدام الواسمات الجزيئية RAPD و ISSR
3. تأثير طرق ومعدلات الرى المختلفة على نمو شتلات السيكاس
4. تأثير السماد الحيوى والنيتروجين المعدنى على نمو وإزهار بنت القنصل
5. دراسة مقارنة لتأثير الأسمدة الكيميائية و الحيوية على النمو، الأزهار، الإنتاج البصلي و التركيب الكيميائي لنبات الأيرس (صنف Wedgwood)
6. استخدام التحليل الانزيمى البيروكسيديز فى تحديد درجة القرابة لبعض أصناف نبات الهبسكس
7. هل تستطيع إضافة الطمي أو الكومبوست مساعدة شتلات التيفتيا على تحمل سمية العناصر الثقيلة تحت ظروف التربة الرملية ؟
8. تأثير إضافة الكومبوست أو الطمي لمساعدة شتلات المورايا المنزرعة فى تربة رملية على تحمل سمية بعض العناصر الثقيلة.
9. إستجابة شتلات فيكس (أمستيل كوين) لبعض الأسمدة الحيوية
10. تأثير بعض البيئات ومعاملات التسميد على نمو وجودة بعض نباتات الاصص الورقية
11. تأثير فترات التخزين المبرد وطور الحصاد ومعاملات ما بعد الحصاد على طول عمر الافرع الزهرية للسوليداجو صنف "تارا"
12. التاريخ و المحتوى النباتى لحدائق انطونيادس النباتيه بالاسكندريه ــ مصر
13. تأثير التسميد البوتاسى بصخر الفلسبار على النمو والمحتوى المعدنى لاشجار المورينجا
14. تأثير كل من الإيثيل ميثان سالفونيت (EMS) و الكوليشسين على الصفات المورفولوجية على أصناف الجلاديولس
15. تحسين نمو وجودة متسلق المريميا ديسيكتا ببعض معاملات التسميد
16. تأثير الري بالمياه المالحة على النمو، الجودة والتركيب الكيميائي لمسطح الفسكيو الطويل
17. استجابة نباتات شجيرة الملح (القطف) لملوحه ونوع بيئة النمو

18. تأثير بعض معاملات ما قبل الإنبات على إنبات بذور وجودة شتلات نوعين من نخيل الزينة المتداول فى مصر

1- نخيل الأريكا الصفراء (*Chrysalidocarpus lutescens* H. Wendl.)

19. تأثير بعض معاملات ما قبل الإنبات على إنبات بذور وجودة شتلات نوعين من نخيل الزينة المتداول فى مصر

2 - نخيل البلح القزمى (*Phoenix roebelenii* O`Brien)

20. تحديات تسويق البذور المصرية وتاثير توزيع التراخيص التجارية على الزراعة المستدامه فى مصر " تحليل نوعى"

21. الواسمات الوراثية الجزيئية لبعض أصناف الجهنمية المنزرعة فى مصر

22. المشابهات الانزيمية للبيروكسيديز كدليل على تحمل الملوحة فى جنس الفيكس

23. تفاعل البلمرة المتسلسل RAPD-PCR فى تكبير القطع العشوائى لتحديد الطرز الوراثية للنخيل

الاشراف على الرسائل العلمية

1- الاشراف على رسالة دكتوراة فى نباتات الزينة بكلية الزراعة جامعة الاسكندرية.

بعنوان: تأثير فترة التخزين المبرد وطور الحصاد و معاملات ما بعد الحصاد على جودة أزهار السوليداجو صنف "تارا "

2- الاشراف على رسالة ماجستير فى الحدائق النباتية بكلية الزراعة جامعة الاسكندرية.

بعنوان "دراسات تنسيقية على المساحات الخضراء بحدائق انطونيادس"

3- الاشراف على رسالة ماجستير فى الحدائق النباتية بكلية الزراعة جامعة الاسكندرية.

بعنوان " دراسات وراثية على بعض اصناف الجلاديولس "

4- حاليا الاشراف على رسائل ماجستير ودكتوراه بجامعة الاسكندرية جارى العمل بها.

كتب من مؤلفاتى:

المؤلفات:

1. الحدائق النباتية ... تصميم وصيانة
2. تقييم الاثر البيئى على المدينة والاحياء السكنية
3. طرق تجميل المدن بنباتات الزينة

مختصر السيرة الذاتية

4. مكافحة الآفات الزراعية
5. زراعة وصيانة المسطحات الخضراء وملاعب كرة القدم وانظمة الرى الحديثة
6. انتاج وصيانة النباتات الداخلية وطرق تنسيقها
7. اسس التصميم الزراعى
8. تصميم وتنسيق الحدائق
9. ادارة المحميات الطبيعية
10. طرق زراعة الزهور الموسمية
11. البرنامج المتكامل في تصميم الحدائق والمنتزهات والعناية بها
12. زراعة الاسطح
13. التخطيط والإشراف على مشاريع التشجير
14. الطرق الحديثة فى تنسيق الحدائق وعمل التصاميم الابداعية
15. المخروطيات Conifers
16. محاور التكامل الزراعى بين مصر والسودان
17. محاصيل الحبوب فى مصر الحاضر والمستقبل
18. الثروة الحيوانية فى مصر " إنتاج – تغذية – صحة "
19. تنمية وتطوير نخيل البلح
20. انفلونزا الطيور واثرها على الانتاج والصحة والاقتصاد
21. انتاج القمح وازمة رغيف الخبز
22. Genetical effect of ionizing radiation on Antirrhinum majus L
23. الحدائق النباتية.. فن وادارة " تاريخ الحدائق النباتية فى مصر من حدائق القدماء المصريين الى الحديقة النباتية الحديثة "
24. موسوعه الحدائق النباتية

مجال الخبرة الحالية

خبرة لمدة تقارب 35 عاما فى ادارة المشاريع الزراعية وخاصة فى مجال انشاء وتصميم وتنفيذ ورعاية الحدائق النباتية والتدريب عليها واعمال الصيانة من خلال الاشراف على مزارع ومشاتل انتاج نباتات الزينة وحدائق القرى السياحية وكذلك من خلال العمل الوظيفى بقسم بحوث الحدائق النباتية بحدائق قصر المنتزة وحدائق انطونيادس والنزهة والورد بالاسكندرية منذ 1989 /10/5 والعمل مديرا لاحدى اهم واكبر الحدائق النباتية بمصر " حدائق انطونيادس والنزهة والورد "و مديرا لقسم بحوث الحدائق النباتية بانطونيادس بالاسكندرية ثم المشرف العام على الحديقة النباتية باسوان.

القيام بإدارة المزارع فى البساتين والعمل على تطوير الزراعة بها.
عمل دراسات الجدوى والدراسات الفنية لاقامة بعض المشروعات الزراعية
تقديم كافة الحلول الفنية للزراعات ومشروعات التشجير وتطوير الزراعة بتقديم الاستشارات في الزراعة والري والتسميد وتخصيب التربة والوقاية

- استشارى زراعي وخاصة فى مجال تصميم وتنسيق وتنفيذ وصيانة الحدائق العامة والخاصة وأعمال اللاندسكيب والمسطحات الخضراء وإنشاء المشاتل وزراعة الأسطح.
- الخبرة فى أعمال البحث العلمي والتدريس وإجراء التجارب في مجال الزهور ونباتات الزينة وتسجيل البيانات و إجراء التحليل الاحصائي للبيانات
- الخبرة فى إجراء التجارب فى مجال زراعة الأنسجة.
- تنفيذ البحوث الحقلية والمعملية في مجال الوراثة وتربية النباتات خاصة نباتات الزينة والميكروبيولوجي و إجراء المعاملات الزراعية المختلفة و التهجينات الوراثية وإنتاج السلالات
- القيام بتنفيذ التجارب الوراثية والمعملية المختلفة من تحضير العينات والشرائح المجهرية المستخدمة في مجال الوراثة والسيتولوجي
- إجراء تجارب الفصل الكهربي للإنزيمات والبروتينات المختلفة
- كافة الخبرات في المجال الثقافي والاعلامي و الاجتماعي والرحلات والخبرات الادارية.
- الخبرة ببرامج الكمبيوتر المختلفة والتدريس والتدريب عليها وخاصة برامج الويندوز والانترنت وطرق البحث المختلفة بالانترنت
- الخبرة الإدارية في التعامل بالمناقصات والمزايدات الحكومية وإجراءات التعاقد واستلام وتسليم المشاريع الزراعية.
- محاضر دولي من خلال القاء الدورات التدريبية والتدريب العملي والنظري في الموضوعات الزراعية المختلفة وخاصة مجال الحدائق النباتية تصميم وصيانة ومجال البيئة وحماية البيئة خارج مصر وداخلها.
- خبرة فى مجال ادارة مزارع انتاج النخيل وتصنيع التمور وانتاج الاعلاف الخضراء وزراعة البساتين من الخضر والفاكهه.

الأنشطة العامة (الثقافية والنقابية والوطنية):

1- لاعب كرة قدم بفرق الناشئين بالنادى الأولمبي المصرى بالإسكندرية من عام 1972.

2- لاعب كرة قدم بفريق جمعية فجر الإسلام الخيرية والحائز على بطولة الجمعيات الإسلامية لكرة القدم عام 1975.

3- من مؤسسى النادى العربى للمراسلات ورئيس المكتب العربى بقصر ثقافة الحرية ومركز شباب الشلالات والنادى الاولمبى المصرى خلال الفترة من 1975 – 1979.

4- حاصـل علـى لقب الطالـب المثـالى " ثقافيـا وعلميـا " بكليـة الزراعـة عـام 1983.

5- حائز على وسـام وشـهادة تقدير مـن السـفارة الكويتيـة بالقاهرة فى المجـال الثقـافى والمعنـوى أثنـاء المحنـة عـام 1991، والمشـاركة الفعالـة فـى كافة المؤتمرات والندوات الثقافية والعلمية.

6- عضو مجلس إدارة نقابـة الزراعيين بالإسكندرية منذ يناير 1992 وحتى 2012.

7- مقرر اللجنة الثقافية والإعلام بنقابة الزراعيين بالإسكندرية.

8- أمين لجنة المهنيين بدائرة شرق بالحزب الوطنى الديمقراطى عام 1992.

9- مشارك بلجنة الزراعة بـالمجلس الشـعبى المحلـى لمحافظـة الإسكندرية عـام 1992.

10- مدير مشروع الرعاية الصحية للزراعيين و أسرهم بالإسكندرية.

11- حاصل على عدة دورات تعليمية فى علوم الكمبيوتر مـن مشروع سيمارب الكندى عام 1993.

12- عضو الجمعية المصرية لعلوم الوراثة والسيتولوجى 1995.

13- رئيس تحرير نشرة المهندس الزراعى بالإسكندرية.

14- مـنظم للعديـد مـن النـدوات الثقافيـة والدينيـة والعلميـة بنقابـة الـزراعيين بالإسكندرية.

15- من المساهمين فى تنظيم احتفالات يـوم الحصـاد بشـركة مريوط الزراعيـة 1995.

16- مـن المسـاهمين فـى تنظيم احتفـال اليوبيـل الـذهبى لكليـة الزراعـة جامعـة الإسكندرية وعضو لجنة الاعداد.

17- من المساهمين فى احتفال شباب الخريجين بمدينة النوبارية.

18- من المساهمين فى تنظيم مؤتمر القطن تحت رعاية وزير الزراعة.

19- حاصـل علـى شـهادة فـى اللغـة الإنجليزيـة مـن المركـز الثقـافى الامريكى بالإسكندرية فى عام 1995.

20- رئيس اللجنة الثقافية بنادى الاتحاد السكندرى عامى 2001، 2002 و تنظيم العديد من الندوات الثقافية واللقاءات الشعرية والفنية.

21- عضو لجنة التنسيق بين النقابات المهنية بالإسكندرية.

22- أمين عام لجنة التكامل الزراعى بين مصر والسودان أحدى لجان لجنة التنسيق بين النقابات المهنية بالإسكندرية.

23- رئيس اللجنة الرياضية بنقابة الزراعيين بالإسكندرية.

24- عضو الجمعية المصرية لأصدقاء مكتبة الإسكندرية.

25- رئيس مجلس إدارة الجمعية العلمية للزراعة والبيئة.

26- رئيس مجلس إدارة رابطة محبى نادى الاتحاد السكندرى.

27- استشارى مشروع زراعة الأسطح لصناع الحياة بموقع الأستاذ عمرو خالد

28- المؤسس و المدير العام لموقع ومنتديات نقابة المهن الزراعية
http://alexagri.com/

29- المؤسس و المدير العام لموقع ومنتديات الزراعيين
http://alexagri.net/forum

30- المؤسس والمدير العام لموقع حدائق انطونيادس والنزهة والورد

31- عضو جمعية اعضاء هيئة بحوث مركز البحوث الزراعية.

32- عضو جمعية فلاحة البساتين المصرية.

33- عضو مجلس ادارة نادى الاتحاد السكندرى.

34- مدير ومؤسس شركة الزراعيين للتنمية واستصلاح الاراضى.

35- محاضر دولى ومدرب معتمد لبرامج تدريبية فى الزراعة والحدائق والبيئة.

36- استشارى زراعى لشركة بساتين المسرة للتجارة - صحار – سلطنة عمان.

37- استشارى زراعى لشركة محاصيل للانتاج الزراعى – جمهورية اليمن.

38- عضو المجلس العلمى والاستشارى لشركة دلتا ووتر لمعالجة الملوحة مغناطيسيا.

39- المدير التنفيذى فى مصر لمنظمة زراعيون بلا حدود الهولندية Agriculture without Borders - (AWB) والممثل العام لمنطقة الشرق الاوسط وشمال افريقيا.

40- مدير القطاع الزراعى بشركة راشد سعد الراشد واولاده المحدودة – الاحساء – المنطقة الشرقية – المملكة العربية السعودية 2017-2018.

41- استاذ مادة تنسيق الحدائق بكلية الزراعة والموارد الطبيعية بجامعه اسوان – انتداب للعام الجامعى 2018/2019.

42- استشارى زراعة بمؤسسة براري للموارد الطبيعية – ابو ظبى – الامارات العربية المتحدة 2019

43- استشارى زراعى بمؤسسة زيد الحسين فى مشروع حدائق الملك عبد الله العالمية – الرياض – المملكة العربية السعودية.

المشاركة فى الندوات والمؤتمرات:
لاكثر من 245 فعاليه من ندوات ومؤتمرات حتى سبتمبر 2021

بيانات التواصل

الاسم: هشام فخرى الطيب احمد
Hesham Fakhry Eltayeb
Ahmed

تاريخ الميلاد: 1961/10/1 الإسكندرية

التليفونات: +201001747692 /
+201111089744

البريد الإلكترونى:

heltayeb1@yahoo.com
heltayeb1@hotmail.com

hesham.eltayeb@arc.sci.eg
heltayeb1@gmail.com

Skype : heltayeb
Facebook : hesham eltayeb